2017年度教育部人文社会科学研究专项任务项目（中国特色社会主义理论体系研究）
"当代大学生理想信念形成特点及教育研究"（项目批准号：17JD710028）
全国高校思政课建设项目"全国高校思政课名师工作室（广州番禺职业技术学院）"
（项目批准号：21SZJS4412046）
与广州市青年马克思主义理论研究培养基地共同成果

新时代大学生理想信念形成特点及教育研究

曹群　江传月　曹峰　等　著

·广州·

版权所有　翻印必究

图书在版编目（CIP）数据

新时代大学生理想信念形成特点及教育研究/曹群，江传月，曹峰等著. --广州：中山大学出版社，2024.11. --ISBN 978-7-306-08271-8

Ⅰ.G641

中国国家版本馆 CIP 数据核字第 2024NM1143 号

出 版 人：	王天琪
策划编辑：	李海东
责任编辑：	李海东
封面设计：	林绵华
责任校对：	周明恩
责任技编：	靳晓虹
出版发行：	中山大学出版社
电　　话：	编辑部 020-84113349，84111997，84110779，84110776
	发行部 020-84111998，84111981，84111160
地　　址：	广州市新港西路135号
邮　　编：	510275　传　真：020-84036565
网　　址：	http://www.zsup.com.cn　E-mail：zdcbs@mail.sysu.edu.cn
印 刷 者：	广州一龙印刷有限公司
规　　格：	787mm×1092mm　1/16　13.5印张　300千字
版次印次：	2024年11月第1版　2024年11月第1次印刷
定　　价：	56.00元

如发现本书因印装质量影响阅读，请与出版社发行部联系调换

目 录

导 论 ·· 1

第一章 新时代大学生理想信念教育的指导思想 ·· 3
第一节 习近平总书记关于理想信念教育的重要论述 ·································· 3
一、三个目标取向 ·· 3
二、三个主体维度 ·· 7
三、理想信念教育的内涵、目标和路径 ·· 12
第二节 发挥习近平总书记关于理想信念教育的重要论述的指引作用 ······ 16
一、运用习近平总书记关于理想信念教育的重要论述引导大学生坚定
理想信念 ·· 17
二、运用习近平总书记关于理想信念教育的重要论述引领大学生践行
理想信念 ·· 17

第二章 新时代大学生理想信念形成的理论逻辑 ·· 19
第一节 新时代大学生理想信念形成的内在机理 ·· 19
一、理想信念形成的主体要素 ·· 19
二、理想信念形成的机理 ·· 22
第二节 新时代大学生理想信念形成的主要特点 ·· 25
一、接受中的多维度性 ·· 25
二、形成中的不稳定性 ·· 28
三、形成后的长远性 ·· 32
四、大学生理想信念形成的内容和性质的特点 ···································· 34

第三章 新时代大学生理想信念教育的内涵与意义 ·· 37
第一节 新时代大学生理想信念教育的丰富内涵 ·· 37
一、新时代大学生理想信念教育的三重视野 ·· 37
二、新时代大学生理想信念教育的基本向度 ·· 40
三、新时代大学生理想信念教育的具体维度 ·· 43
第二节 新时代大学生理想信念教育的重要意义 ·· 46
一、新时代大学生理想信念教育的社会价值 ·· 46
二、新时代大学生理想信念教育的个体价值 ·· 50

第四章　新时代大学生理想信念及其教育的现状 ······ 53
第一节　新时代大学生理想信念的现状及问题成因 ······ 53
一、新时代广东高校大学生理想信念的现状 ······ 53
二、新时代大学生理想信念存在问题的成因 ······ 57
第二节　新时代大学生理想信念教育存在的不足 ······ 71
一、理想信念教育平台、方法、途径单一 ······ 71
二、校园文化氛围欠佳 ······ 74

第五章　新时代大学生理想信念教育的机遇与挑战 ······ 76
第一节　新时代大学生理想信念教育的机遇 ······ 76
一、中国特色社会主义实践的伟大成就 ······ 76
二、国内社会转型提供内部条件 ······ 78
三、网络媒体带来的教育机遇 ······ 80
第二节　新时代大学生理想信念教育的挑战 ······ 81
一、国际经济政治文化发展趋势的挑战 ······ 81
二、西方敌对势力宣传和渗透的挑战 ······ 84
三、网络媒体的负面效应 ······ 87

第六章　新时代大学生理想信念教育的原则与理念 ······ 91
第一节　新时代大学生理想信念教育的原则 ······ 91
一、坚持以人为本的原则 ······ 91
二、坚持主导性原则 ······ 95
三、坚持先进性原则 ······ 98
四、坚持主体性、实践性、系统性和开放性原则 ······ 100
第二节　新时代大学生理想信念教育的理念 ······ 102
一、坚持科学性与价值性的统一 ······ 103
二、坚持理性与感性的统一 ······ 104
三、坚持灌输性与启发性的统一 ······ 105
四、坚持理想信念教育与纪律教育的统一 ······ 107
五、在继承和发扬优秀传统文化和中国革命传统中进行理想信念教育 ······ 108

第七章　新时代大学生理想信念教育的基本途径 ······ 112
第一节　发挥课程教学的作用 ······ 112
一、发挥思政课主渠道作用 ······ 112
二、发挥课程思政协同教育作用 ······ 115

三、发挥实践教学的育人功能 ………………………………… 123
　　四、发挥红色文化的育人功能 ………………………………… 127
第二节　形成社会和家庭教育合力 ………………………………… 136
　　一、强化社会教育 …………………………………………… 137
　　二、优化家庭教育 …………………………………………… 139
第三节　积极开辟网络教育平台 …………………………………… 142
　　一、发挥好网络媒体平台的理想信念教育功能 ……………… 142
　　二、发挥好新媒体的理想信念教育功能 ……………………… 143

第八章　新时代大学生理想信念教育的方法与机制 …………… 146
　第一节　新时代大学生理想信念教育的方法 …………………… 146
　　一、贴近大学生实际，深化理论灌输法 ……………………… 146
　　二、走进大学生内心，强化情感体验法 ……………………… 148
　　三、他教与自教、显性教育与隐性教育结合 ………………… 150
　　四、疏导教育法和比较教育法 ………………………………… 153
　第二节　新时代大学生理想信念教育的机制 …………………… 154
　　一、新时代大学生理想信念构建的机制 ……………………… 155
　　二、新时代大学生理想信念教育机制的构建 ………………… 161

参考文献 ………………………………………………………………… 165

附录：课例 …………………………………………………………… 173
　追求远大理想　坚定崇高信念 …………………………………… 173
　点燃理想信念之灯　照亮青春奋斗之路 ………………………… 181
　理想信念是精神之"钙" …………………………………………… 197

后　记 ………………………………………………………………… 207

导　　论

2016年12月，中共中央、国务院印发《关于加强和改进新形势下高校思想政治工作的意见》，指出：加强和改进高校思想政治工作要以理想信念教育为核心，要强化思想理论教育和价值引领，要把理想信念教育放在首位。2021年7月，中共中央、国务院印发《关于新时代加强和改进思想政治工作的意见》，明确提出："推动理想信念教育常态化制度化，广泛开展中国特色社会主义和中国梦宣传教育，弘扬民族精神和时代精神，加强爱国主义、集体主义、社会主义教育，加强马克思主义唯物论和无神论教育。"2022年10月，党的二十大报告两次强调"加强理想信念教育"，提出"推动全党坚定理想信念"[①]，"推动理想信念教育常态化制度化"[②]。党的二十届三中全会继续强调"推动理想信念教育常态化制度化"[③]。可见，研究新时代大学生理想信念教育非常重要。要提出有针对性的有实效的理想信念教育措施，首先需要研究新时代大学生理想信念形成的特点。所以，研究新时代大学生理想信念形成特点及其教育，有重大的理论和实际应用价值。

国内外学者对大学生理想信念教育研究已经取得一定成果，为本书提供了重要的理论参考和现实依据，但针对新时代大学生的理想信念形成的特点的研究成果较少。在中国期刊网的期刊数据库和博士、硕士学位论文数据库键入关键字"大学生理想信念形成的特点"，只搜索到两篇相关论文——《当代大学生理想信念形成特点及原因分析》和《当代大学生理想信念的特点及施教对策》。研究大学生理想信念形成的新特点，对于我们加强和改进大学生理想信念教育具有重要意义。因此，本书力图在借鉴现有研究成果的基础上，以习近平总书记关于理想信念及其教育的重要论述为指导，结合时代特点和社会发展的要求，从理论和实践维度研究新时代大学生理想信念形成的特点及其教育对策。

本书在研究我国理想信念及其教育的时代特征的基础上，研究新时代大学生理想信念形成的特点，将党的最新理论成果创造性地运用到大学生理想信念教育中，找到党的相关理论与大学生理想信念教育有机结合的路径和生长点。结合新时代大学生的特点，研究新时代大学生理想信念形成的特点，并从理论上分析部分新时代

[①] 习近平：《高举中国特色社会主义伟大旗帜　为全面建设社会主义现代化国家而团结奋斗——在中国共产党第二十次全国代表大会上的报告（2022年10月16日）》，人民出版社2022年版，第13页。

[②] 习近平：《高举中国特色社会主义伟大旗帜　为全面建设社会主义现代化国家而团结奋斗——在中国共产党第二十次全国代表大会上的报告（2022年10月16日）》，第44页。

[③] 《中共中央关于进一步全面深化改革　推进中国式现代化的决定》，《人民日报》2024年7月22日第1版。

大学生理想信念形成困难的原因。在研究相关理论问题的基础上，寻找理想信念教育的理论支撑点、路径结合点、方法创新点，形成一套较完善的、行之有效的新时代大学生理想信念教育对策。

第一章　新时代大学生理想信念教育的指导思想

"志不立，天下无可成之事。"① 理念信念是个体最根本、最核心、最关键的价值航标。树立远大的理想信念，是确立精神信仰和提供行动导向的根本所在。"少年智则国智"、"少年强则国强"、"少年雄于地球，则国雄于地球"。② 大学生理想信念教育是落实"立德树人根本教育任务"的关键环节，是大学生思想政治教育的核心指向，关乎"为谁培养人、培养什么人、如何培养人"这一根本教育问题。党的十八大以来，习近平总书记站在"培养堪当民族复兴重任的时代新人"的高度，立足青年大学生理想信念的新情况、新变化，围绕"如何做好大学生理想信念教育"的时代命题，对大学生理想信念教育做出重要论述、提出明确要求，为大学生理想信念教育指明了方向、夯实了基础，是激发大学生为实现中华民族伟大复兴而奉献自我的强大思想武器。

第一节　习近平总书记关于理想信念教育的重要论述

习近平总书记高度重视理想信念教育，在不同的场合多次谈及共产党人的理想信念问题。习近平总书记指出："理想信念是共产党人精神上的'钙'，理想信念坚定，骨头就硬；没有理想信念，或理想信念不坚定，精神上就会'缺钙'，就会得'软骨病'。"③ 众所周知，钙是人体最为重要的物质元素之一，习近平总书记将精神之维的理想信念比作身体之维的钙，说明理想信念对于每个共产党人而言具有极端重要性。理想信念教育是每位共产党人的必修课，也是大学生成长发展的必修课。习近平总书记关于理想信念教育的系列重要论述，是关于理想信念的系统化、科学化表达，主要聚焦于三个目标取向、三个主体维度以及理想信念教育的内涵、目标和路径。

一、三个目标取向

无论什么时候，都需要发挥理想信念教育的精神引领作用，以实现特定的目标。党的十八大以来，我们主要围绕全面建成小康社会、中国特色社会主义共同理

---

① 王阳明：《教条示龙场诸生》。
② 梁启超：《少年中国说》。
③ 《习近平谈治国理政》第一卷，外文出版社2018年版，第414页。

想、中国梦三个目标进行实践探索，实践探索的结果就是要满足人民群众对美好生活的向往。在此过程中，习近平总书记提出了一系列关于三个目标取向的理想信念教育的重要论述，为实现这些目标提供了强大的精神动力。

（一）全面建成小康社会

党的十八大报告中首次提出了"全面建成小康社会"的概念，将其作为必须实现的第一个百年奋斗目标，更是实现中华民族伟大复兴的关键一步。要实现这个奋斗目标，需要理想信念的支撑。2012年11月15日，习近平总书记在会见中外记者时提出："人民对美好生活的向往，就是我们的奋斗目标。"① 显然，习近平总书记所强调的美好生活，"小康生活"必然是题中应有之义。无疑，全面建成小康社会需要理想信念教育的精神引领。

习近平总书记指出："全党全国要同心同德、埋头苦干、锐意创新、开拓进取，共同为实现党的十八大提出的全面建成小康社会和全面深化改革开放的目标而奋斗。"② 思想是行动的指南，具备什么样的精神状态对实现什么样的奋斗目标具有重大的精神激励作用。习近平总书记要求全党全国人民必须发扬艰苦奋斗、改革创新的精神，就是从理想信念上锚定全面建成小康社会的奋斗目标，全国上下一盘棋，拧成一股绳，如此才能攻克艰难险阻，夺取全面建成小康社会的伟大胜利。2021年7月1日，习近平总书记在建党100周年讲话中庄严宣告："经过全党全国各族人民持续奋斗，我们实现了第一个百年奋斗目标，在中华大地上全面建成了小康社会，历史性地解决了绝对贫困问题，正在意气风发向着全面建成社会主义现代化强国的第二个百年奋斗目标迈进。"③ 这一历史性成就的取得，是在党的带领下，全国各族人民共同努力的结果，小康社会的全面建成与伟大的脱贫攻坚精神是分不开的。脱贫攻坚精神具体表现为"上下同心、尽锐出战、精准务实、开拓创新、攻坚克难、不负人民"④，无疑，脱贫攻坚精神就是理想信念的生动写照，正是有了伟大理想信念的引领，才能实现中华民族摆脱贫困的历史性成就，可谓彪炳史册。

（二）中国特色社会主义共同理想

理想信念体现了一个政党的价值追求，是一个政党区别于其他政党的本质属性。中国共产党自成立以来，以共产主义理想为奋斗目标。在共产主义理想的价值探照下，一代又一代中国共产党人抛头颅、洒热血，在不同的时期建立了不朽的功勋，他们舍生忘死，也不放弃理想。正如《就义歌》所描述的那样："砍头不要紧，只要主义真。杀了夏明翰，还有后来人。"这就是共产党人为了理想、捍卫理

---

① 《习近平谈治国理政》第一卷，第3页。
② 《习近平谈治国理政》第一卷，第12页。
③ 《习近平谈治国理政》第四卷，外文出版社2022年版，第3页。
④ 《习近平谈治国理政》第四卷，第137页。

想的真实写照，生动地诠释了"理想之光不灭，信念之光不灭"的革命信仰。党的十八大以来，习近平总书记号召全党"不忘初心、牢记使命"，并开展了声势浩大的主题教育活动，要求全党要牢记理想信念，以理想信念来推动中国特色社会主义现代化建设。习近平总书记指出："中国共产党之所以叫共产党，就是因为从成立之日起我们党就把共产主义确立为远大理想。我们党之所以能够经受一次次挫折而又一次次奋起，归根到底是因为我们党有远大理想和崇高追求。"① 理想为什么能成为理想？信念为什么能成为信念？从根本上而言，在于理想的远大和信念的执着。一百年来，中国共产党人始终牢记共产主义的理想，始终恪守为人民服务的信念，面对不同时期的不同问题，一个接着一个解决，一茬接着一茬干，成就了百年政党的执政基业，实现了中国从站起来、富起来到强起来的伟大飞跃，写下了一页又一页荡气回肠的华章。

当下，中国特色社会主义进入新时代，党领导全国各族人民坚持中国特色社会主义共同理想。要实现这一理想图景，同样需要理想信念的支撑。只有坚定中国特色社会主义共同理想，才能固本培元，才能确保胜利之本和力量之源。在新时代时空场域下，中国特色社会主义共同理想是凝聚全面深化改革共识、汇聚创新力量的价值航标。有了这一价值航标，中国共产党人才能挥写"自信人生二百年"的壮丽篇章。有了中国特色社会主义共同理想的指引，共产党人的站位就高了，眼界就宽了，心胸就阔了；有了中国特色社会主义共同理想的指引，共产党人才能永葆政治本色，才不会思想滑坡。无论在什么样的历史条件下，共产党人都必须坚持中国特色社会主义的共同理想，不管身处顺境抑或逆境，都要不骄傲不急躁，不管面对什么困难、挫折，都要不消沉不动摇，始终坚守共产党人的政治本色，为实现中国特色社会主义伟大事业而奋斗。

在党的二十大报告中，习近平总书记指出："推动理想信念教育常态化制度化，持续抓好党史、新中国史、改革开放史、社会主义发展史宣传教育，引导人民知史爱党、知史爱国，不断坚定中国特色社会主义共同理想。"② 对于新时代大学生而言，中国特色社会主义共同理想为大学生实现自我、放飞青春梦想搭建了广阔的舞台。习近平总书记曾寄语大学生："只有把人生理想融入国家和民族的事业中，才能最终成就一番事业。"③ 作为新时代有为青年，在中华民族前所未有的时代盛世下，大学生应主动把中国特色社会主义共同理想扛在肩上，不负韶华，不辱使命，艰苦创业，自觉将个人理想融入中国特色社会主义共同理想之中，在实现国家理想中实现个人理想，为人生出彩夯实基础。

---

① 《习近平谈治国理政》第二卷，外文出版社2017年版，第34页。
② 习近平：《高举中国特色社会主义伟大旗帜　为全面建设社会主义现代化国家而团结奋斗——在中国共产党第二十次全国代表大会上的报告（2022年10月16日）》，第44页。
③ 习近平：《给北京大学学生的回信》，《人民日报》2013年5月5日第1版。

(三) 中国梦

2012年11月29日，习近平总书记带领新一届中央领导集体参观《复兴之路》陈列展时指出："实现中华民族伟大复兴，就是中华民族近代以来最伟大的梦想。"① 关于中国梦的宏大叙事由此展开。中国梦是千百年来华夏儿女的奋斗和追求，是国家富强之梦、民族振兴之梦、人民幸福之梦。中国梦的提出，是中国共产党执政理念的升华，在华夏大地上发出了实现中华民族伟大复兴的最强音。中国梦是一个实实在在的理想，是全中国人民经过长期奋斗可以实现的美好愿景。事实上，中国已经进入实现中华民族伟大复兴的关键时期，中国梦的壮丽图景已慢慢显现。精神维度的中国梦具有强大的"指南针""黏合剂""凝聚剂"功能，对筑牢全体人民的思想根基具有强大的精神引领作用。实现伟大的中国梦，没有强大的理想信念是根本行不通的。习近平总书记指出："实现中华民族伟大复兴的中国梦，物质财富要极大丰富，精神财富也要极大丰富。"② "问渠那得清如许，为有源头活水来。"在实现中国梦的征途中，理想信念就是源头活水，只有不断强化理想信念教育，才能在精神上赋予强大动力，最终为实现中国梦保驾护航。

当下，中华民族伟大复兴正处于关键时期，实现中华民族伟大复兴关键在党。习近平总书记深刻指出：实现中国梦必须走中国道路、弘扬中国精神、凝聚中国力量。③ 历史和现实充分证明，无论是走中国道路、弘扬中国精神，还是凝聚中国力量，都离不开理想信念教育。伟大的梦想需要伟大的精神做支撑，伟大精神的树立与理想信念教育密切相关。2013年7月，习近平总书记在中国科学院考察时强调："科学没有国界，科学家有祖国。广大科技人员要牢固树立创新科技、服务国家、造福人民的思想，把科技成果应用在实现国家现代化的伟大事业中，把人生理想融入为实现中华民族伟大复兴的中国梦的奋斗中。"④ 发展科技是实现中国梦的注脚。对于科学家而言，在科技创新的实践中，必须具备服务国家、造福人民的理想信念，如此，才能更好地实现人生的价值。试想一下，"两弹一星"精神不正是在这样一种理想信念的指引下形成的吗？因此，无论在什么样的历史条件和环境下，都必须强化全党、全国各族人民的理想信念教育，明确理想信念教育在中国梦教育中的核心地位，用强大的理想信念武装头脑、指导实践，这是我们不可推卸的历史性任务。

习近平总书记在党的十九大报告中指出："中国梦是历史的、现实的，也是未来的；是我们这一代的，更是青年一代的。中华民族伟大复兴的中国梦终将在一代

---

① 《习近平谈治国理政》第一卷，第36页。
② 《习近平谈治国理政》第二卷，第323页。
③ 参见《习近平谈治国理政》第一卷，第39～40页。
④ 《习近平在中国科学院考察时强调：深化科技体制改革增强科技创新活力　真正把创新驱动发展战略落到实处》，《人民日报》2013年7月18日第1版。

代青年的接力奋斗中变为现实。"① 在党的二十大报告中,习近平总书记指出:"不断巩固全国各族人民大团结,加强海内外中华儿女大团结,形成同心共圆中国梦的强大合力。"② 新时代大学生是国家的未来、民族的希望,是中国梦实现的主力军。对于大学生而言,要实现中国梦,必须抵御西方意识形态的侵袭、错误理想信念的干扰,正确应对多元文化价值观的冲击,自觉树立正确的世界观、人生观、价值观和社会责任感。对此,必须强化理想信念教育,通过课堂教学、社会实践、志愿服务、校园文化、网络媒介等多种形式开展理想信念教育,引导大学生把自己的梦与中国梦联系在一起,将奋斗的平台置于中国梦的伟大愿景中,以成就理想。习近平总书记指出:"中国梦是全国各族人民的共同理想,也是青年一代应该牢固树立的远大理想。"③ 大学生只有把中国梦作为理想信念的核心部分,高校只有把理想信念教育作为立德树人的重要手段,大学生才会自觉做到实干兴邦,才能实现知与行的高度统一。

二、三个主体维度

习近平总书记关于理想信念教育的重要论述是面向新时代、针对不同人群的系统性、科学化思想,涉及的教育对象不可谓不多,既有党员干部、青年学生,又有社会人员、教师群体、科技工作者、军队服役人员等,是一个涉及多元主体的理想信念教育体系。然而,从其话语的对象指向而言,主要着重于三个主体维度,即党员干部、青年学生群体和中华民族全体。党员干部是国家整体形象的缩影,其理想信念是否坚定直接关系国家形象的好坏;青年学生是国家的希望、民族的未来,是推动社会进步的重要力量,其能否具备坚定的理想信念直接影响社会主义现代化建设的进程;中华民族全体是实现中国梦的主体力量,其理想信念教育的力度直接决定中华文明的厚度。因此,在习近平总书记关于理想信念教育的重要论述中,党员干部、青年学生群体、中华民族全体是核心的对象。

(一)党员干部

从思想上建党,是我党成长壮大的光荣传统。在我党的历史中,无论是在什么样的历史条件下,都把理想信念教育作为保持共产党员先进性、纯洁性的重要举措。党员干部是实现中华民族伟大复兴中国梦的领导力量和核心力量,其理想信念教育的有效性程度直接关乎中国特色社会主义事业的成败。在新形势下,中国共产党执政面临着"四大考验"和"四大危险",如何保持党的先进性和纯洁性面临严

---

① 《习近平谈治国理政》第三卷,外文出版社2020年版,第54~55页。
② 习近平:《高举中国特色社会主义伟大旗帜 为全面建设社会主义现代化国家而团结奋斗——在中国共产党第二十次全国代表大会上的报告(2022年10月16日)》,第70页。
③ 《习近平谈治国理政》第一卷,第50页。

峻考验。例如，在思想上，有的党员干部"不信马列信鬼神"，缺乏道路自信、理论自信、制度自信、文化自信，崇尚西方价值观，向往西方社会制度，缺乏原则，在根本性问题上理想信念不强。在行动上，有的党员干部缺乏宗旨意识，不深入群众，不为群众办实事、好事，甚至不把群众当回事；有的党员干部不爱学习，专搞人际关系那一套，滥用职权，贪图享乐。这些都严重影响了党员干部的形象。习近平总书记深刻指出："现实生活中，一些党员、干部出这样那样的问题，说到底是信仰迷茫、精神迷失。"① 领导干部出现了这样那样的问题，从根本上而言，就是理想信念的"总开关""压舱石"出现了问题，忘记了共产党员的初心，忘记了"我是谁"，忘记了"我从哪里来"，忘记了"为了谁"，以至于其思想和行动严重损害了党的形象，严重破坏了政府的公信力。对此，如何强化党员干部的理想信念教育成为迫切而现实的时代课题。

2016年10月，习近平总书记在党的十八届六中全会上强调："领导干部特别是高级干部要以实际行动让党员和群众感受到理想信念的强大力量。"② 领导干部是关键少数，其理想信念如何，直接关系党员和群众对这一群体的直接感受。那么，如何做好领导干部的理想信念教育呢？习近平总书记指出："党员、干部要多学党史、新中国史，自觉接受红色传统教育，常学常新，不断感悟，巩固和升华理想信念。"③ 党史、新中国史等贯穿党的发展的始终，在这一光辉历史中，蕴含着中国共产党的初心和使命，是党的远大理想的集中体现。强化党史学习教育正是理想信念教育的核心内容。为了抓好党员干部的理想信念教育，习近平总书记强调："高级干部特别是中央委员会的同志们更要在时代洪流中成为坚守共产党人精神追求的中流砥柱。……要把坚定理想信念作为人生头等大事，自觉为全党做出示范和表率。"④ 理想信念教育对于共产党员而言，是贯穿其人生始终的大事、要事，关系人心向背，不可有半点打折扣。党员干部只有理想信念坚固，心中才有信仰，脚下才有力量。每一名党员干部只有从内心深处重视理想信念教育，自觉学习马克思主义理论，进行思想改造，才能成为一名合格的党员干部。

在党的二十大报告中，习近平总书记指出："加强理想信念教育，引导全党牢记党的宗旨，解决好世界观、人生观、价值观这个总开关问题，自觉做共产主义远大理想和中国特色社会主义共同理想的坚定信仰者和忠实实践者。"⑤ 崇高而坚定的理想信念是党员干部砥砺前行的"指明灯"，是党员干部在面对艰难挑战时的精神力量。理想信念不牢固，必然在学习、工作中出现问题。党员干部必须把理想信念教育摆在首位，着力拧紧理想信念的"总开关"，以学习为抓手，经常性地"照

---

① 《习近平谈治国理政》第一卷，第15页。
② 《中国共产党第十八届中央委员会第六次全体会议公报》，《理论与当代》2016年第11期，第58页。
③ 习近平：《论党的思想宣传工作》，中央文献出版社2020年版，第29页。
④ 习近平：《在党的十九届一中全会上的讲话》，《求是》2018年第1期，第5页。
⑤ 习近平：《高举中国特色社会主义伟大旗帜　为全面建设社会主义现代化国家而团结奋斗——在中国共产党第二十次全国代表大会上的报告（2022年10月16日）》，第65页。

镜子、正衣冠、洗洗澡、治治病",筑牢思想防线,才能在全面建设社会主义现代化强国中发挥应有的力量。

(二) 青年学生群体

习近平总书记指出:"青年是整个社会力量中最积极、最有生气的力量,国家的希望在青年,民族的未来在青年。"[①] 青年学生群体是中国特色社会主义事业的接班人和继承者,其思想状况如何直接关系现代化事业的实现程度。进入近代以来,在中华民族求独立、求解放、求发展的宏大叙事中,深深镌刻着青年一代的奋斗足迹。如五四运动中,青年学生面对"中国向何处去"的时代命题,走上街头,追求真理,救亡图存,立下了不朽的功勋;中国共产党成立之后,无数的有为青年抛头颅、洒热血,为实现民族独立、人民解放奉献了青春;在新中国建设时期,一批批青年学生响应党和国家的号召,向荒原进军、向困难进军,到祖国最需要的地方去,为新中国的崛起书写壮丽史诗;改革开放之后,青年一代肩负社会主义现代化建设的使命,满怀崇高的理想,锐意进取、改革创新,在各条战线上施展才华,奉献青春,放飞梦想,成为可爱、可信、可亲、可为的时代新人,发出了时代的最强音。历史充分证明,青年兴则国家兴,青年强则国家强。青年学生群体是决定国家和民族命运的中坚力量,把青年学生培养成为有理想、有担当、有抱负、有责任的一代,对于实现中华民族伟大复兴的中国梦意义重大。

习近平总书记高度关注青年学生群体的理想信念教育。他指出:"新时代中国青年要树立对马克思主义的信仰、对中国特色社会主义的信念、对中华民族伟大复兴中国梦的信心,到人民群众中去,到新时代新天地中去,让理想信念在创业奋斗中升华,让青春在创新创造中闪光!"[②] 青年学生群体要坚定理想信念,必须树立马克思主义信仰、增强"四个自信",还必须知信行合一,用理想信念来指导实践,扣好人生的第一粒扣子,才能为实现人生出彩保驾护航。于此,理想信念教育就应该成为青年学生成长发展不可缺少的一环。

在党的二十大报告中,习近平总书记指出:"青年强,则国家强。新时代中国青年生逢其时,施展才干的舞台无比广阔,实现梦想的前景无比光明。全党要把青年工作作为战略性工作来抓,用党的科学理论武装青年,用党的初心使命感召青年,做青年朋友的知心人、青年工作的热心人、青年群众的引路人。广大青年要坚定不移听党话、跟党走,怀抱梦想又脚踏实地,敢想敢为又善作善成,立志做有理想、敢担当、能吃苦、肯奋斗的新时代好青年,让青春在全面建设社会主义现代化国家的火热实践中绽放绚丽之花。"[③] 习近平总书记对青年学生群体寄予厚望,要

[①] 《习近平谈治国理政》第三卷,第333页。
[②] 《习近平谈治国理政》第三卷,第334页。
[③] 习近平:《高举中国特色社会主义伟大旗帜 为全面建设社会主义现代化国家而团结奋斗——在中国共产党第二十次全国代表大会上的报告 (2022年10月16日)》,第71页。

求他们"应该把学习作为首要任务","让勤奋学习成为青春远航的动力",要"如饥似渴学习"。① 当前,在青年学生成长成才的过程中,部分青年学生存在崇尚拜金主义、价值取向功利化、身份认同感不足等一系列问题。针对这些问题,如何引导青年学生自觉同各种错误的价值观做斗争,既有家国情怀又有人类关怀,坚定党的理想,坚信中国梦,笃定对人民的感情,能经得起风吹雨打,追求更有高度、更富激情、更有境界的人生,是新时代高校思想政治教育亟待解决的重大理论和现实课题。为此,高校必须在青年学生群体中开展有针对性的理想信念教育。

大学生是青年学生群体的一部分,因年龄和学段不同而有其特殊性。在信息爆炸的时代背景下,其知识结构日益复合化。他们不仅掌握扎实的专业知识,还广泛涉猎人文社科、自然科学等多个领域,形成了跨学科的知识体系。这种复合性知识结构,不仅拓宽了他们的视野,也增强了他们解决复杂问题的能力,为未来的职业生涯和社会参与奠定了坚实的基础。大学生群体拥有独特的思维方式和创新能力。他们敢于质疑传统,勇于探索未知,善于运用新技术、新工具进行创造性思考和实践。在科研项目中,他们敢于提出新观点、新方法;在创业道路上,他们勇于尝试新模式、新业态。这种创新思维,不仅推动了科学技术的进步,也促进了社会文化的繁荣与发展。大学生群体在行为模式上表现出高度的自主性。他们注重个性表达,追求自我价值的实现,不愿被传统框架所束缚。在学习上,他们倾向于自主学习、探究学习;在社交上,他们更倾向于通过网络平台建立广泛的人脉关系。这种自主性行为模式,不仅提高了他们的学习效率和生活质量,也增强了他们独立思考和解决问题的能力。大学生是践行新使命、做好新征程上各项工作的主力军。因此,要强化习近平新时代中国特色社会主义思想对大学生理想信念教育的引领,完善大学生理想信念教育齐抓共管机制。

(三) 中华民族全体

马克思主义认为,人民群众是历史的创造者,是推动历史进步的根本动力。习近平总书记一贯强调要"坚持以人民为中心"的理念,具有深厚的人民情怀。2021年3月1日,习近平总书记在中央党校(国家行政学院)中青年干部培训班开班式上强调:"人民是我们党的力量源泉,我们党根基在人民、血脉在人民,必须把人民放在心中最高位置,始终以百姓心为心。"② 可见,实现人民群众对美好生活的向往,始终是习近平总书记挂念的要事。要把党管好、把国家建设好,始终离不开人民。事实上,在中国共产党的百年奋斗征程中,党面临的最大危险就是脱离群众。因此,从群众中来,到群众中去,始终是我党的重要工作方法。

在党的二十大报告中,习近平总书记指出:"物质富足、精神富有是社会主义

---

① 《习近平谈治国理政》第一卷,第51页。
② 《习近平在中央党校(国家行政学院)中青年干部培训班开班式上发表重要讲话》,《人民日报》2021年3月2日,第1版。

现代化的根本要求。物质贫困不是社会主义，精神贫乏也不是社会主义。我们不断厚植现代化的物质基础，不断夯实人民幸福生活的物质条件，同时大力发展社会主义先进文化，加强理想信念教育，传承中华文明，促进物的全面丰富和人的全面发展。"① 在理想信念教育中，以人民群众为主体的中华民族全体是不可忽视的力量。通过理想信念教育，不断增进人民群众对中国梦、中国特色社会主义道路、党的领导等方面的认同，以理想信念来凝聚中华民族全体的力量，必将迸发强大的精神动力，对于激励人民群众将个人理想与国家梦想相融合，具有重要的现实意义。在中华民族全体的理想信念教育中，必须坚持马克思主义中国化的指向，用接地气的、通俗易懂的理论来武装人民群众的头脑。在新时代中国特色社会主义的伟大实践中，必须强化人民群众的理想信念教育。当然，坚定理想信念既不是一蹴而就的，也不是一劳永逸的，要在伟大的实践中去锻造，去考验，才能增强中华民族全体的凝聚力、向心力。

中华民族全体的理想信念教育要通过多种形式来开展，要结合不同群体的具体情况，采取行之有效的方式。具体而言，可以从以下几个方面来实施：

第一，注重历史教育，开启理想之路。历史是最好的精神养料，历史是最好的教科书。在中华民族全体的理想信念教育中，历史教育尤为重要。中华民族具有5000多年的历史，在漫长的历史长河中形成了璀璨的中华文化，学好中华文明史对人民群众树立理想信念非常重要。进入近代以来，又形成了180多年艰苦卓绝的斗争史、中国共产党诞生百余年波澜壮阔的奋斗史、新中国成立70多年翻天覆地的发展史、改革开放40多年探索创新的实践史，这些都是人民群众理想信念教育的重要素材和资源。习近平总书记给复旦大学《共产党宣言》展示馆党员志愿服务队全体队员的回信指出："结合学习党史、新中国史、改革开放史、社会主义发展史，在学思践悟中坚定理想信念。"② 对此，在人民群众理想信念教育中，必须强化历史教育，让人民群众感受中华民族、新中国、中国特色社会主义的来之不易，进而深化对历史规律的认识，形成爱党、爱国的深厚情怀。

第二，学习先进理论，筑牢信念之基。马克思指出："批判的武器当然不能代替武器的批判，物质力量只能用物质力量来摧毁；但是理论一经掌握群众，也会变成物质力量。"③ 坚定的理想信念来源于哪里？必然是先进的理论。在革命战争年代，出现无数敢于牺牲生命去追求理想的仁人志士，根源在于其对先进理论、远大理想的笃信。理想信念的坚定源自思想理论的坚定及对其的理性认同。俗话说："打铁还需自身硬。"人民群众的理想信念要过硬，就必须接受先进理论的洗礼，只

---

① 习近平：《高举中国特色社会主义伟大旗帜 为全面建设社会主义现代化国家而团结奋斗——在中国共产党第二十次全国代表大会上的报告（2022年10月16日）》，第22~23页。

② 习近平：《给复旦大学〈共产党宣言〉展示馆党员志愿服务队全体队员的回信》，《雷锋》2020年第7期，第2页。

③ 《马克思恩格斯选集》第1卷，人民出版社2012年版，第9页。

有通过常态化、经常性的理论学习，才能坚定共产主义远大理想，用马克思主义理论分析问题和解决问题，感受马克思主义中国化理论的科学魅力、创新活力、人民伟力和实践张力，不断增强"四个自信"，做中华民族伟大复兴中国梦的坚定信仰者和忠实实践者。

第三，聚焦服务群众，增强奋斗之力。理想信念坚定不坚定，人民群众的理想信念教育效果好不好，关键要看能否聚焦到服务群众的维度。全心全意为人民服务是我党的宗旨。在人民群众理想信念教育中，要强化宗旨意识，通过党员活动、为民服务活动、党员示范岗、乡村振兴等具体的活动，让党员干部深入群众，开展"我为群众办实事"实践活动，建立办实事清单、党员干部联系群众清单等，丰富为民服务的事项，尽心竭力为群众谋实事、办好事、解难事，让群众感受党的关怀，增强人民群众对国家的认同感。同时，结合为民服务的宗旨，对人民群众进行常态化理想信念教育，用党史、红色资源等鲜活素材优化群众理想信念教育的载体，让人民群众从历史感悟中获得精神力量，强化中华民族共同体意识，树牢理想信念。

三、理想信念教育的内涵、目标和路径

（一）理想信念教育的内涵

习近平总书记关于理想信念教育的重要论述具有深刻的科学内涵，彰显了思维方法的科学性、工作导向的问题性和价值取向的人民性。

首先，从理想信念的战略地位看。在习近平总书记看来，理想信念就是人民群众为之不懈奋斗的思想、精神和行动准则，是须臾不可丢失的，丢失了就会得"软骨病"。习近平总书记将理想信念放在极端重要的位置。"求木之长者，必固其根本；欲流之远者，必浚其泉源。"[1] 从根本上而言，理想信念就是一个人的根本，是一个人的精神命脉。对于一个国家而言，让全体人民坚定理想信念是国家发展的根本所在；对于每一个人来说，理想信念都是最重要、最关键、最核心的。新时代大学生必须坚定理想信念，自觉抵制不良思想观念的侵害，自觉将理想信念树立在富强民主文明和谐美丽的社会主义现代化强国建设的基础之上，与全国人民一起，坚定马克思主义立场，与人民同奋斗，与国家同发展。所以说，人民群众和新时代大学生的理想信念教育的内容是一致的，其指向都是为了坚定对马克思主义的信仰，都是为了增强"四个自信"，都具有极端重要的战略地位。

其次，从理想信念教育的主要内容看。习近平总书记关于理想信念教育的重要论述具有人民性、时代性、实践性和指导性，其主要内容包括坚定马克思主义信仰，坚定中国特色社会主义共同理想，坚定中华民族伟大复兴中国梦，坚持学习党

---

[1] 魏徵：《谏太宗十思疏》。

史、国史、改革开放史和社会主义发展史等方面。习近平总书记指出："中华民族伟大复兴，绝不是轻轻松松、敲锣打鼓就能实现的，……广大青年要成为实现中华民族伟大复兴的生力军，肩负起国家和民族的希望。"① 中国梦是具体的、现实的，是可以实现的。对于全体人民而言，在当下的时空场域下，实现中国梦迎来了前所未有的机遇，但也需要年轻一代奋发图强，接续奋斗，永远热爱我们伟大的祖国、伟大的人民、伟大的中华民族，坚定跟着党走中国道路。总之，新时代大学生只有铸牢理想信念之魂，才能经受得住各种考验，才能在新时代中国特色社会主义伟大实践中建功立业。

（二）理想信念教育的目标

习近平总书记关于理想信念教育的重要论述涵盖了理想信念教育的价值目标和总体要求，成为新时代大学生开展理想信念教育的根本遵循。

首先，牢固树立马克思主义信仰。习近平总书记强调："认识真理，掌握真理，信仰真理，捍卫真理，是坚定理想信念的精神前提。"② 马克思主义是实现中国从站起来、富起来到强起来伟大飞跃的真理，无论在什么样的历史条件下，都必须坚持和发展马克思主义，推动马克思主义中国化、时代化。习近平总书记指出："无论时代如何变迁、科学如何进步，马克思主义依然显示出科学思想的伟力，依然占据着真理和道义的制高点。"③ 因此，对于全体人民而言，要坚定理想信念，就必须信仰马克思主义，将马克思主义作为思想和行动的根本遵循。对于新时代大学生而言，要赢得主动、赢得优势、赢得未来，从根本上而言，就是要以马克思主义理论武装头脑，用马克思主义的立场、观点和方法来指导人生。马克思主义是理想信念的灵魂。无论是什么样的群体，马克思主义始终是人们树立正确的世界观、人生观和价值观的关键因素。牢固树立马克思主义信仰是全体人民坚定理想信念的头等大事。"问渠那得清如许，为有源头活水来。"要引导人们下苦功夫学习马克思主义理论，强化理论武装，增强理论认同。习近平总书记告诫全党，"共产党人要把读马克思主义经典、悟马克思主义原理当作一种生活习惯、当作一种精神追求，用经典涵养正气、淬炼思想、升华境界、指导实践"④。只有把学习马克思主义理论作为一种生活习惯，才会深刻领悟马克思主义的理论精华，做到真学、真悟、真信、真用。

其次，增强爱国主义情感。俗话说："小孝孝于家，大孝孝于国。"对于人们而言，爱国是最大的孝。坚定的理想信念与爱国是分不开的。不爱国，理想信念也就无从谈起。爱国主义是每一位公民必须具有的自我意识。爱国主义在我们这个国家

---

① 习近平：《在北京大学师生座谈会上的讲话》，《人民日报》2018年5月3日第2版。
② 《习近平谈治国理政》第二卷，第50页。
③ 《习近平谈治国理政》第二卷，第329页。
④ 《习近平谈治国理政》第三卷，第75页。

从来没有缺席。"苟利国家生死以,岂因祸福避趋之""天下兴亡,匹夫有责"等等,都是爱国主义的生动写照。习近平总书记指出:"历史深刻表明,爱国主义自古以来就流淌在中华民族血脉之中,去不掉,打不破,灭不了,是中国人民和中华民族维护民族独立和民族尊严的强大精神动力,只要高举爱国主义的伟大旗帜,中国人民和中华民族就能在改造中国、改造世界的拼搏中迸发出排山倒海的历史伟力!"① 对于每一个人而言,要想获取理想信念的精神力量,必须正视历史,从历史中找寻爱国主义的强大力量,自觉抵制历史虚无主义、文化虚无主义等错误思想,从具体的爱国实践中获得精神动力。新时代大学生是强国的主力军,要自觉继承爱国主义的优良传统,以热爱祖国作为立身之本和成才之基。2021 年 4 月,习近平总书记在清华大学考察时指出:"当代中国青年是与新时代同向同行、共同前进的一代,生逢盛世,肩负重任。广大青年要爱国爱民,从党史学习中激发信仰、获得启发、汲取力量,不断坚定'四个自信',不断增强做中国人的志气、骨气、底气,树立为祖国为人民永久奋斗、赤诚奉献的坚定理想。"② 对此,新时代大学生必须自觉树立爱国爱党的目标,将爱国爱党与树立理想信念相融合,不断增强对国家、对民族的情感认同。

最后,坚定中国特色社会主义共同理想。理想信念一经成为个体的价值追求,就能为个体的发展提供强大的精神动力。中国特色社会主义共同理想是经实践证明了的实现中国现代化的必由之路。我们必须坚持以中国特色社会主义共同理想吸引人、感染人、凝聚人、鼓舞人。当前,中国正处于进入近代以来最好的发展时期,正日益走近世界舞台的中央,这一切成绩的取得与中国特色社会主义共同理想不无关系。对于中国共产党人而言,自党成立的第一天起,就举起了国家独立、民族复兴的大旗,为实现共产主义理想而奋斗。中国特色社会主义共同理想是共产主义理想在当代的鲜明体现,无论什么阶层什么人群,都必须将中国特色社会主义共同理想内化于心,外化于行。新时代大学生是中国特色社会主义伟大实践的中坚力量,要积极生成道路认同,树立道路自信,在学习、工作中自觉将个人理想与共同理想相融合,把个体奋斗融入国家发展的征程中,才能最大限度地实现个人价值。无疑,中国特色社会主义为新时代大学生的成长成才提供了广阔的舞台。新时代大学生可谓是生逢其时,必须顺势而为,强化责任担当,不辱使命、不负期望,将个人的"小我"融入祖国的"大我",为民族复兴奋发有为,为社会主义现代化建设添砖加瓦。

(三)理想信念教育的路径

如何坚定理想信念?习近平总书记在关于理想信念教育的重要论述中,为我们

---

① 习近平:《在纪念五四运动一百周年大会上的讲话》,《人民日报》2019 年 5 月 1 日第 2 版。
② 《习近平在清华大学考察时强调　坚持中国特色世界一流大学建设目标方向　为服务国家富强民族复兴人民幸福贡献力量》,《人民日报》2021 年 4 月 20 日第 1 版。

指明了路径。

首先，个人发展与时代发展高度契合。大学生处于拔节孕穗期，必须扣好人生的第一粒扣子，才能为书写出彩的人生篇章奠定基础。大学生的个人发展与时代高度相关。2017年10月，习近平总书记在党的十九届一中全会上指出："一种理论的产生，源泉只能是丰富生动的现实生活，动力只能是解决社会矛盾和问题的现实要求。"① 事实上，个人的发展与时代特征、现实生活是密切相关的。也就是说，大学生的理想信念教育必须根植于特定的时代背景。当前正处于中华民族伟大复兴中国梦和百年世界未有之大变局相互交织的时代背景下，新时代大学生的理想信念教育必须契合中国梦、社会主义现代化强国建设的目标，将个人理想信念的建立与民族复兴、国家发展、社会要求相结合，如此，才能将习近平总书记关于理想信念教育的重要论述内化于心、外化于行，作为个体发展的价值取向和前进方向。事实上，不仅仅是大学生，全体人民的理想信念教育都应如此，把理论学习作为理想信念教育的根本方法，不断增强认知认同，并在理论学习中获取关于个人发展与时代发展相结合的理想和信念。同时，在理想信念树立的过程中，要主动担当起时代发展的重任；要自立自强，自觉培育和践行社会主义核心价值观，弘扬民族精神和时代精神；要善于学习，用马克思主义中国化、时代化理论武装头脑；要增强本领，包括专业本领和工作本领，引领社会风气，自觉抵制不良现象，放飞梦想，激扬人生。总之，新时代大学生理想信念教育要以习近平总书记关于理想信念教育的重要论述为指导，必须坚持个人发展与时代发展高度契合，将个人理想融入中国梦之中，这样理想信念才会更加坚定。

其次，理论学习与社会实践高度统一。理想信念坚定不坚定，核心在于实践。空谈误国，实干兴邦。要实现中华民族伟大复兴中国梦，光靠理想信念是不行的，更需要将理想信念付诸行动，在现实中加倍努力，兢兢业业、艰苦奋斗、改革创新，用实际行动将理想转化为现实。马克思指出："哲学家们只是用不同的方式解释世界，问题在于改变世界。"② 全部社会生活在本质上是实践的。一旦脱离了实践和现实，理想就会变成空想。因此，习近平总书记号召大学生："要坚持学而信、学而思、学而行，把学习成果转化为不可撼动的理想信念，转化为正确的世界观、人生观、价值观，用理想之光照亮奋斗之路，用信仰之力开创美好未来。"③ 大学生在坚定理想信念的过程中，必须坚持实践的观点，在学习、生活中必须重视实践养成，勇于付出、敢于吃苦、乐于奉献、积极作为，才会获得更大的成就。事实上，将理论学习与社会实践高度统一，既是对全体人民理想信念教育的要求，也是对大学生理想信念教育的根本要求。在党的十九大报告中，习近平总书记强调："实践没有止境，理论创新也没有止境。世界每时每刻都在发生变化，中国也每时

---

① 习近平：《在党的十九届一中全会上的讲话》，《求是》2018年第1期，第4页。
② 《马克思恩格斯文集》第1卷，人民出版社2009年版，第502页。
③ 习近平：《论中国共产党历史》，中央文献出版社2021年版，第149页。

每刻都在发生变化，我们必须在理论上跟上时代，不断认识规律，不断推进理论创新、实践创新、制度创新、文化创新以及其他各方面创新。"① 因此，在理想信念教育中，大学生必须坚持实践驱动，用实际行动来坚定理想信念，为实现中华民族伟大复兴的中国梦贡献力量。

最后，教育引导与舆论环境相互协同。理想信念需要教育引导。"一些同志之所以理想迷茫、信仰动摇，根本的就是历史唯物主义观点不牢固。"② 那么，如何对人民群众坚定理想信念进行教育引导呢？这就必须明确"学什么""为什么学""怎么学"的基本问题。关于教育引导的内容，习近平总书记深刻指出："要铭记光辉历史、传承红色基因，在新的起点上把革命先辈开创的伟大事业不断推向前进。"③ 也就是说，要向人民群众传播党的光辉历史、新中国史、改革开放史等内容，不断增强人民群众的历史自信。当然，除了历史教育之外，还必须学习中华优秀传统文化。习近平总书记指出："中华优秀传统文化是中华民族的精神命脉，是涵养社会主义核心价值观的重要源泉，也是我们在世界文化激荡中站稳脚跟的坚实根基。"④ 中华文明源远流长，具有五千年悠久的历史，是一代又一代华夏儿女生活习惯和文化精神的总结。坚定理想信念，必须从中华传统优秀文化中找寻精神养料。教育者要善于古为今用、推陈出新、引经据典，丰富理想信念教育话语体系，展现理想信念教育者高超的理论水平。人创造了环境，同样，环境也创造了人。在教育引导青年大学生坚定理想信念时，必须强化舆论环境建设。青年大学生理想信念教育必须从校园环境、人文环境等抓起，唱响主旋律，弘扬正能量，以优质的环境感染人、引导人、激励人，进而为坚定青年大学生理想信念提供有利的条件。

第二节　发挥习近平总书记关于理想信念教育的重要论述的指引作用

习近平总书记关于理想信念教育的重要论述是一个系统、丰富、全面的科学体系，从精神保障、价值导向、思想根基和战略定位等维度为我们提供了实践指引，体现了鲜明的话语特色和时代特征，是全党、全国人民必须时刻坚持、一以贯之的思想指南。无疑，在新时代大学生理想信念教育中，必须坚持以习近平总书记关于理想信念教育的重要论述为指导，才能有效推动大学生理想信念教育的开展，进而帮助大学生树立正确的世界观、人生观和价值观。

---

　　① 《习近平谈治国理政》第三卷，第21页。
　　② 中共中央文献研究室编：《十八大以来重要文献选编》（上），中央文献出版社2014年版，第116页。
　　③ 习近平：《铭记光辉历史　传承红色基因　为把人民军队建设成为世界一流军队而不懈奋斗》，《人民日报》2017年7月22日第1版。
　　④ 中共中央文献研究室编：《十八大以来重要文献选编》（中），中央文献出版社2016年版，第135页。

一、运用习近平总书记关于理想信念教育的重要论述引导大学生坚定理想信念

大学生树立了坚定的理想信念，才能够坚定不移地朝着理想努力奋斗。因此，为了坚定大学生的理想信念，应根据习近平总书记关于理想信念教育的重要论述，指引大学生坚定理想信念，帮助其树立精神支柱，既增强大学生前进的动力，又推动大学生不断地追求理想。同时，在追求理想的道路上，大学生应积极制定实现理想的计划以及规划职业生涯，并按照自己树立的理想和设定的目标努力学习、坚定信念、积极探索、克服困难，进而战胜挫折和挑战，最终实现目标和理想。从建党95周年大会上首次提出"不忘初心，继续前进"，到党的十九大报告全面阐述"不忘初心，牢记使命"，再到中国共产党与世界政党高层对话会上的进一步凝练，习近平总书记系统回答了党的"初心"是什么、为什么要"不忘初心"、怎样守住"初心"三大问题。它包含着全心全意为人民服务的宗旨意识，体现了伟大的家国情怀和兼济天下的理想追求，是中国共产党人使命价值的理论诠释，也是新时代大学生树立崇高理想、实现人生价值的思想引领。因此，高校要加强对思想政治教育工作的重视程度，将习近平总书记关于"初心"的重要论述运用到大学生的理想信念教育工作中，以此引导大学生坚定马克思主义信仰和中国特色社会主义信念，坚定对共产主义的信仰，这正是思想政治教育工作的出发点与落脚点。

因此，在习近平总书记关于理想信念教育的重要论述指导下，应强调大学生坚定理想信念，使大学生积极坚定信念、树立理想，朝着理想努力奋斗，在奋斗的过程中做到不忘初心，这样才能够实现理想，实现自身更为长远的发展。

二、运用习近平总书记关于理想信念教育的重要论述引领大学生践行理想信念

大学生树立理想信念，能够锻炼其意志、坚定信念、积极奋斗。因此，在新时代背景下，应指引大学生结合习近平总书记关于理想信念重要论述所强调的理想和信念，树立理想，还应注重引导大学生在追求理想的道路上进行实践。同时，在人生的道路上，大学生将理想信念融入自身的实际生活中，并努力实现理想、坚守信念，从而提高自主性，并在实践过程中形成顽强的品格。大学生以理想信念为发展目的，在持续努力过程中追求理想、获得实践经验，从而实现更为长远的发展和进步。例如，党的十九大报告的主题包含"不忘初心，方得始终"，报告中指出，"中国共产党人的初心和使命，就是为中国人民谋幸福，为中华民族谋复兴"[1]。这

---

[1] 《习近平谈治国理政》第三卷，第1页。

坚定了以人民为中心的发展道路，始终将人民利益放在最高地位，能够引领大学生积极加入为人民做贡献的队伍，心怀人民群众的利益。习近平总书记关于"初心"的重要论述在一定程度上改善了思想政治教育过于理论化的问题，能够很好地与实践结合进行教学，可以使大学生在学习理论知识的同时更好地投身实践，在实际的为人民服务的行动中践行"初心"。"初心"作为一种理想信念，具有强大的精神力量，可以在一定程度上影响人们的实际生活，引导大学生根据习近平总书记关于"初心"的重要论述的指引，积极投身于为人民服务的实践中。习近平总书记关于"初心"的重要论述是我党基于历史现实提出的发展理论，要求我们始终坚持以社会主义为指导，通过理想信念教育增强大学生的共鸣，激励大学生通过社会实践来对"初心"进行深入理解。大学生学习习近平总书记关于"初心"的重要论述，可以从为人民服务方面着手，积极参加社会志愿者服务活动——可以是校内定期组织的志愿者活动，也可以是社会公益组织开展的志愿者活动。通过实际行动深切地感受如何为人民服务，将人民放在最高地位，通过实践来巩固"初心"的精神引领作用。

综上所述，在习近平总书记关于理想信念教育的重要论述的指导下，教师应引导大学生应树立远大的理想，坚定理想信念，增强前进的动力，积极朝着目标不断奋斗和探索，在成长的道路中努力实现自己的理想和目标，达成自身的有效发展。

第二章　新时代大学生理想信念形成的理论逻辑

新时代大学生理想信念教育的有效开展，必须以精准把握新时代大学生理想信念的形成规律为前提和基础。为此，本章主要围绕新时代大学生理想信念形成的内在机理和主要特点来展开。

第一节　新时代大学生理想信念形成的内在机理

一、理想信念形成的主体要素

（一）主体的认识水平是理性基础

皮亚杰的认识发生论告诉我们，儿童多次被告知"这是红的""那是好的"，于是他有了对红的东西、好的东西的印象，以后见到曾被告知的东西或类似东西时，就会做出"这是红的"和"那是好的"的判断。这说明，理想信念形成是以主体的认识能力和水平为前提和基础的。只有主体的认识能力达到一定的程度，只有主体对客体的认识达到一定程度，主体才能形成理想信念。也就是说，自我意识是理想信念形成的主观条件。自我意识是主体对自身的意识，包括对"我是什么""我在做什么""我能做什么""我该做什么"等自身问题的一系列思考。个体只有具备自我意识，意识到自身的主体性存在，能够把主客体区分开来，才能认识和评价客体，才能产生理想信念。

（二）主体的心理因素是非理性条件

在理想信念形成过程中，从主体的角度看，心理因素包括理性因素和非理性因素两个方面。理性心理因素一般指人的意识中的理智、认知、理性和逻辑思维等方面的因素，其特点是具有自觉性、逻辑性，即严格的程序性、规范性。非理性心理因素则指人的意识中的非理智、非认知、非逻辑因素，包括欲望、情感情绪、意志、信念信仰等，其特点是具有不自觉性和非逻辑性。根据心理学的有关理论，理想信念形成中的非理性心理因素主要是除知和行之外的欲望、情感情绪、意志。非理性心理因素在理想信念形成中起着重要的作用。

1. 欲望在理想信念形成中的作用

需要是理想信念形成的内在依据。但是，从主体的非理性心理因素的角度看，这个前提的直接表现是欲望而非需要。欲望与需要既有区别又有联系。欲望产生于需要，需要是欲望的客观根源。欲望是主体意识到的并努力争取获得满足的需要，欲望是需要的主观形式。但是，需要是客观的，而欲望是主观的，二者并非完全一致：人都需要吃，但不一定需要吃山珍海味，有人则想天天吃山珍海味；人的需要是有限度的，有人却是欲壑难填。需要转化为欲望后，它可能变形、分化、偏离需要。

欲望是个体倾向性的组成部分，是人类进行价值认识和实践的起点。欲望是主体理想信念形成的意念前提。只有那些被主体所欲求的客体，才能被主体认识和选择。而人的欲望是无止境的，原有的欲望得到满足之后，主体又会产生新的欲望，有了新的价值追求。于是，随着欲望的不断发展，价值目标不断更新和提高。如此螺旋式上升，大学生的理想信念就越来越丰富。

2. 情感情绪在理想信念形成中的作用

情感情绪是对外界刺激所产生的心理反应，以及附带的生理反应，如喜、怒、哀、乐、惧、满意、不满意、愉快、不愉快等。情感情绪在理想信念形成中有不可忽视的作用。

情感情绪通过影响主体对事物的价值判断进而影响理想信念形成。情感情绪自身就拥有内在地制约人的认知指向和行为强度的力量，个体的情感情绪会直接影响其价值认识和实践活动。情感情绪实质上是以心理体验的方式反映主客体之间的价值关系，以态度和心理反应的形式表达主体的欲望和对客体价值的判断。当主体还没有深刻认识价值之前，对价值的理解很大程度上是由情感来决定的。主体往往根据自己的情感和情绪体验来进行价值判断和价值选择，倾向于选择使自己愉快的客体或价值目标。如果主体对客体的情感和情绪体验是负面的，主体就会觉得客体没有价值或有负价值，对客体的价值判断就会是负面的；相反，如果主体对客体的情感和情绪体验是正面的，主体就会觉得客体有价值，对客体的价值判断就会是正面的。价值判断的综合和积淀会形成相应的价值观念。正面的情感情绪能够激发主体追求价值真理的热情，引导主体自愿接受社会提倡的价值准则，促进个体理想信念形成。

3. 意志在理想信念形成中的作用

意志是有意识、有目的、有计划的心理品质，是个体坚持不懈地进行认识和实践活动不可缺少的要素。

意志综合欲望、情感情绪，使个体的价值心理达到自觉、综合程度。意志能对主体的欲望、情感情绪进行定向和调控，限制和排除主体所拥有的种种不利于趋向既定价值目标即理想的欲望、情感情绪，支持和激发那些指向既定价值目标的欲望、情感情绪，保证理想具有明确的方向性。

意志促进主体坚持既有的理想信念。意志表明主体具有选择和坚持理想信念的能力。坚强的意志往往能够调节和控制欲望、情感情绪，能够激起主体的力量，有利于加速个体理想信念辩证运动的进程和理想信念的实现。

意志在个体接受理想信念教育的过程中具有积极的能动和保障作用。意志可以诱导个体在接受理想信念教育的过程中自愿自觉地接受教育，主动地迎接和克服困难，并为达到这些目的提供基本保障。意志能使主体经过内心矛盾斗争，确保其理想信念与社会所提倡的理想信念保持一致。

（三）主体的实践活动是源泉

人的需要和自我意识作为理想信念形成的条件，只有在主体的对象性活动中才能得到科学的解释。理想信念正是在需要的驱动下，在自我意识的导引下，在实践活动的过程中形成的。

理想信念属于观念范畴，本质上属于认识而非实践。马克思主义哲学认为，实践是认识的来源，因此，主体的实践活动是理想信念形成的源泉。

首先，实践的需要决定理想信念的产生，也就是说，人们改造世界的需要产生了理想信念的需要。

其次，实践出真知，人类的一切认识，包括理想信念，归根结底都来自实践。个体的理想信念是在主体的社会实践活动中形成的。主体与客体是人类实践与认识过程中不可或缺的两个方面。主体与客体的互动关系表现为主体从自身的利益出发，选择性地把握和占有客体；客体因自身的属性而满足主体的需要。这种主客体相互作用的关系就是价值关系。在主体与客体相互作用的过程中会呈现主体客体化和客体主体化图景。价值观是在一定的社会历史条件下，通过主体与客体的相互对象化作用形成的。主客体的对象化包含两层含义，即主体客体化和客体主体化。主体客体化是指人通过社会生活实践，把自身的物质力量转化为对象物，也就是把自身的价值理念和价值取向作用于客体，创造出主体所需要的对象属性。它通过改造对象而满足主体的需求，把自身的物质力量凝聚在客体对象之中。客体主体化是指客体在人们的社会生活实践之中转化为主体的一部分，也可理解为通过对客体对象的改造，主体获得一些新的思想认识，形成一些价值观念，这些价值观念的获得就是客体主体化的一种外在表现。主体客体相互作用的过程中，主体客体化程度越高，就越有利于理想信念形成；同样，客体主体化越高，也越有利于理想信念形成。

再次，实践是理想信念发展的动力。实践不断给人们提出新的认识课题，并提供解决新课题的新的经验材料。实践的发展不断给人们提供日益完备的价值认识手段和物质条件，不断推动人的价值认识能力的提高。

最后，实践是检验理想信念正确与否的唯一标准。人的理想信念正确与否都要经过实践活动的检验，并通过实践活动不断地完善。个体关于某类事物的理想信念一旦被实践所证实，他的理想信念就会得到强化，就会成为比较稳定的理想信念。

总之，个体的理想信念是在主体的实践活动中形成的，是对实践活动反映的结果。

二、理想信念形成的机理

理想信念的构建是一个复杂的心理现象,其形成过程既遵循价值主体认知、情感、意志和行为互动的内在规律,又有赖于社会文化、家庭氛围、学校教育等外在因素。从内在因素看,大学生理想信念的生成实质上是个体知、情、意相互作用的过程,包括最初对理想信念的需要,产生心理认知,进而实现情感认同和观念内化。

(一) 内在需要是动力

内在需要动力机制是指个体在自身需要的驱动下自觉完成合目的性的认识活动的过程。也就是说,理想信念是否能够被个体认同和接受,是由个体在自身发展过程中对理想信念的需要程度决定的。

马克思对需要是人类活动的动因做过深刻的论述。马克思认为:"人们决不是首先'处在这种对外界物的理论关系中'。正如任何动物一样,他们首先是要吃、喝等等,也就是说,并不'处在'某一种关系中,而是积极地活动,通过活动来取得一定的外界物,从而满足自己的需要。"[①] 从人学的角度看,正如马克思指出,"他们的需要即他们的本性"[②],"任何人如果不同时为了自己的某种需要和为了这种需要的器官而做事,他就什么也不能做"[③],"人以其需要的无限性和广泛性区别于其他一切动物"[④]。从马克思对需要的论述可知,人的需要是内在的、与生俱来的、各种各样的,指引着他们行为的方向。这种内在需要不仅不断变化着,而且呈现一种从低级向高级、从物质向精神趋向的无限发展性。另外,基于心理学的视角,马斯洛的需要层次理论对人的内在需要方面做了由较低层次到较高层次的排列,即生理需要、安全需要、爱和归属感需要、尊重需要和自我实现需要。他指出,人的不同行为的发生是由于不同层次的内在需要推动所致,并且伴随内在需要层次的提高而向前发展。理想信念集中体现出社会人际伦理的价值取向和规范,是统治阶级和大多数社会成员的利益和意志。一个人只有认同、理解和接受主流的观念,才会有安全感和归属感,才会被其他社会成员所接纳,从而满足其尊重需要和自我实现需要。可见,个体精神层面的需要和追求是理想信念得以实现的源动力。

(二) 知识内化是基础

知识内化是指在个体启动认知行为后,"将符合社会发展要求的主流价值思想

[①] 《马克思恩格斯全集》第 19 卷,人民出版社 1963 年版,第 405 页。
[②] 《马克思恩格斯全集》第 3 卷,人民出版社 1960 年版,第 514 页。
[③] 《马克思恩格斯全集》第 3 卷,第 286 页。
[④] 《马克思恩格斯全集》第 49 卷,人民出版社 1982 年版,第 130 页。

纳入自己的观念体系，成为自身意识体系的有机组成部分，成为支配、控制自己思想、情感、行为的内在力量的过程"①。简单来说，它就是个体通过认知将外部事物转变成内部思维的过程，这一过程包括感受、选择、分析、整合、内化等持续不断、相互联系的阶段。

感受是个体在社会实践的过程中，对接触到的理想信念信息做出的感官反应，形成知觉、想象、思维等一系列表象。选择是个体根据自身需求，在感受的基础上将理想信念与自己已有的观念、价值标准加以比较，进行判断、筛选和过滤，对符合自己思想观念、价值标准的内容予以接受。分析是指在个体对自身已经接受的理想信念信息做进一步剖析，理解其所倡导的价值取向、道德规范和思想精神，并形成深刻的价值认识。整合是指个体在深入分析的基础上，对理想信念信息进行加工、统合，使理想信念与已有的价值观念进行重新组合、相互对接，从而打破固有的思维模式，获得新的思想观念。内化是指经过思维的整合，个体将理想信念的内容予以同化，纳入自身的认知结构，融入情绪、感情和意志，对理想信念所蕴含的人文关怀精神产生由衷的敬仰之情，将其作为自己的价值取向和道德准则，并在学习交往、生活交往和社会交往中自觉信奉、遵从和践行。

（三）主体认同是关键

理想信念是主体内心深处的一种类本能，其形成以认同为基础，这种认同包括三个方面。

1. 话语性认同

理想信念离不开个体对价值观的传播与展示，而这一过程离不开语言符号。理想信念所寄存的符号系统及其运用模式都会影响价值观传播与展示的效果。因此，从理想信念传播的角度而言，主体对理想信念的积极表达与消极表达，对理想信念的表征来说存在相当大的差异。只有对坚定的理想信念才会勇于表达，才能肯定理想信念对个体的重要价值和积极意义。

一般意义上，任何语言符号都具有特定的价值观指向，语言与言说实际上就是一种价值选择的呈现。懂得一种语言就意味着拥有以心理形式表征的语法，而语法由一套规则组成，这些规则决定着语言使用者的个体语言能力。语言能力是在个体生理和外在环境共同作用的基础上发展起来的，这就意味着语言的历史自然性与社会教化性共存，并成为价值观传播的载体。蕴含在语言符号系统背后的价值观的可教化性，为理想信念认同提供了可能。

语言的社会性价值使人与人之间甚至人与世界的交往沟通成为一种现实，因为"语言、言语或沟通都要求以共享的意义框架为其存在的必然条件"②。我们的现实生活总是离不开各式各样的语言，我们用语言沟通，用语言思考，用语言表达。在

---

① 张耀灿、郑永廷、吴潜涛、骆郁廷：《现代思想政治教育学》，人民出版社2006年版，第335页。
② 迈克尔·A.豪格等著：《社会认同过程》，高明华译，中国人民大学出版社2011年版，第187页。

某种程度上，语言是人的一种存在方式。这种存在方式可以表明个体对所属文化乃至于价值观的认同程度，语言形式越积极、语言表达的频率越高，指明个体对理想信念的程度越高。无论对个体还是群体而言，"言说并不仅仅是需要被理解和破译的符号（除了在特别的情形中）；他们还是财富的符号，意欲被评价和赞美；也是权威的符号，意欲被相信和遵从"[①]。语言并非对社会生活的简单复制和描摹，而是内蕴着一种社会共同的、主流的价值观所倡导与规定的价值秩序与价值标准。因此，在个体生成理想信念的过程中，话语性认同起着重要的作用。

2. 制度性认同

是否能够生成理想信念，有赖于个体对理想信念制度性的认同。对个体来说，自律与理性固然重要，但外在的约束力量在规范和修正个体行为时更为重要。制度性认同在理想信念形成中起到一种约束力作用。那么，它是如何发挥作用的呢？具体来说，制度是一种秩序化的行为规范和结构安排，它蕴含着丰富的内涵理念，成为维持人的现实性与社会关系两者平衡的杠杆，并不断推动社会共同价值观的发展。

实践指明，以制度为核心构建的社会场域，对个体思想行为的引领、教化以及培育，更容易为个体所接受和认可。制度内在蕴含的价值观理念，为个体指明了看不见却很明晰的方向，这属于一种价值观层面的约束力。制度能够为个体营造可感知的行为环境，这种具有一定约束力的环境是人做出价值选择和认同的重要依据。在一定的情况之下，当个体无法依靠自己的价值观念或者以往的经历做出行为抉择的时候，对特定环境的认同就自然而然为我们提供行为选择，这是环境对人的影响。制度属于我们行为环境的在场者和营造者，是人由他律走向自律的必然力量。因此，制度对我们从价值观认同走向价值观自信起着无法比拟的作用。对当下而言，社会是属于被构建的人化社会，这种人化社会是基于对共同价值观的认同而形成的。正因如此，社会对人而言无疑是一种客观性和先天性的存在，这种存在本身实质上蕴含着群体对丰富内涵的制度化运行的意志。制度能够维护和保障社会的有序发展，而且制度的刚性对个体行为的约束力会促使人更加容易认同制度背后蕴含的价值观念。换而言之，制度以及制度的实现方式在一定程度上承载着核心价值观的理念，对理想信念的制度性认同成为理想信念形成的重要力量。

3. 实践性认同

理想信念源于个体对理想信念的认同，而其更深层的力量在于人的社会实践，即通过对实践性认同来达到对理想信念的情感。在科技日新月异的时代，发展以技术为核心的物质文化是理想信念的生长点。马克思主义认为，生产力是推动社会进步的根本性力量。个体存在是具有客观性、直接性的，这种存在实际上是一种实践存在的物质形式，并规定着人的思想观点和价值理念。个体的实践本身以及实践形

[①] 皮埃尔·布尔迪厄著：《言语意味着什么》，褚思真、刘晖译，商务印书馆2005年版，第49页。

式是获得价值理念的客观力量。

历史证明，社会物质力量的进步始终是国家与民族自信生成的基础性要素，也是个体对社会共同价值观产生自信情感的根本条件。"如果一个语言族群能在经济上掌握自身的命运，有较高的自尊、光荣的历史，以及有良好的国际声誉的语言，那么人们就会认为这会是一个有较高地位的族群。这样一来，该族群就具有蓬勃生机，这种生命力确保它在未来能够作为一个独特实体而继续存在。"① 这表明，语言所属的人群的经济地位是人们使用这种语言的第一因素。语言符号具有促进物质经济发展的作用，也是个体获得知识的前提。而理想信念源于人们的认同，这种认同是建立在对价值观的理论认知之上的。简而言之，人要形成理想信念，就必然要对相关的理论知识进行占有。在现实世界，个体获得知识主要有两种方式：一是对直接经验的提取或是对基本的生产实践的抽象总结，二是间接经验的传承和传播。从生理学的角度来看，第一种知识获取的方式更具有完整性和立体性，因为个体通过实践活动增加了对知识的记忆和理解，所以主体能够更加确信这种知识的正确性，也更加容易将知识背后蕴含的价值准则作为自己笃信的原则和信念；对第二种知识，由于缺乏直接参与的过程，个体对所获知识的价值认同主要依靠个体对这部分知识的认知选择和实践检验，只有通过验证和确证的部分才能纳入个体的价值体系，成为自我理念的组成部分，并外化为行为。概而言之，无论哪一种方式，只有通过实践性的认同，才能成为个体的信仰，并指导人的行为。正如美国哲学家皮尔士认为，思想的全部功能在于产生行动的习惯。理想信念源于个体的实践行为，通过实践进一步深化情感，实践行为由于认同提供的信仰支撑也更为有力。

综上所述，理想信念作为个体的一种情感与态度，它的基础在于价值观认同。理想信念的生成是由多种力量共同作用决定的，其中制度性、实践性和话语性机制发挥着无可替代的功能与作用。只有积极地推动制度的现代化建设，不断提高个体的社会实践能力、语言表达能力和交往能力，才能真正使人内在地生成理想信念。

第二节　新时代大学生理想信念形成的主要特点

理想信念作为人类特有的精神现象，它不是与生俱来的既定性的存在，而是人们在生活实践中逐渐显现的获得性存在。理想信念教育是新时代大学生教育的根基，大学生理想信念形成受教育环境、个体差异性等因素影响，呈现出接受中的多维度性、形成中的不稳定性、形成后的长远性等特点。

一、接受中的多维度性

新时代大学生理想信念的接受中的多维度性是指理想信念在形成过程中不是受

---

① 迈克尔·A. 豪格等著：《社会认同过程》，第249页。

单一因素的影响，而是受多层次、多种因素交织影响。大学生在接受理想信念的教育时，教育环境空间上受国内因素与国际因素的双重影响，时间上受远期和近期的双重影响，内容上受经济、政治、文化、社会等多领域共同影响，主体上受社会、学校、家庭等不同主体影响，性质上体现为积极影响因素与消极影响因素同时并存。各影响因素通过作用于理想信念确立机制，从而影响新时代大学生理想信念的接受和确立。

（一）在国际环境影响下，大学生理想信念具有国际视野，弱化认同感

当前国际环境正发生深刻变化，呈现出经济全球化和逆全球化相互交织、世界多极化、文化多样化等特点。在此影响下，一方面，和平与发展仍是时代主题，这为新时代大学生实现理想信念提供了和平稳定的国际环境，激发其爱国主义热情和奋斗的激情，增强其对中华文化对外传播的自信；使其提升国际视野，对世界局势的发展有着清醒的认识，在面临国际国内重大突发事件时表现出强烈的爱国主义精神和坚定的社会主义立场。他们主动拥护党的领导，认真贯彻党的路线、方针、政策，积极响应党的号召，能够以自己的实际行动落实党在各个时期的具体工作。他们对外界事物敢于大胆分析、探索、实践、质疑，其理想信念的形成具备极强的自为和自律特点。另一方面，复杂多元的国际环境也会动摇新时代大学生理想信念的坚定性，弱化其文化认同感和政治认同意识，模糊其国家意识，削弱其爱国主义情感。

（二）在社会环境影响下，大学生理想信念崇尚集体主义，追求个人成就

随着社会主义市场经济体制的不断完善，我国经济得到迅猛发展，人民生活水平持续提升。一方面，改革开放的成功增强了大学生对中国共产党和中国特色社会主义的信心，有助于其增强社会主义理想信念。在正确的价值观的社会性引导作用下，大部分学生基于家国情怀，不仅能够做到集体利益高于个人利益，也能为他人和集体牺牲个人利益，能清楚区分"小我"和"大我"之间的差异。在社会和谐的整体大背景下，他们心理乐观、积极，生活态度阳光、向上，乐于同周围人群交往，重视与老师、同学和朋友建立良好的人际关系，积极参加各类集体活动，注重展示个人特长、发挥个人作用、贡献个人力量。大学生也渴望个人成就。他们希望能独立自主、自食其力，通过个人努力改变环境，期望通过自我奋斗和公平竞争早日取得事业成就。另一方面，某些不正当竞争、无序竞争现象和多元文化给大学生带来了消极影响，导致部分大学生表现出强烈的功利性，其理想信念的形成通常与个人利益、物质利益相关。这就可能导致重物质利益轻精神价值的局面，甚至误入歧途。例如，部分大学生将理想选择与自身利益直接挂钩，追求具体的名利，忽略

无形的价值；在人际交往取向中，重利轻义的特征明显；在学业规划取向中，重技能训练轻理论知识；在职业规划取向中，重物质回报轻精神内涵，产生过分追求物质享受的享乐主义、拜金主义等错误追求。值得注意的是，受市场经济环境和多元文化的冲击，由于世界观、人生观及价值观尚未完全定型，有时会受消极的价值观念影响，出现"躺平""摆烂"等情况。此类行为阻碍新时代大学生崇高理想信念的形成，使其目光愈发短浅，陷于有形的利益之中而难以发展和进步。对此类现象，应当及时采取相关措施予以纠正。

（三）在学校环境影响下，大学生理想信念更具有理论性、系统性

理想信念的形成并非自发的、盲目的、无组织的，而具有明确的引导性、目的性和组织性，服从和服务于一定的政治目标、政治制度和政治要求，受教育者指导，具有理论性、系统性。

在校期间，通过思想政治教育中对学生展开理想信念教育，使大学生具备充实理想信念的理论体系。通过对马克思主义理论的相关学习，对理论有着全面的认识和深刻理解，增强了马克思主义、共产主义信仰，增强了中国特色社会主义信念，增强了对实现中华民族伟大复兴的信心，更能够坚持正确的政治方向。在理想信念的内容上更倾向于关注价值目标和长远利益，在信息时代和资源充足的大环境下，他们求个性之发展，图社会之进步，谋国家之昌盛，这种价值取向有利于大学生基于长远目标做出正确的判断与合理的选择。同时，他们能够自主接受理想信念教育，有选择性地参与社会实践。作为受教育者，他们关心国家、民族和社会发展，经常通过报刊、书籍、电影、电视和网络等多种途径了解政治、经济和文化动向，能自觉运用马克思主义相关理论认识、理解、批判和反思各类社会现象，热心参加各类寒暑假社会实践活动，关注完善自身知识体系、提升自身综合能力，能结合实际和实践制定出理性的学业和职业规划。

（四）在家庭环境影响下，大学生理想信念更具有持久性、差异性

家庭是出现最早和持续最久的社会生活环境。家庭教育、家教、家训、家风是影响新时代大学生理想信念的基础性因素。家庭环境和家人自身的道德行为潜移默化地影响着子女理想信念的形成。

一方面，家庭环境对大学生理想信念有积极影响。和谐的家庭氛围与家庭内部教育保持一致，有助于大学生坚定正确的理想信念、强化社会认同。家庭教育因素的影响是建立在血缘关系和亲情联系等基础上的，父母及其他长辈的养育方式、个体认同和日常的教化、思想、品德、习惯等都会对大学生产生潜移默化的影响。

另一方面，家庭环境对大学生理想信念也会产生消极影响。社会环境中功利化的倾向对父母的直接影响远大于对学生的影响。部分家长在对子女的教育过程中，过度关注孩子的学习成绩，并以学习成绩来评价孩子的好坏，而较少与孩子谈及理

想、信仰方面的话题。同时，家长的经济意识、竞争意识很强。这些都造成学生只注重个人学业，个人承受能力和人际交往能力都很差，其理想信念也呈现出更加世俗的特点，功利化、实用化倾向日益严重。

要提高大学生树立理想信念的实效性，必须充分重视家庭教育的作用。高校应当建立与学生家庭的密切联系，利用家庭教育中的积极因素，防御和抵消家庭教育中的消极因素，引导大学生树立长远、科学的理想信念。

二、形成中的不稳定性

理想信念形成中的不稳定性是指理想信念作为一种特殊精神现象不是一成不变的。列宁曾说过："人的意识不仅仅反映客观世界，并且创造客观世界。"[①] 这说明理想信念是一种具有高度自觉性的意识，也具有自主创造性，在形成中受各种客观因素和个体需要变化的影响，具有自主性、选择性、反复性等不稳定的特点。

（一）基于时代开放性和学生独立性，理想信念形成具有自主性

互联网高速发展，信息化时代来临，新媒体的迅猛发展推动人类社会信息传播进入快车道，无孔不入的信息传播深刻影响着当代大众的价值取向、思维方式与生活方式，科学技术的发展与社会信息化程度的提高为大学生理想信念的形成提供了思想资源与智力支持。市场经济的快速发展激发了社会的活力与竞争力，增强了社会主体的独立性、自主性和创造性。多元化的文化和民主政治赋予大学生自主性与自由性。这些都体现了时代的开放性。

新时代大学生大部分属于"00后"，思想相对比较开放，接触最前沿的社会思潮，具备勇于创新、探索的精神，对新事物、新思想、新观念可以快速地接纳与吸收。他们的思想观念、学习、生活、择业过程中的中立性、自主性、开放性在逐步增强。大学生对大部分事物的态度都是积极进取的，人生观和价值观都充满正能量，越来越多的学生开始注重自身精神家园的建设，自主选择自己的发展目标和确立理想信念。

在大学生群体中，对新时代的新目标、新使命、新观念有所了解并表示高度认可的学生占据多数，他们充满政治热情，这是新时代大学生的优点。但是由于大学生的"三观"（世界观、人生观、价值观）正处在形成、稳定的过程中，同时缺乏社会生活经验，缺乏对理想信念等的系统学习，因而对特定环境因素、理论知识形成依赖；对国情、民情的理解以及认知方面存在一定的短板，对社会问题的了解还处于较浅显的层面，鉴别力也比较薄弱，易受社会的舆论左右。诸如盲目相信某种片面、错误的思想观点，盲目追逐所谓时尚的社会思潮，等等。在市场经济体制、

---

① 列宁：《哲学笔记》，人民出版社1956年版，第228页。

社会主义民主政治、社会信息化条件与开放环境又赋予大学生自主、自由的权利。大学生理想信念教育要根据时代特点和大学生的特点，在大思政背景下，帮助大学生认识理想信念形成的价值与自我使命，引导他们遵循正确方向，形成中国特色社会主义共同理想。

（二）基于价值观多样化和个体需求差异，理想信念形成具有选择性

面临百年未有之大变局和中华民族伟大复兴战略全局，经济腾飞、改革深化，是新时代大学生成长的大环境，方便快捷的信息获取渠道可以让新时代大学生的眼界更加开阔，见识快速增长，这些都在物质方面为大学生提供了强有力的物质保障，同时也形成了参差不齐的价值观念，为新时代青年的价值观选择提供了客观选择可能性。

新时代大学生的"三观"也随着社会的不断发展、科学技术水平的提升而变得更加多元，面对事物的态度也更具有多样性。在激烈的社会竞争中，大学生具有强烈的发展动机和创新意愿，多数大学生能够结合自己的实际，注重个性发展。大学生拥有远大理想，能都系统地、科学地结合实践树立科学理想；但是，对未来发展规划的认知不够全面，未能给予充分、全面的考虑。大学生大多数是独生子女，原生家庭的关爱比较多，他们自信心高涨，更倾向于表达自己的思想，对自主意识、自身价值相当注重，所以大学生个体需要差异比较大。

多元价值观念和外部的教育影响，以及网络环境下大学生视野开阔、见多识广，只是大学生理想信念形成和发展的外部条件之一。大学生的理想信念要靠他们自主选择确立，在理想信念确立过程中形成在比较中认识自己、判断得失、形成观念、选择行为的特点。知识和信息充斥于大学生生活的各个方面，其中有有效的，也有无效的甚至是有害的。在这众多的知识、信息和价值观中，大学生要主动掌握其发展方向，理智地选择对自己和社会有用的知识与信息。在实际生活中，大学生由于理想信念尚未完全形成或稳定，他们在比较和选择的过程中可能出现不知所向、不知所选的困难，或者选择了不正确的价值取向。我们不能避免这种偏差，但是也不能忽视，而是需要对教育主体给予高度的重视，关注大学生精神需求和实际需求，通过综合性教育、比较性教育，引导大学生学会正确比较，在比较中学会选择，树立科学正确的理想信念。

（三）基于教育环境复杂多变和学生精神困惑，理想信念形成具有曲折反复性

经济全球化、文化多样性、社会转型和高校教育体制改革等教育环境变化对新时代大学生理想信念的确立都产生了重要影响。由于社会环境呈现出多样性、复杂性与多变性，产生各种社会思潮，人本主义、自由主义、功利主义和未来主义等各种社会思潮对大学生思想产生影响，一些不良的风气也相继滋生。这些影响对大

生的思想成长极其不利,导致一些大学生在政治信仰、理想信念、价值取向乃至诚信等方面出现迷茫、扭曲等问题。

大学生面对多样、复杂的社会环境和大量的社会信息,在遇到各种问题时不能客观辩证地分析和解决问题,又相对缺乏社会生活经验,因而面临着诸多精神迷惘与选择困惑。不少学生的迷惘困惑主要是精神层面的问题,即由于社会复杂多变而难以理解、难以取舍,由于社会多样而难辨真伪、难以选择,如在日常生活中学业与专业选择上的摇摆、环境与人际关系上的不适应、理想与现实的矛盾、毕业与就业上的压力等。互联网犹如一把双刃剑,其利弊日益显现。互联网在提供大量知识和价值观的同时,大量鱼龙混杂的网络信息让大学生无法确认其真实性,尤其是负面信息的极端性、西方部分意识形态的虚伪性,不同程度地限制了他们辩证看问题的能力和视角,容易迷失自我,产生错误的理想信念。在精神世界里,大学生也在父母的高期望、就业压力、社会竞争等因素的影响下,承受着巨大的压力。因此,许多大学生忽视长远目标,明显地表现出功利性倾向。部分大学生越来越崇拜"佛系"的生活态度甚至"摆烂",对理想信念并无追求和思考。他们一方面对未来的发展充满了紧张感,另一方面又享受着当下的这种放松状态。面对这种矛盾心理,许多大学生产生迷惘困惑和发展焦虑,容易变得颓废、无斗志。

这种迷惘困惑和发展焦虑正是一些大学生理想信念尚未完全形成、价值判断标准尚未完全确立的主观表现。在这种状况下选择往往犹豫不决、变动不居,表现为反复性、曲折性。这种倾向往往阻碍大学生理想信念的形成,使之陷于具体的、眼前的利益和实实在在的焦虑之中而难以升华。学校教育要帮助学生认识理想信念对自己、对社会的价值作用,增强形成理想信念的迫切性与自觉性,帮助学生结合专业特点、时代特点,面向社会、面向未来,立足长远认识理想信念形成,尽快确立正确、长远的价值取向,尽可能减少曲折与反复,尽早形成正确理想信念,以获取更大的精神动力。

一是理想信念形成过程的自调性。大学生理想信念的形成,是大学生对学校教育、社会教育中传递的文化信息进行接收、选择、决策和内化的过程,也是不断调整和改变自身的文化观念以保持与社会主流文化相一致的过程。在这个过程中,大学生的主体自组织意愿和能力起着决定性的作用,体现出鲜明的自调性和能动性。这可以从社会助长效应、榜样示范效应及同伴影响效应等角度来进行分析。社会助长效应指的是个体基于其他个体的意识、在场或与其他个体共同行动时所表现出的行为高效化。社会助长效应影响大学生群体理想信念形成的原因在于群体压力增加了大学生个体行为的选择动力;在以群体为单位开展的教育活动及实践中,群体参与的状况激发了大学生个体的被评价和被肯定意识,大学生基于内部比较引发压力,学习、认知文化的内在动力由此增加。榜样示范效应可以有效激发大学生群体理想信念形成的积极性。大学生在观察他人理想信念形成的过程中,能够认识到理想信念形成的内涵和意义,进而对其产生情感上的悦纳和接受。同伴影响效应指的是大学生在群体成员集体行为的压力下，个体自觉或不自觉地以某种群体规范或多数群体成员的意见为标准，自我校正自身思想行为的现象。如果大学生群体形成较一致的理想信念，身处其中的个体也容易被同伴影响、被群体同化，从而主动做出自信和践履的行为决策。

二是理想信念形成表现的非均衡性。即便参与同样的教育活动，不同的个体也会表现出不同的接受度，这种不同即为接受差异。按照美国传播学家梅尔文·德弗勒对个体差异的分类，不同个体在心理结构、先天禀赋与后天习性上存有不同，不同个体从不同的社会环境中会习得不同的立场、价值观、信仰和态度，形成各自不同的特性，并且个体一旦形成对于客观事物的稳定见解，又会影响他们此后对待各类信息的理解和态度。该分类给我们呈现了可能导致个体接受差异出现的原因，有助于我们理解大学生理想信念形成过程中出现的差异性。大学生由于个人成长环境、教育经历、知识结构、生存状态等的不同，决定了其在理想信念形成的认知、情感、意志、行动等方面会表现出个体差异，这种差异具体表现为认同实现过程中的相对不平衡性：一方面，不同个体间存在理想信念形成上的不平衡，部分学生个体可以较快实现认同，而部分学生个体的理想信念形成往往需要经历较长时间；另一方面，在个体的认同结构内部也存在一定的不平衡，对于较为熟悉的文化，个体的自信程度会较高，而对于相对不熟悉的文化，个体的自信程度会相对较低。

三是理想信念形成状态的波动性。大学生群体的自信过程兼具理性和感性因素，二者相互交织，共同构建起大学生群体的精神世界。"激情、热情是人强烈追求自己的对象的本质力量"[①]，"没有人的情感，就从来没有也不可能有人对真理的追求"[②]。大学生群体由于其所处的年龄阶段特点，感性因素在理想信念形成过程中所占比重相较其他年龄阶段群体更高。他们的情感较为丰富，兴趣爱好广泛，自我意识较为强烈，同时又容易被外部环境和周围人群所影响和带动，在一些情形下，情绪易被激发，思想行为趋于冲动。面对和自己观点立场相近的事件，他们会积极赞同响应；面对和自己观点立场相左的事件，他们会明确表达自己的否定意见。此外，由于大学生群体的社会阅历相对不足，认知结构较为单一，自我评价和调控能力也相对较弱，对复杂的社会问题缺乏深刻的理解力，在理想信念形成过程中易受非理性因素影响，出现观念上的波动和反复。

四是理想信念形成层次的发展性。大学时期是人生命历程中的一个重要阶段，处于最富活力、最富创造性和发展力的阶段。受特定历史时期和社会环境的影响，大学生发展会呈现出不同的时代特点；当前国家社会发展的现实形塑着大学生发展的总体样态，同样，随着国家和社会的发展，大学生的思想状况也会不断发展。大学生理想信念的形成意味着他们自觉将共同体意识和超越本我的公共意识纳入思想范畴，将自身作为社会主要发展动力源，进而对国家、民族、社会担负起应有的责

---

① 《马克思恩格斯全集》第42卷，人民出版社1979年版，第169页。
② 《列宁全集》第25卷，人民出版社1988年版，第117页。

任和义务，呈现出一种更具意义的发展性。因此，需要通过有效的教育引导，不断强化理想信念，推动大学生的理想信念逐步从部分到全面、从浅层次到深层次发展。

三、形成后的长远性

所谓的长远性就是指理想信念在个体自主对比选择后，因其更趋于理性和科学性而具有的执着性。由于与人的生活实践和生命活动紧密相关，理想信念的获得和确立不是一蹴而就的，而是循序渐进的。这种循序渐进的过程经历了从"经验—情感"到"理性—认知"再到"价值—信仰"的不断转化和跃升。[①] 它内在地包含了理想信念形成中感性与理想的统一、科学性和价值性的统一、执着性和稳定性的统一。

（一）理想信念形成中感性与理性的统一

大学生理想信念的形成遵循由具体到抽象、由眼前到长远的过程。逐步由生活理想、职业理想到形成人格理想、社会理想，这是符合理想信念形成规律的。只有理想和感性的融合统一，才能保证大学生即使在充满诱惑和抉择的现实生活中也能保持长久一致的价值取向和行动。

马克思指出，人"是一个有激情的存在物。激情、热情是人强烈追求自己的对象的本质力量"[②]。这就是说，情感不仅是人类最基本的精神体验方式，更是作为一种特殊的道德力量而广泛存在于人的道德实践和伦理生活之中。理想信念的情感形态是大学生基于现实生活实践而产生的或强烈或深沉的喜欢或依赖的心理反应。相比于一般的观念体系，理想信念具有更多的情感色彩，它饱含着对某种职业的热爱，对国家和民族的深厚情怀，饱含着对社会主义道路、理论和制度的坚定信心。情感会影响到大学生对理想信念的选择和运用，表现出一定的选择倾向性；没有这些丰富的情感作为支撑，理想信念就没有发生和形成的心理基础。

理想信念的坚定离不开情感体验。只有将自己的情感融入理想信念的追求和现实生活的交往中，个体才能积极主动、自愿自觉地承担责任、坚持坚守。大学生的理想信念具有多样性，一开始会以情感状态出现，如职业理想是做老师、做设计师、做科学家。应该注意的是，情感是易变化、不稳定的，有时也会走向极端和反面。情感体现为大学生对于现实生活世界的热忱和激情，对于未来美好事物的追求和向往。在理想信念教育中，引导大学生对职业理想进一步思考：职业理想是否符合社会现实，是否可以通过实践而实现，是否具有价值，是否是科学长远的。通过引导和教育，大学生理想信念不仅蕴含丰富的情感要素，而且因为其心怀人民、心

[①] 参见韩丽颖《论理想信念形成的三种形态》，《社会科学战线》2019年第12期。
[②] 《马克思恩格斯文集》第1卷，第211页。

系国家发展，能将小我融入大我，能通过实践来实现，能体现社会价值而更具理论性、系统性，是通过深入思考和系统阐释构建而成的理解和把握人与社会本质关系的精神体系。因此，健康的情感是应该接受理性约束和指导的，因感性情感而热爱，因理性选择而真实，是在科学理性的引领下的感性和理性的统一。理想信念的形成过程中，既以情感为动因和基础，同时要积极推动情感形态到知识形态的发展变化，实现感性体验和理性认识相融相通，形成主体对于社会现象和国家发展的情感与理性的统一。

（二）理想信念形成中科学性和价值性的统一

2013年5月，习近平总书记在同首都各界优秀青年代表座谈时强调，要"把理想信念建立在对科学理论的理性认同上，建立在对历史规律的正确认识上，建立在对基本国情的准确把握上"[①]。这启示大学生，不能仅仅把理想信念当作一种超验的情感皈依，将共产主义远大理想和马克思主义信仰悬置到不可触碰的空想境地，而应该看到其基于科学理性。理想信念的知识形态是其科学性的集中体现。大学生形成理想信念的过程中经过了自主对比和选择，通过理性的理想信念知识系统学习进一步强化，更具科学性。

理想信念的价值性是经过长期的知识积累和情感凝聚，进一步生成的价值判断和行为依据，是更为自觉、更为高级的，也是经过实践检验的，因可行性和现实性具有真理性的精神力量。理想信念通常发端于大学生朴素的情感和需要，经过理性的认知和体悟，逐渐成为一种价值标准和精神追求，经过时间和实践的检验，代表了最广大人民的意志、愿望以及社会发展的方向和要求，具有强大的生命力和真正的价值性。理性的知识只有通过实践中的切身感受，与个人的生命体验联系在一起，才能产生真正的价值认同。在党的二十大报告中，习近平总书记指出："加强理想信念教育，引导全党牢记党的宗旨，解决好世界观、人生观、价值观这个总开关问题，自觉做共产主义远大理想和中国特色社会主义共同理想的坚定信仰者和忠实实践者。"[②] 这就是所谓的坚定感，是价值主体对某种观念、理论或事件的真理性的确信不疑和执着追求。理想信念的知识形态更多停留在大学生对于其理论内涵的基本认识和理解；其价值形态则是达到了对于理想信念的至信和执着，具有一定的持久性和抗干扰性。

（三）理想信念形成中执着性和稳定性的统一

执着性不只是指信念稳定性，而更多地指具有坚定信念的人的精神状态和行为状态的稳定性。从心理学角度讲，信念是坚信某种观点的正确性，并用来支配自己

---

① 《习近平谈治国理政》第一卷，第50页。
② 习近平：《高举中国特色社会主义伟大旗帜　为全面建设社会主义现代化国家而团结奋斗——在中国共产党第二十次全国代表大会上的报告（2022年10月16日）》，第65页。

行动的个性倾向性。信念是意志行为的基础，是个体动机目标与其整体长远目标相互的统一。没有信念，大学生就不会有意志，更不会有积极主动的行为。信念是一种心理动能，其行为上的作用在于通过激发大学生潜在的精力、体力、智力和其他能力，以实现与基本需求、欲望和信仰相应的行为志向。

第一，理想信念一旦形成就不容易消失，具有执着性。信念是情感、认知和意志的有机统一体，是大学生在一定的认识基础上确立的对某种思想或事物坚信不疑并身体力行的心理态度和精神状态。所以，信念本质上就是一种对主客观世界的认识。人对主客观世界的认识必须经历从感性认识到理性认识的升华，才能达到对事物的本质性认识。感性认识是理性认识的基础，没有感性认识提供的大量感性材料，理性认识就变成了无源之水、无根之木；同样，没有理性认识，大量的感性材料只能是对事物表面的认识而无法达到对事物本质的探寻。理想信念作为一种理性认识，同样要以感性认识为基础。新时代大学生理想信念的形成有其自身的特点。一方面，由于社会的发展，国家对思想政治教育的投入大大增加，所以，新时代大学生接受理论教育、进行理论学习的机会和掌握的理论比过去的大学生多得多。另一方面，由于科学技术的进步，特别是新媒体的出现，使大学生可以在一个更广、更深入的层面上去认识这个世界，从而形成更加客观与科学的认识，而这些对大学生坚定崇高的理想信念有重要意义。所以，这种由对客观世界比较充分的认识转化而来的理想信念具有更强的科学性、合法性，一旦建立起来，就不容易消失。

第二，理想信念一旦形成后就不容易改变，具有稳定性。大学生理想信念一旦形成后，不仅不容易消失，也不容易改变。信念从来源上讲是对自我本能本性（无条件反射与条件反射）的意识与唤醒，是个体本能中可与其行为志向、志趣相统一的部分，或者说是个体意识到的有益于实现其行为志向、志趣的部分。信念在意识中会分化为行为态度与行为信心，从而形成士气，或者说是形成个体行为的积极主动性。换句话说，信念从本质上说是主体意识到有益于个人或集体的利益的意识。所以，大学生的理想信念本质上是大学生在基于所受教育的基础之上，结合个人利益、社会利益和国家利益，最终做出的利益最大化的判断。虽然客观上可能不能达到这样一种利益的优化，但起码在主观上是这样的。所以，这是大学生确立理想信念的原动力。这个利益最大化的因素格局一旦形成，大学生就不会轻易地改变，因为在主观认知中，当下的各种要素的组合已经达到了利益最优；如果要改变这种组合，就会形成利益损失。所以，理想信念一旦形成，就不容易改变。

四、大学生理想信念形成的内容和性质的特点

高校教材《思想道德与法治》对理想信念进行了界定，认为"理想是人们在实践中形成的、有实现可能性的、对未来社会和自身发展目标的向往与追求，是人们的世界观、人生观和价值观在奋斗目标上的集中体现"，"信念是人们在一定的认

识基础上确立的对某种思想或事物坚信不疑并身体力行的精神状态"。① 尽管理想与信念在具体内涵上有所不同，二者却密不可分，被认为是描述了同一类精神现象，通常被联合使用。大学时期是青少年理想信念形成的重要时期。通过比较集中的专业学习，大部分大学生进一步明晰了自己的发展方向，形成了一定的理想信念。大学生的理想信念往往与其专业发展、行为方式、具体的生活世界紧密相关。

（一）大学生理想信念的内容特点

1. 以职业理想为重点内容

大学教育是具有鲜明的职业性特点的专业教育。因此，不管是专业教育还是非专业教育，都或主动或被动地打上了职业性的烙印。例如"思想道德与法治""大学语文""高等数学""公共英语"等公共基础类课程的教学改革，往往都会强调与专业特点相结合。

大学生的学习基本以专业为主要内容，以就业为直接目的。其理想信念呈现出职业性特点，具体表现在其通常侧重于职业理想。大学生的理想信念围绕未来职业发展而展开。就业是高校的重要导向，大学生也基本以顺利毕业、就业作为学习的基本追求。由于专业技能与未来就业直接相关，大学生的学习活动也主要围绕专业进行。大学生在谈论关于理想的话题时，也主要围绕职业生涯规划谈论理想；在实现理想的具体行动方面，也主要是从专业、就业的角度展开行动；在关于成功的标准方面，职业前途远大毫无疑问是成功的主要表现；在榜样选择方面，主要把职业成功的人物尤其是具有校本特色的职业成功人物作为学习榜样；在具体的理想信念教育内容中，主要对与专业及就业相关的内容比较感兴趣。

2. 以实践活动为具体方式

大学教育"重视实践和实训教学环节，强化学生的实践能力和职业技能培养，提高学生的实际动手能力"②。大学生也习惯于实践性的理想信念教育活动。首先，在课堂教学中，大学生对理论化的理想信念教育不感兴趣，对于让其"动起来"的课堂活动兴趣相对较高。例如，主题演唱、角色扮演、团队游戏等课堂活动中，学生的参与度较高；但在学习理论时，学生的表现比较淡漠。其次，在校园文化建设中，大学生能够积极参与各种文化活动，尤其是对社团活动兴趣较为浓厚，甚至愿意主动组建特色社团并组织相关活动；但对参加理论讲座的兴趣不高。最后，在社会实践中，大学生对专业性、职业性或趣味性的社会实践活动较感兴趣，但对理论宣讲式或社会调查式的社会活动兴趣较低。

3. 以生活理想为主要导向

相对而言，大学生的理想信念比较关注个人生活，具体而微，并且其终极指向为生活理想的实现。其职业理想的最终目标也是为生活理想服务，是为过上理想生

---

① 本书编写组编：《思想道德与法治（修订版）》，高等教育出版社2023年版，第43、45页。
② 贺祖斌、黄艳芳主编：《职业教育课程与教学论》，北京师范大学出版社2010年版，第6页。

活所做的准备，是实现生活理想的工具。的确，生活是现实的、具体的，无可逃避。生活水平不仅影响着人们的舒适感，甚至被认为反映了人们能力的大小。追求高质量的生活是人之常情。不少大学生把理想等同于生活理想，或者把其他理想包括职业理想作为生活理想的注脚，对于与自己的具体生活关系不够直接的他人、他物比较淡漠。在谈及理想时，相当多的大学生往往都在谈"我想过上……的生活"之类的话题，其理想的深度和广度较为有限。

（二）大学生理想信念形成的性质特点

1. 方向具有明确性

大学生的理想信念发展方向具有明确性。现代社会信息较为发达，大学生获取相关信息的渠道多样便捷。职业教育也非常注重教育的职业性和针对性。相当多的大学生已经通过学习和信息交流对自身专业发展和人生发展有了一定的认知，对社会发展的认知也相对较为清晰，其发展方向较为明确。因此，其理想信念会更加明确地指向自身的专业发展和人生发展；尽管仍存在理想信念可能不够科学、坚定的问题，但对于发展方向模糊不清的相对较少。

2. 实践具有务实性

大学生的理想信念实践具有务实性。在日常实践中，对不少大学生而言，理想信念具有抽象色彩，更习惯于将其转换成目标来表达。当然，目标不能够等同于理想信念。但此种换算现象的普遍存在，除了表明大学生不能清晰区分理想和目标的不同之外，还体现了大学生不习惯于立足高远而习惯于把握当下的状况。大学生普遍更加重视也更加擅长于技术技能方面的学习和实践，其理想信念实践侧重于职业发展和生活实际，侧重于具体的实际事项的完成和实际问题的解决，其规划也侧重于阶段性和步骤性，具有明显的实操色彩。

3. 内涵体现个性化

大学生的理想信念内涵明显具有个性化特点。当前世界是一个不断变化的世界，我国也处在不断变革时期，生产生活的快速演进导致大学生的思想多元发展，追求个性成为时代潮流。同时，我国日益积累的越来越丰富的物质财富和精神财富，也使得大学生拥有发展个性化追求的充裕条件。大学生的理想信念更加具有时代色彩，如其职业理想和当前的产业行业发展密切相关。除了彰显时代个性之外，受具体个体的成长环境、自我认知、社会定位等多种因素影响，大学生理想信念还具体表现出个体差异性和多样性，并且更加有意识地通过言行举止去凸显甚至固化个体的差异。

第三章 新时代大学生理想信念教育的内涵与意义

新时代大学生理想信念教育既有一般理想信念教育的内涵，也有新时代这个特定历史阶段和大学生这个特定群体所特有的内涵，这可以从视野、向度和维度等三个方面分析。新时代大学生理想信念教育无论对于社会还是大学生个体，均具有重要的理论意义和时代价值。

第一节 新时代大学生理想信念教育的丰富内涵

本节主要是分析新时代大学生理想信念教育的视野、向度和维度，通过这三个方面揭示新时代大学生理想信念教育的性质。

一、新时代大学生理想信念教育的三重视野

教育视野直接决定了理想信念教育的广度和深度。随着交往范围的全球化扩展、交往方式的全方位互通，人们的生存时空已不同于以往任何一个时代，现实与历史交汇、与未来交汇。在这种境遇下，理想信念教育也必须与时俱进，从历史视野中洞识经验与规律，在立足现实视野的基础上，以未来视野引领创新和发展。

（一）历史视野

历史是现实存在和发展的起点和依据，它记载着人类社会前进的过程，不同文化之间存在差异的深层次原因都可以在其历史发展脉络中找到根源。我们在理想信念教育中遭遇的很多现实问题也都和历史观密切相关。开展理想信念教育，必须加强对中华历史文化的教育，只有在全面深入了解历史的基础上，才能更加理性地面对现实，面向未来。在理想信念教育中，历史视野显得尤为重要，因为通过全面客观地展示历史、探寻历史发展线索和规律，才能引导大学生树立起科学的、正确的历史观，坚定理想信念。具体来说，历史视野主要包括四个方面：

一是要引导大学生了解中华民族的悠久历史和优秀传统文化。习近平总书记指出："我们提倡和弘扬社会主义核心价值观，必须从中汲取丰富营养，否则就不会有生命力和影响力。"[①] 正是中华民族五千年悠久的历史和灿烂的民族文化，淬炼

---

① 《习近平谈治国理政》第一卷，第170页。

出了中华民族的核心价值观,社会主义核心价值观中的很多内容都可以从传统文化中找到原型。通过有针对性的历史和文化教育,引导大学生深入了解民族历史和文化,有助于大学生树立坚定的理想信念。

二是要引导大学生了解中国近现代的奋斗历史,特别是中国革命史和新中国建设发展史。通过历史教育,引导广大青年学生深刻认识近代以来我国在探索多种救国道路无果后,选择社会主义道路的历史必然性。具体而言,是从历史的纵向对比中,特别是"从我们党探索中国特色社会主义历史发展和伟大实践中,认识和把握人类社会发展的历史必然性,认识和把握中国特色社会主义的历史必然性,不断树立为共产主义远大理想和中国特色社会主义共同理想而奋斗的信念和信心"①。为此,必须引导广大青年学生以历史的眼光客观看待和评价中国共产党在道路探索过程中遭遇的挫折甚至失败,以客观的立场去认识和看待当前社会发展中出现的问题和困难,认清我国历史发展的必然趋势,树立社会主义信心和坚定中国特色社会主义共同理想,进而坚定理想信念。

三是要引导大学生了解马克思主义的发展史。2018年五四前夕,习近平总书记在北京大学师生座谈会上提出,"学习就必须求真学问,求真理、悟道理、明事理,不能满足于碎片化的信息、快餐化的知识"②。针对当前大学生获取信息碎片化、快餐化,忽视系统研读马克思主义经典著作的倾向,有效推进马克思主义的大众化、普及化就显得更为重要。为此,高校应该采取大学生喜闻乐见的历史教育方式,帮助大学生了解马克思主义诞生、发展、传播的历史,尤其是马克思主义中国化的历史,使大学生在加深对马克思经典理论理解的基础上,自觉坚定马克思主义、社会主义和中国特色社会主义理想信念。

四是要引导大学生了解西方文化和西方价值观的沿革史。2016年12月,习近平总书记在全国高校思想政治工作会议上强调,应教育引导大学生"正确认识中国特色和国际比较,全面客观认识当代中国、看待外部世界"③。高校在教育过程中,应引导学生深入了解西方文化与中国文化的本质、特性和异同,深刻认识西方文化虽然在促进西方国家经济发展、社会进步等方面起着巨大的促进作用,但其同样存在严重弊端;同时,启发引导大学生辩证理性地分析和对待西方国家向世界推行的所谓"普世价值",认清其文化霸权本质和文化渗透本性,防止历史虚无主义对我国文化的侵蚀和颠覆。正所谓"灭人之国,必先去其史;隳人之枋、败人之纲纪,必先去其史;绝人之材,湮塞人之教,必先去其史;夷人之祖宗,必先去其史"④。历史虚无主义正是以去史的手段干扰大学生的理性判断。因此,在开展理想信念教育过程中,要以全面客观的历史视野引领大学生洞穿历史、甄别文化,真正坚定中

---

① 习近平:《在全国高校思想政治工作会议上的讲话》,《人民日报》2016年12月9日第1版。
② 习近平:《在北京大学师生座谈会上的讲话》,人民出版社2018年版,第5页。
③ 习近平:《在全国高校思想政治工作会议上的讲话》,《人民日报》2016年12月9日第1版。
④ 龚自珍:《古史钩沉论二》,龚自珍:《龚自珍全集》,上海人民出版社1975年版,第22页。

国文化、中国特色社会主义文化理想信念。

(二) 现实视野

了解历史,是为了看清现实。"一切划时代的体系的真正的内容都是由于产生这些体系的那个时期的需要而形成起来的。"① 经济全球化的发展大势与社会转型的矛盾交织构成新时代教育的总体背景。经济全球化趋势助长了唯科学主义的发展势头,压制了人文主义的发展,工具理性愈加明显,易使人出现单向度的发展,甚至陷入道德沦陷、信念迷失、享乐主义、拜金主义的价值困境。同时,社会转型的现实境遇导致大学生在价值追求上的多元化,大学生更多地将自己视为独立的个体,而非社会共同体的成员,社会整体价值基础被淡化。在新时代总体背景中,理想信念是作为一种社会公共价值导向出现的,旨在通过价值共识的达成来化解社会发展中的现实困境,规避更深层次的价值危机。同样,引导大学生进行价值观认同,进而树立起正确的价值观念,显然,这种正确的价值观念也不是脱离现实世界的一种自在观念,不能仅仅停留在思想领域。同其他任何形式的观念意识一样,其变化演进的源头都需要回到现实生活中去寻找,更何况理想信念教育本身即是针对社会现实发展遭遇的问题而构建和发展的。因此,促进理想信念教育的关键在于将其牢牢扎根于社会现实中。

首先,要用理想信念指导解决现实问题。明确大学生作为理想信念教育的对象,是现实存在的人,要从客观的、具体的社会生活实际出发,全面科学把握作为现实存在的大学生的物质诉求、精神需求,避免单纯局限在思想精神领域解决问题。

其次,要在实践中把握大学生心理认同的客观规律。思想观念的形成绝非瞬间,确立一种坚定的理想信念更需长时间的沉淀。为此,大学生理想信念教育应遵循当前青年学生的思想行为养成规律,遵循大学生心理发展特点,基于时代背景和社会发展状况制定出切实可行的针对性教育计划,确保教育的实效性和时效性。

最后,要将理想信念教育的成效放到现实世界中进行检验。检验的标准不仅在于针对理想信念教育做出了多少深入的理论研究和阐述,更在于其能否帮助大学生在多元化的价值境遇中做出理性、科学的自主抉择,最终形成与马克思主义理想信念相一致的政治信仰、价值观念和道德素养。

(三) 未来视野

在理想信念教育中,既要回顾历史、关注现实,也要照见未来。所谓未来视野,是指在理想信念教育实践中形成和表现出来的,对大学生的价值取向和价值行为具有预测性和先导性,对未来社会发展和人的发展具有前瞻性的视野。作为一种

---

① 《马克思恩格斯全集》第 3 卷,第 544 页。

先进的意识形态，马克思主义理想信念不仅来源于中国特色社会主义实践，同时又将在指导中国特色社会主义事业发展、引领未来文化和价值观发展方向方面发挥巨大的作用。因此，在大学生理想信念教育过程中，未来视野必不可少。

一是要有一定的预见性。理想信念教育要对大学生的思想行为发展趋势、发展方向，对社会环境发展趋势以及理想信念体系本身进行一定的预判。通过对理想信念教育过程中涉及的主客体、环境、内容等要素开展前瞻性研究，从中国特色社会主义的接续发展中发现其嬗变发展的规律和趋势，从而对理想信念教育未来发展的方向和目标做出研判。

二是要掌握教育主动权。在大学生理想信念教育的过程中，不能仅仅满足和止步于对现实问题的回应，更不能坐等问题出现才去关注和解决。要立足当前，放眼未来，在准确把握当下教育现实问题的基础上，对未来教育可能出现的问题做出基本的预测和判断，从而牢牢把握大学生理想信念教育的主动权。

三是要注重大学生的发展性。理想信念教育不仅要教授理想信念的理论知识，同时要引导大学生形成和发展理想信念判断和选择的能力。具体而言，在对大学生进行理想信念引导的同时，帮助他们逐步自主构建自我教育、自我引导、价值判断和价值反省的能力，使他们在走出校门、踏入社会，面对社会多元价值时也能够做出正确的选择。

四是对西方文化和价值观的发展趋势做出预判。在大学生理想信念教育过程中，要结合人类社会的总体发展趋势对资本主义文化发展趋势做出预判，引导大学生正确区分西方化和现代化，区分西方的所谓"普世价值"和全人类的共同价值，在比对和辨别中坚定马克思主义、社会主义、中国特色社会主义理想信念。

二、新时代大学生理想信念教育的基本向度

理想信念是一种强大的精神力量，对个体发展具有引领作用。国家富强、民族兴旺皆需理想信念教育做支撑。从根本上而言，理想信念教育的向度决定着对人民群众共产主义信仰的支撑力、对共产主义信念的推动力、对共同理想的凝聚力和对远大理想的指引力。在理想信念教育中，从理想信念的高度看，要解决"该不该信"的问题；从理想信念的硬度看，要解决"牢不牢固"的问题；从理想信念的黏度看，要解决"为什么信"的问题；从理想信念的纯度看，要解决"信什么"的问题；从理想信念的深度看，要解决"如何信"的问题；从理想信念的效度看，要解决"信多久"的问题。如此，才能发挥理想信念教育的理论指导和实践指引价值。

第一，理想信念的高度。理想信念的层次高不高，直接决定内心的笃定与心中的信仰是否坚定。理想信念的高度决定人生发展的厚度。习近平总书记强调："革

命理想高于天。"① 在革命战争年代,无数的革命烈士为了民族的独立、国家的解放和人民的幸福,舍生忘死、前赴后继、向死而生,根源在哪里?在于崇高的革命理想。2019年5月22日,习近平总书记在江西考察并主持召开推动中部地区崛起工作座谈会时强调:"理想信念之火一经点燃,就永远不会熄灭。在中央苏区和长征途中,党和红军就是依靠坚定的理想信念和坚强的革命意志,一次次绝境重生,愈挫愈勇,最后取得了胜利,创造了难以置信的奇迹。"② 事实证明,正是革命理想把共产党人的政治灵魂点燃了,中国共产党人才能够历经挫折而不断奋起,历尽苦难而淬火成钢,一代又一代人为此而牺牲了生命,一代又一代人为此付出了艰辛的努力。对此,在青年大学生理想信念教育中,要对中国共产党人理想信念的高度进行深度诠释,让青年大学生感受那一段可歌可泣的历史。当然,青年大学生不能仅仅空谈理想,要坚持实干兴邦,要坚持从勤奋学习和实践锻炼出发,实现知行合一,自觉投身到火热的社会主义现代化建设中来,将革命先辈为之奋斗、为之牺牲的伟大事业不断推向前进,真正成为合格的社会主义建设者和接班人。

第二,理想信念的硬度。理想信念是一种价值观,是一种价值追求,蕴含着个体的精神力量。个体的理想信念并非只是头脑中的呈现,也并非只是理论上的描摹,更为重要的是将理想信念作为奋斗过程中的指引。可见,理想信念是具体的、实践的。如何衡量党员干部理想信念到底够不够硬呢?习近平总书记给出了答案,那就是:"是否能在重大政治考验面前有政治定力,是否能树立牢固的宗旨意识,是否能对工作极端负责,是否能做到吃苦在前、享受在后,是否能在急难险重任务面前勇挑重担,是否能经得起权力、金钱、美色的诱惑。"③ 习近平总书记曾把理想信念比喻为精神之"钙"。"钙"的问题,说到底就是硬度的问题。"理想信念坚定,骨头就硬"④。党员干部能否经得起各种各样的考验和风险,关键还是要看理想信念的硬度。只要不缺理想信念的精神之"钙",党员干部就能在大风大浪中经风雨、见世面、经考验。对于青年大学生而言,必须自觉加强理想信念教育,把解决"牢不牢固"的问题放在重要位置,用中华民族伟大复兴的中国梦指引前行,把补足精神之"钙"作为学习、工作、生活中的头等大事来抓,从而在精神上"硬起来",才能撑起中华民族伟大复兴的未来。

第三,理想信念的黏度。理想是人的追求和奋斗目标,信念是在理想指导下的一种执着的精神状态。理想信念一旦形成,就会成为人的精神状态的一部分,并影响着人的思想与行动。对于一个民族而言,形成共同的理想信念是民族精神的黏合剂,能最大限度地推动个体"心往一处使,拧成一根绳",成为实现共同奋斗目标

---

① 《习近平谈治国理政》第一卷,第23页。
② 《习近平在江西考察并主持召开推动中部地区崛起工作座谈会时强调:贯彻新发展理念推动高质量发展 奋力开创中部地区崛起新局面》,《人民日报》2019年5月23日第1版。
③ 习近平:《在纪念五四运动100周年大会上的讲话》,《人民日报》2019年5月1日第1版。
④ 《习近平谈治国理政》第一卷,第414页。

的强大精神力量。对一个国家而言，缺乏共同的理想信念，人民就犹如一盘散沙，没有凝聚力、向心力，国富民强也将无从谈起。习近平总书记指出："只有全党思想和意志统一了，才能统一全国各族人民思想和意志，才能形成推进改革的强大合力。"① 理想信念是思想和行为的"总开关"，它不单单是指单个个体的，事实上，这个"总开关"也是中华民族全体的。对于党员干部而言，必须拧紧这个开关，才能增强人民群众对党的拥护和自信，进而团结最大多数的力量，形成最大公约数；对于大学生而言，必须坚定理想信念，自觉将个人理想与国家理想相融合，把个人的成长、个人的发展融入中华民族伟大复兴的滚滚洪流之中，融入建设社会主义现代化强国的伟大实践中，增强归属意识、重任意识和担当意识，与全体人民一道，走好新时代的长征路，谱写实现中国梦的新篇章。

第四，理想信念的纯度。理想信念的纯度问题是解决"信什么"的根本问题。中国共产党自成立第一天起，就将马克思主义写在旗帜上，把马克思主义作为指导思想，坚持把马克思主义的基本原理与中国的具体实际相结合，与中华优秀传统文化相结合，不断推动马克思主义中国化，这是中国之所以能实现从站起来到富起来到强起来的伟大飞跃的根本所在。习近平总书记指出："对马克思主义的信仰，对社会主义和共产主义的信念，是共产党人的政治灵魂，是共产党人经受住任何考验的精神支柱。"② 从根本而言，马克思主义就是中国共产党人理想信念的鲜明底色，更是共产党人理想信念的灵魂。正是有了马克思主义，我们才能实现伟大的胜利。对于青年大学生而言，要坚定理想信念，确保理想信念的纯度，就必须从思想上解决"中国共产党为什么能、马克思主义为什么行、中国特色社会主义为什么好"的根本问题，增强对马克思主义的理论认同、对中国共产党的政治认同和对中国特色社会主义的道路认同。必须看到，立德树人是教育的根本目标。青年大学生不仅要专业成才，更要精神成人，政治上不合格，经不起风吹浪打，专业能力再强也不能成为合格的建设者和接班人。对此，必须增强理想信念的纯度，只有理想信念坚定，"才能在大是大非面前旗帜鲜明，在风浪考验面前无所畏惧，在各种诱惑面前立场坚定，在关键时刻靠得住、信得过、能放心"③，才能永葆新时代青年大学生的政治本色。

第五，理想信念的深度。一个人能不能获得成功，关键在于有没有追求，有什么样的追求。简单而言，一个人有什么样的追求就会做成什么样的事，有什么样的信仰就会创造什么样的价值。信仰是创造价值、实现出彩人生的源泉。理想信念的深度问题，说到底就是"如何信""真信"的问题。当前，一些党员干部思想上存在理想信念功利化、庸俗化、实用主义等倾向，这就是典型的理想信念深度不够的问题。真正的理想信念是极其笃定的，有一种"咬定青山不放松"的情怀。也就

---

① 《习近平谈治国理政》第一卷，第90页。
② 中共中央文献研究室编：《十八大以来重要文献选编》（上），第80页。
③ 《习近平谈治国理政》第一卷，第413页。

说，理想信念足够坚定，党员干部就敢于去拼搏、去奋斗，甚至牺牲生命也无悔。人生无悔，全因理想信念。因此，青年大学生必须善于用习近平新时代中国特色社会主义思想武装头脑，领会贯穿其中的马克思主义立场、观点和方法，引导大学生明白理想信念对社会和对自己都有用，搞清楚"对我有用"和"对社会有用"的辩证关系。如此，大学生理想信念的深度就自然而然生成了。

第六，理想信念的效度。理想信念的效度决定人生攀爬的高度。习近平总书记深刻指出："理想信念动摇是最危险的动摇，理想信念滑坡是最危险的滑坡。一个政党的衰落，往往从理想信念的丧失或缺失开始。"① 可见，对于一个政党、一个组织而言，其内部成员是否向着共同的理想信念前进，决定着一个政党、一个组织的生命力。中国共产党在其百年辉煌党史中，着重从思想上建党是鲜明的底色，同时，在理想信念教育中极其注重有效性问题，有具体的内容、具体的方法、具体的评价标准等，这为理想信念的效度夯实了基础。当前，在新自由主义、历史虚无主义、历史终结论等带有明显资本主义色彩的思潮日益盛行的时空场域下，理想信念的效度问题尤为重要。对此，必须培育和践行社会主义核心价值观、建设具有强大凝聚力和引领力的社会主义意识形态、加强党史学习教育等，并推动理想信念教育的常态化、生活化，才能使全党、全国人民在举什么旗、走什么路的问题上，保持清醒的头脑。在青年大学生理想信念教育中也必须注重效度问题，习近平总书记强调："青年一代有理想、有担当，国家就有前途，民族就有希望，实现我们的发展目标就有源源不断的强大力量。"② 那么，就要从如何增强大学生理想信念教育的有效性着力，通过马克思主义理论教育、共同理想教育、中国梦教育、党史学习教育等，不断拓展理想信念教育的张力，以引导大学生把有价值的理想信念变成有意义的实际行动。

三、新时代大学生理想信念教育的具体维度

马克思主义理想信念包含着丰富的内涵，因而理想信念教育要从多维度展开。

（一）精神维度

一要引导大学生坚定理想信念。习近平总书记在党的二十大报告中强调："大力发展社会主义先进文化，加强理想信念教育，传承中华文明，促进物的全面丰富和人的全面发展。"③ 可以说，理想信念从根本上决定了大学生的"三观"。作为中国特色社会主义事业的建设者和接班人，大学生的理想信念不仅关乎自身的发展和

---

① 《习近平谈治国理政》第二卷，第 34 页。
② 习近平：《在同各界优秀青年代表座谈时的讲话》，《人民日报》2013 年 5 月 5 日第 2 版。
③ 习近平：《高举中国特色社会主义伟大旗帜　为全面建设社会主义现代化国家而团结奋斗——在中国共产党第二十次全国代表大会上的报告（2022 年 10 月 16 日）》，第 23 页。

前途，更关乎国家、民族的未来和希望。新时代，在大国博弈过程中，西方资本主义国家不断加强对我国的意识形态渗透，加之我国社会快速转型带来的各种矛盾集中出现，导致部分学生出现了理想信念模糊甚至动摇的问题，从而对共产主义、中国特色社会主义理想信念产生怀疑。因此，在理想信念教育实践中，应综合运用教育、启发、引导、激励等方式，促进大学生积极学习、思考和实践，锻炼他们在复杂价值情境中做出正确价值判断和选择的能力，引导大学生坚定共产主义、中国特色社会主义理想信念，自觉将个人理想追求融入国家与社会发展大潮中，形成既满足个体发展需求，又符合社会发展需要的科学价值取向。

二要引导大学生坚定道路自信。道路的问题至关重要，道路的选择既关系到党和国家的前途和命运，也关系到人民的幸福。从当前世界的整体局势来看，受社会主义所处发展阶段的客观限制，相比于社会主义，资本主义似乎表现出较大的优越性，部分大学生在道路选择上表现出一定的思想动摇。因此，应通过理想信念教育，详细阐述社会主义与资本主义在价值内涵上的本质区别，通过历史和现实的对比展示我国的系列发展成就，引导学生在横向、纵向比较中充分认识社会主义制度体系和核心价值的优越性。同时，还要引导大学生辩证看待社会主义和资本主义的发展趋势，深刻认识到社会主义事业发展的长期性和曲折性，进而准确把握"两个必然"和"两个绝不会"的科学内涵，确保大学生既能准确把握社会发展的最终方向，也能客观看待发展所必须经历的长期性、艰巨性和复杂性。最终保证大学生能够结合当前我国所处的历史发展阶段，以历史的、客观的眼光科学看待当前我国发展中所遭遇的挑战和面临的困难，坚定中国特色社会主义道路自信。

三要引导大学生树立中国精神。习近平总书记指出："精神是一个民族赖以长久生存的灵魂，唯有精神上达到一定的高度，这个民族才能在历史的洪流中屹立不倒、奋勇向前。"[①] 中国精神就是以爱国主义为核心的民族精神，以改革创新为核心的时代精神。在中华民族几千年的发展历程中，爱国主义始终是其中的主旋律；中华民族的优秀传统文化是我们民族的血脉，需要一代又一代中华儿女接力传承和不断发扬。爱国主义是一个历史的范畴，在新时代，需要运用新视野、付诸新实践来发扬爱国主义精神。对于高校思想政治工作者而言，一方面，要引导大学生以开放、包容的心态对待外来文化和思想观念，去其糟粕、取其精华，批判性地吸收和借鉴，更好地推动中华文化的创新性发展；另一方面，要引导大学生以客观、理性的方式表达爱国情感，不断增强学识和本领，以实际行动为国家发展做出贡献。改革创新是时代精神的核心，只有不断创新、锐意进取，才能保证社会主义事业的持续深入发展。大学生群体是知识能力素养相对较强的优势群体，是未来各个行业领域的中坚力量，是民族的希望和未来。因此，培养大学生群体的创新精神事关增强国家整体创新力大计，事关中国特色社会主义事业的兴旺发达。

---

① 《习近平谈治国理政》第二卷，第47～48页。

（二）政治维度

一要引导大学生强化政治参与意识。政治素养在大学生的综合素养中居于核心地位，决定了大学生的基本发展方向。作为未来社会政治生活的参与者和建设者，大学生政治素养的高低决定未来国家政治生活的发展方向。大学生政治素养的增强，不仅需要学习各类政治理论知识，更需要通过积极的政治参与和实践来实现。为此，在理想信念教育中，应该有针对性地引导大学生参与日常政治实践活动，如参与学校事务管理、社区事务管理及模拟联合国等学生社团活动，积极行使自身的政治权利等，提高他们参与政治实践的兴趣和积极性，进而全面提升他们的思想政治觉悟和政治参与意识，最终激发他们对中国特色社会主义政治制度的认同，坚定中国特色社会主义理想信念。

二要引导大学生强化国家安全意识。国家安全关系到国家和民族的存亡和兴衰，作为一个国家的公民，尤其是作为"高知群体"，大学生应该对国家所面临的安全形势具有基本的了解和判断。但是，大学生群体尚未完全认识到当前国家所面临的主权挑战和文化挑战。因此，在理想信念教育中，国家安全教育也是一项重要的内容。在大学生理想信念教育过程中，应有针对性地引入相关的教育内容，引导大学生了解国家所面临的安全形势，了解西方国家进行文化和意识形态渗透的主要手段，帮助大学生辨别各类社会思潮，引领他们认清西方国家文化和意识形态渗透的真正目的，从思想观念上树立起抵制侵蚀的防火墙，自觉维护国家的主权和文化安全，最终提高对中国特色社会主义文化的认同，增强文化自信，坚定中国特色社会主义理想信念。

（三）现实维度

一要关注大学生的物质生活状况。人的生存不仅包括精神生活，同样包括物质生活。在提升大学生思想精神境界的同时，关注他们的物质生活状况同样重要。结合当前大学生的群体特点，积极回应其利益关切是促进大学生做出正确价值选择并付诸行动的重要途径。为此，在大学生理想信念教育过程中，应将马克思主义理想信念贯穿于大学生学习生活的各个领域，通过贯彻落实国家各项奖助学金政策和就业创业政策，以及积极开辟各类勤工助学岗位、广泛争取社会资源等措施，引领大学生切身感受社会主义制度和价值体系的优越性，进而坚定中国特色社会主义制度自信，最终坚定中国特色社会主义理想信念。

二要关注大学生的自我实现需求。个体自我价值的实现是人的最高层次需求，是个体全面发展和自我完善的最终落脚点，是个体自我满足感、成就感和幸福感的源泉所在。对于大学生而言，展示自我和实现自我是一种成长发展的强烈诉求，而初步的展示自我和实现自我又将赋予其进一步成长发展的更大动力，推动他们继续完善知识体系、提高实践水平。这个过程是一个相互促进、相互激发的良性循环过程。为此，在理想信念教育中，可以引导大学生认识良好的国家发展态势、和谐的社会发展氛围对于其自身价值实现的重要性，认识自我需求和社会需要之间的逻辑关联，增强自我进取成才和投身实践的主动意识，在对自我价值实现的理性认识和把握中不断磨砺本领，在社会价值实现的过程中实现自我价值的最大化。大学生通过自我价值的逐步实现，不断增强对国家和社会发展的信心，最终坚定对国家和社会的理想信念。

第二节 新时代大学生理想信念教育的重要意义

党的十九届六中全会通过的《中共中央关于党的百年奋斗重大成就和历史经验的决议》重申，理想信念是共产党人的精神之"钙"；共产党人如果没有理想信念，精神上就会"缺钙"，就会得"软骨病"。并且，在总结党的十八大以来取得的伟大成就中，文化建设方面的成就包括"推动理想信念教育常态化制度化"。决议还指出，新时代中国共产党必须"坚定理想信念"，"用党的理想信念凝聚人"。[①]远大理想和共同理想凸显了社会主义的价值诉求和价值考量，是整个社会思想意识、价值观念的主流。大学生作为未来国家发展和民族复兴的主体和生力军，肩负实现全面建成社会主义现代化强国的重要历史使命。特别是"00后"大学生这一个性独立、思维活跃的新生代群体，他们的思想意识状况直接关系到中国的前途和命运。因此，运用马克思主义理想信念武装大学生的头脑，增进大学生对马克思主义理想信念的内化和认同，引导其逐步树立马克思主义理想信念，对于促进大学生的健康成长及党和国家事业的长远发展均具有重要的理论意义和时代价值。

一、新时代大学生理想信念教育的社会价值

（一）有助于巩固社会主义意识形态

党的二十大报告明确指出："意识形态工作是为国家立心、为民族立魂的工作。牢牢掌握党对意识形态工作领导权，全面落实意识形态工作责任制，巩固壮大奋进新时代的主流思想舆论。"[②] 在全球化发展的今天，国家之间的政治、经济、文化交流频繁且深入，部分西方国家利用和借助各种手段对我国进行思想文化的传播和渗透，意识形态领域的交流、交融和和交锋态势达到前所未有的高度。同时，西方国家在全球信息传播中掌握强势权力，并借助网络媒体、新闻出版及各类影视音像制品等不断地向世界各国输出资本主义的文化和价值观。在西方文化的冲击下，大

[①] 参见《中共中央关于党的百年奋斗重大成就和历史经验的决议》，人民出版社2022年版。
[②] 习近平：《高举中国特色社会主义伟大旗帜　为全面建设社会主义现代化国家而团结奋斗——在中国共产党第二十次全国代表大会上的报告（2022年10月16日）》，第43页。

学生自觉不自觉地受到影响，甚至产生唯西方文化马首是瞻的崇拜和向往心理，把"西方化"等同于"国际化""现代化"。理想信念体现的是社会意识形态的本质，可以说，任何一个国家、民族和公民，倘若没有坚定的理想信念作为内在支撑，即便拥有了富足的物质条件，也会最终在历史前进浪潮中迷失方向。通过对马克思主义理想信念的深入阐述，可以有力论证、解释和宣传国家、社会共同体的存在合法性，引导大学生群体从内心深处接受、认同、维护这一共同体以及由此构建起来的社会秩序。

新时代大学生理想信念教育有助于凝聚思想合力。公平的利益分配格局和共同的社会价值取向可以作为衡量社会和谐的两项重要指标。在社会成员共同利益保障方面，国家通过不断发展经济、完善收入分配体系来逐步推进。但经济发展的全球化态势和社会结构的转型调整造成的价值取向多样化，容易消解社会成员共同的理想信念基础。为此，亟须通过马克思主义理想信念引领社会成员的价值取向，为和谐社会建设奠定思想基础，提供精神动力，进而推动整个社会的道德境界和文明程度向更高水平发展。习近平总书记指出："核心价值观是一个民族赖以维系的精神纽带，是一个国家共同的思想道德基础。"[①] 国家、社会共同体的存在有赖于其成员间的交往、合作与共融。在此过程中，马克思主义理想信念通过为社会共同体成员提供共同的价值判断标准、价值交往规范、价值追求目标，促进共同体成员之间相互理解、统一视域、达成共识。社会是人类的共同体和集合体，但社会中的每一个个体都有自己的独立意志，希图在社会发展过程中尽力展示自己的力量，确证自己的价值；作为社会成员共同理想承载体的马克思主义理想信念，则可以将意志不同、志趣迥异的各类社会成员的力量进行整合，促进社会共同体内部"像水泥一样"紧紧地黏合在一起，形成建设社会主义事业的强大合力。因此，大学生理想信念教育对于全社会凝聚思想合力具有重要作用和意义。

新时代大学生理想信念教育有助于正确应对多元价值观的冲击。价值观差异是国家与国家、民族与民族之间最鲜明的区别，价值观的差异决定交锋碰撞不可避免。价值观是文化的核心，新时代，世界百年未有之大变局给我国文化安全带来前所未有的冲击和挑战。文化和价值观作为民族生存和发展的根基，是国家实现团结统一的重要精神武器。只有在共同的文化和价值观的支配下，国家才能实现安定和统一。诚然，经济全球化促进了不同文化和价值观之间的交流与传播，但也导致西方文化和价值观强势渗透和侵蚀他国的问题日益严重。我国是世界上最大的社会主义国家，我国的意识形态在本质上与西方国家的意识形态存在巨大差异和根本区别。因此，我国是西方国家文化和价值观入侵的重点对象，西方国家企图通过资本主义文化和价值观的侵蚀，实现对我国的西化、分化甚至政权颠覆。网络科技和网络媒体的发展为文化和价值观传播和渗透提供了更多渠道和更加快捷的方式。如果

---

① 中共中央文献研究室编：《十八大以来重要文献选编》（中），第133页。

受到西方文化和价值观的侵蚀，将会造成大学生对本国文化和价值观的疏离、误解并可能对西方文化和价值观产生盲目崇拜甚至信仰，这必然会弱化大学生对中华民族的责任感和自豪感，也将影响到我国优秀文化和价值观的传承、弘扬和创新发展，最终危害我国的文化和价值观安全。因此，在多元文化背景下，大学生理想信念教育的重要性显而易见，其是维护我国文化和价值观安全的重要保障。

（二）有助于实现中华民族伟大复兴

一个民族的发展和强盛，需要有共同的理想信念作为支撑；没有全民族共同认可的理想信念，民族复兴则无从谈起。共同理想信念的顺利构建离不开理想信念教育的有效实施。大学生是民族的未来和希望，大学生理想信念教育有助于实现中华民族伟大复兴的中国梦。

1. 坚定中国道路的思想基础

中国特色社会主义道路的成型和发展需要特定的思想基础。坚持以人为本、维护公平正义、实现共同富裕、促进社会和谐、追求和平发展，这些中国特色社会主义道路的内涵体现了中华传统文化思想。这里以促进社会和谐为例来进行阐述。和谐是中华优秀传统文化的重要内容之一。"和"即"和睦"，"谐"即"相合"、协调、不冲突。2000多年来，和谐的价值理念从没有中断过，中国人民从不同的角度对"小康社会""大同社会"进行描述，并孜孜不倦地追求和谐社会。孔子提出"和为贵"，孟子主张"老吾老以及人之老，幼吾幼以及人之幼"。到了近代，太平天国提出要建立"有田同耕，有饭同食，有衣同穿，有钱同使，无处不均匀，无人不饱暖"的理想社会；维新派代表康有为提出要建立一个"人人相亲，人人平等，天下为公"的美好社会；民主革命的先行者孙中山更是提出要创立"人能尽其才，地能尽其力，物能尽其用，货能畅其流"的大同世界；等等。这些为我们党提出构建社会主义和谐社会提供了久远而深刻的思想基础。通过大学生的理想信念教育，引导大学生深刻认识中国特色社会主义道路的内涵，就能强化大学生对中国道路认同的心理基础，为中华民族伟大复兴提供思想基础。

2. 弘扬中国精神的文化源泉

中国人民在5000多年的历史中所创造的博大精深的中华文化，饱含中华民族独具特色的精神追求，如爱国精神、担当精神、苦斗精神、牺牲精神等，这些精神体现了厚重的文化底蕴。

中国共产党以马克思主义为指导，以中华优秀传统文化为基础，创造了革命文化和社会主义先进文化，形成了中国共产党人的精神谱系，如新中国成立以前的伟大建党精神、井冈山精神、长征精神、延安精神、西柏坡精神等，新中国成立以后的大庆精神、雷锋精神、"两弹一星"精神、抗洪抢险精神、载人航天精神等。

有人将中华文化比喻为中华民族发展的润滑剂和黏合剂，56个民族通过文化交融，消弭隔阂，求同存异，增进了解，达成共识。而且，中华文化通过发挥教育功能，能够将广大人民群众团结起来。正是依靠发挥中华文化的作用，才形成了历史悠久、内容丰富的中国精神，才不断铸就更多随着时代发展的中国精神。

具有新时代内涵的中国精神，是5000多年中华文化的历史结晶，构建起了新时代中国人民的精神家园，也形成了实现"中国梦"的力量之源。正如习近平总书记所言："实现中国梦，必须弘扬中国精神。用以爱国主义为核心的民族精神和以改革创新为核心的时代精神振奋起全民族的'精气神'。"① 马克思主义理想信念凝聚和提振中国精神，为中国精神提供健康向上、繁荣兴旺的文化生态，提供优渥的文化土壤。因此，通过理想信念教育，能提高大学生对中国精神的认知和认同，进而增强弘扬中国精神的行动自觉，为实现中华民族伟大复兴提供主体思想动力。

3. 凝聚中国力量的智力保障

习近平总书记指出："实现中国梦，必须凝聚中国力量。空谈误国，实干兴邦。我们要用13亿中国人的智慧和力量，一代又一代中国人不懈努力，把我们的国家建设好，把我们的民族发展好。"② 广大人民群众是中国力量的主体，也是马克思主义理想信念的主体，马克思主义理想信念能够为凝聚中国力量提供智力保障。

人民群众是推动中国发展进步的主体力量，马克思主义理想信念是实现这一主体力量的思想保证。人民有信仰，民族有希望，国家有力量。马克思主义理想信念提供了凝聚中国力量的智力保障，激发中国人民同心同德、众志成城，在实现中华民族伟大复兴的进程中阔步前进。

马克思主义理想信念有助于大学生建立正确的世界观、人生观和价值观。在较为开放的社会大环境里，我国目前呈现出文化多元化的特征，各种外来思潮以及伴随社会变迁而衍生的新思潮呈现出纷繁复杂的交锋态势，其中更有蕴含颓废、腐朽、庸俗色彩的文化思潮对新时代大学生的精神世界构建产生明显影响，阻碍他们形成正确的"三观"，进而在思考自身价值追求过程中产生一定的困惑、迷茫和怀疑。由此，有些大学生的价值取向变得功利化，一切以追求物质需求为前提。马克思主义理想信念有助于大学生摆正思想方向和价值取向，树立正确的世界观、人生观和价值观。

马克思主义理想信念有助于培养新型优秀人才。国际上综合国力的竞争实质上就是知识的竞争、人才综合素质的竞争和科技实力的竞争。我国提出实施"素质教育"已多年，但在实际的中小学教育中仍然摆脱不了应试教育模式的影响。应试教育模式根深蒂固，改变不是一朝一夕可达成。为此，教育的制度缺陷应一步步修正，既不可消极对待，也不能急于求成。但要赶上时代步伐，迎接新科技革命的挑战，适应知识经济时代发展的要求，大力推进素质教育、积极构建社会主义创新型国家又势在必行。尤其是我国正处于中华民族伟大复兴战略全局和世界百年未有之大变局的时代大背景中，更要立足于社会主要矛盾的新变化，以人为中心，不断推

---

① 《习近平谈治国理政》第一卷，第56页。
② 《习近平谈治国理政》第一卷，第57页。

动人的全面发展，培育大批适应时代变化的高素质人才。造就高素质创新型人才，则离不开文化的浸润与熏陶，因为没有文化素质的人才就是"行尸走肉"和空心"稻草人"，难当大任。对于大学生来说，只有具备文化自觉自信、文化素质和马克思主义理想信念，才能成长为肩负起民族复兴重任的时代新人，才能成长为中国特色社会主义现代化建设的先锋力量。因此，有针对性的理想信念教育就必不可少。

二、新时代大学生理想信念教育的个体价值

新时代，大学生的成长成才需要坚定的理想信念、过硬的本领、良好的德性等作为基本支撑。在全球化背景下，多元价值观影响日甚，大学生面临不少价值困惑和价值迷雾。如果大学生具有坚定的马克思主义理想信念，就能激发其练就过硬本领、养成良好德性，进而助推其成为堪当大任的时代新人。

（一）有助于大学生坚定理想信念

2019年3月18日，习近平总书记在学校思想政治理论课教师座谈会上强调，"青少年阶段是人生的'拔节孕穗期'，这一时期心智逐渐健全，思维进入最活跃状态，最需要精心引导和栽培"。[①] 青年时期是人的"三观"形成的关键时期。由于受到社会阅历、心理状态、知识水平、思维能力等方面的限制，大学生理想信念的稳定性有限，容易受到社会价值导向和其他群体的影响。在其理想信念形成与发展的过程中，往往存在很多内部或外部、显性或隐性、长效或瞬时等影响因素，这些因素不同的运作模式或加速、或延缓、或促成、或阻碍了大学生价值观的形成与发展，并使之呈现出鲜明的时代性和前卫性、典型的被动性和从众性、突出的即时性和多变性等特点。

当前，我国正处于社会快速转型阶段，经济、政治、文化、社会等各个领域都进行了深刻变革，使得社会组织、利益主体、生活方式和信息渠道呈现多样性、复杂化的趋势，由此引发了整个社会的价值取向和价值选择的重大变化。身处这样一种纷繁复杂的环境当中，新时代大学生思想上难免会出现一些困惑、迷茫乃至混乱的问题，进而导致在价值遵从上的偏差。与此同时，中国正是信仰需求觉醒、信仰争夺战打响的时期，大学生成为各种信仰力量争夺的主要对象。因此，强化马克思主义理想信念在社会意识形态中的话语权，筑牢一代大学生的精神信仰，已成为关系到大学生思想发展、成长成才和中国特色社会主义建设事业兴旺发达的当务之急。

马克思主义理想信念为大学生确定人生追求指明了正确方向，为大学生人格完善提供了精神动力，为大学生融入社会提供了道德准则。因此，通过实施有针对性

---

① 习近平：《习近平在学校思想政治理论课教师座谈会上的讲话》，《人民日报》2019年3月19日第1版。

的理想信念教育，用马克思主义理想信念武装大学生，增进大学生对马克思主义理想信念的认同，对于帮助大学生在多元社会文化环境中确立正确的价值取向、思想观念和道德理念，自觉克服消极、负面因素影响，实现健康成长及全面发展，具有重要的现实意义。

（二）提升大学生精神境界

人在本质上是一种精神性的存在，一种超越性的存在。人与动物最重要的一个区别就是人具有精神的需要。精神境界是一种思想观念、精神状态、价值追求、道德水平、自主意识和人文情怀。追寻生命意义，达成自由高尚的精神境界是人的全面发展必不可少的内在目标。在一些心理学家看来，一个人是否拥有正确的价值观是其健康与否的一个重要标志。美国心理学家奥尔波特认为："是否拥有坚定的价值观这一点，把健康人从神经病患者中清楚地区分开来。""神经病患者没有价值观，或者仅仅有片段的和短暂的价值观。"[1] 在现代性和后现代性交织的历史境遇中，权力、资本的力量非常突出，炫耀性消费、符号化生活非常普遍，很多人崇尚物质享受，精神世界则非常贫乏。现实表明，一个人一旦将肉体的享受、感官的刺激和物质的奢华生活作为人生的价值取向和信仰追求，就会产生物欲膨胀，追求超出人的生命必需的生活方式，其结果是个体生物有机体过度的消耗、损害和畸形、变态。只有在物质需要得到合理满足的基础之上，追求健康向上的精神生活才会使人活得更加有尊严，同时也更有精神动力。

理想信念是人的精神境界的灵魂和表征。马克思主义理想信念反映了社会主义国家在精神层面的追求和规定，能够引领社会成员的精神追求。身处价值多元化时代的大学生，面临各种文化思潮的冲击和各种腐朽生活方式的诱惑，树立意识形态领域的精神旗帜显得尤为重要而紧迫。超越当代人的生存困境，提高人的精神境界，是马克思主义理想信念的内在目标。加强大学生理想信念教育，目的就是通过马克思主义理想信念激发大学生内在的道德需要与价值追求，引导大学生自我构建与马克思主义理想信念要求相适应的利益需求、生活态度、现代意识、交往方式及意义世界，促进其内在的向上之心得以不断生长与放大，使其价值要求与道德人格不断得以完善，最终促进大学生精神境界的提高。因此，从这一视角看，强化大学生理想信念教育，促进其对马克思主义理想信念的内化认同，有助于促进其人格的完善和精神境界的升华。

（三）促进大学生社会化发展

在一定的社会环境下，每一个社会个体或群体都拥有相应的社会身份。依据该社会身份，个体或群体承担起相应的社会职责，实现其社会角色，并在承担角色、

---

[1] 转引自袁贵仁《价值观的理论与实践：价值观若干问题的思考》，北京师范大学出版社2006年版，第135页。

履行义务的过程中彰显人生的价值。从个体社会化的意义上说，任何一个人的社会角色的确定，都是外在赋予和内在构建两种力量的共同作用。

对于每一个体或群体，社会总会在主导价值观的框架之下，寄予其特定的、不同层次的思想和行为期待，以确保其能够正确行使权利、履行义务，进而促进社会秩序保持稳定而又富有活力。

大学生群体由于其在中国特色社会主义建设事业中即将担负的重任，被寄予了更高的社会期待。具体到思想文化建设领域，马克思主义理想信念认同的实现有助于大学生准确认知和承担起自身社会角色。首先，认同马克思主义理想信念是指引该群体确立自身社会角色的价值起点。认同在本质上是对"我是谁"这一身份追问的回答。通过对马克思主义理想信念的认知和认同，大学生可以准确定位自身所扮演的社会角色，正确看待自身在社会发展进程中的重要作用，进而能够理性行使权利并履行义务。其次，认同马克思主义理想信念是指引大学生明确自身社会角色的价值规范。马克思主义理想信念有助于大学生准确认知社会赋予其的价值期待，也使得大学生能在更为明确的规范指引下自觉展开行动，并有效规避可能出现的角色偏差行为，增强大学生践行社会角色的实效性。

人是自然属性和社会属性的统一体，而社会属性是人的本质属性。作为一个社会人，应该以怎样的姿态进入社会，怎样与社会、与他人和谐共处，怎样在社会中实现个体的发展，这一系列问题构成了人的社会化问题。从社会化的本质来看，这即是社会成员能够积极体认并担当起一定社会角色，适应社会生活的过程。

大学期间是人生的重要准备期，是人的各种观念、心理品质急剧变化，并逐步走向成熟的时期。这一时期，通过接受理想信念教育和社会教化，可促进大学生将马克思主义理想信念内含的价值规范内化到自身的思想体系中，并以此为指导展开行动；与此同时，大学生通过积极参与社会交往实践，履行相应的社会角色义务，也能促进其自觉发展马克思主义理想信念。这个过程也就是大学生实现社会化的过程。从这一角度来看，理想信念教育有助于大学生更好地实现由一般意义上的"自然人""生物人"向更高意义上的"社会人"的过渡转变，有助于其更好地实现健康而全面的发展。

第四章 新时代大学生理想信念及其教育的现状

理想信念是人的精神生活的主要内容。习近平总书记形容理想信念就是人的精神之"钙",以强调其重要性。对大学生而言,是否具有坚定的理想信念,关系到其是否能够顺利成长成才,也关系到高校人才培养目标是否能够真正实现。《关于加强和改进新形势下高校思想政治工作的意见》明确指出,理想信念教育是高校思想政治工作的核心。习近平总书记强调,思政课"无论怎么讲,最终都要落到引导大学生树立正确的理想信念、学会正确的思维方法上来"[①]。

第一节 新时代大学生理想信念的现状及问题成因

一、新时代广东高校大学生理想信念的现状

古往今来,关于理想信念的定义和内涵,不同的年代、不同的思想流派甚至不同的人都会给出不同的回答。从理想信念本身的性质和特点来看,人们还是达成了一些基本的共识,即理想信念概念具有某些普遍性的内涵。正如有学者指出的:"理想(ideal),就其本义而言,应该是合乎未来期望的理性的目标与愿望,信念(belief)则是对某种理想观念或目标的坚定信心和定势性的执着。"[②] 也就是说,理想信念是对未来合理目标的一种强烈信心和执着追求,理想是对未来的期待,信念是对此深信不疑的精神姿态。显然,这是人们理解理想信念的普遍性维度。此外,对于中国来说,还应该从自己的实际出发,加上一种特殊性维度的理解。从执政党(中国共产党)和国家的追求、性质来看,理想信念在今天的中国,其特指的内涵是对中国特色社会主义共同理想、共产主义远大理想的强烈信心和执着追求。所以,本书对新时代广东高校大学生理想信念现状的梳理和总结,主要也是围绕大学生对中国特色社会主义共同理想、共产主义远大理想的信心和追求来进行的。

(一)大学生理想信念总体状况良好

经对暨南大学、广州番禺职业技术学院、广东职业技术学院等广东高校大学生访谈得知,广东省大学生的理想信念现状呈现积极的一面。一是对中国文化有比较好的认知,主要表现为大多数大学生对中国特色社会主义文化的基本内容和各个层面均

---

① 习近平:《思政课是落实立德树人根本任务的关键课程》,《求是》2020年第17期,第11页。
② 韩震:《发挥学科优势拓展大学生理想信念教育的空间》,《新视野》2005年第2期,第58页。

有基本了解；二是对中国特色社会主义文化都持有正确、积极的态度，主要表现为大多数大学生对其发展前景持有高度的自信心；三是能正确对待外来文化，面对文化入侵时，也能保持正确的应对态度，能坚定中国传统文化的立场和信心；四是对于影响大学生理想信念的主要因素以及大学生理想信念所存在的问题也有所了解。

首先，从对理想信念概念和内容的认知来看，广东高校大学生总体情况良好，但缺乏较为全面深入的理解。从认知规律来看，大学生理想信念的真正构建必须具备一个基本前提：那就是对理想信念的概念和内容具有清晰的认识和理解，换言之，就是对"理想信念是什么"这个问题了然于心，拥有明确的答案。超过90%的大学生表示"知道"中国特色社会主义共同理想和共产主义远大理想这两个概念。也就是说，绝大部分大学生均知道中国语境下理想信念的简单概念和内容；但当问及两者的具体内容——中国特色社会主义是"将马克思主义普遍（基本原理）和中国的实际相结合，走自己的（现代化）路"，共产主义是"一种消灭私有制、实现人类解放的高级社会制度，一种不断改变现存世界的革命运动，一种实现人的全面自由发展的崇高价值追求"——时，则有近50%的大学生表示对内容"不太熟悉"或"答不上来"。在第二个问题中，重点大学学生的情况比普通本科学生的好，普通本科学生的情况又比高职学生的好。显然，这和各个层次高校人才培养目标和学生理论学习能力的差异直接相关。由此可见，广东高校大学生对理想信念的概念和内容的基本认知情况总体良好，但对内容缺乏全面深入的理解，也正因此，导致某些学生"不明不白"地度日。从某种程度上看，这种情况也印证了"基础不牢地动山摇"这句俗语，这正是认知对于理想信念构建之重要性的真实写照。

其次，从对理想信念目标的认同来看，广东高校大学生总体情况良好，但缺乏较为坚定的信心和意志。本书作者在调研中发现，对于中国特色社会主义具有美好的发展前景、中国的明天定会更好、中华民族能够在本世纪中叶实现伟大复兴等国家层面的方向性目标，超过90%的大学生均表示"应该会"；对于共产主义的远大理想，对于人类社会的明天必将能够消灭贫困与剥削、实现全人类共同发展这个远大目标，70%的大学生表示"可能会"。因此，总体上看，广东高校大学生对国家、世界未来将会向更好的方向发展这个方向性目标认同度比较高，绝大多数人持较为乐观的态度。同时，也有不少学生对自己践行这些理想信念缺乏坚定的信心和意志。当问到"你是否愿意为实现中国特色社会主义共同理想付出长期艰辛努力"时，约50%的学生回答"不敢保证"，约30%的学生回答"看情况"，只有约20%的学生回答"肯定愿意"；当问到"你是否愿意为实现共产主义奋斗终生"时，约60%的学生回答"不敢保证"，约30%的学生回答"看情况"，只有约10%的学生回答"肯定愿意"（这个群体主要是大学生党员）。也就是说，当真正要求为理想信念奋斗的时候，不少大学生的信心和意志不坚定，这其实是对未来目标缺乏坚定认同的表现，当然这也是各方面现实因素综合影响的结果。本书作者在广东高校的调查结果，和武汉大学沈壮海教授课题组2016年在全国35所高校（来自东北、西北、西南、华中和华东地区，没有调研华南地区高校）调研的结果也基本吻合："调查发现，大学生的思想政治状况较容易受到周围环境的影响。在人生观方面，有21.6%的大学生认为在房价高、就业难的现实环境下，'理想不过是奢谈'。"① 显然，"理想不过奢谈"就是对理想缺乏坚定信心和意志的另外一种表述。与本书作者调研的地区相比，广东的经济社会发展水平更高，同时物价水平更高、职业竞争更大等，这也是广东高校大学生对于理想信念践行的信心和意志更加不够坚定的最重要原因。

（二）大学生理想信念形成中存在的不良倾向

当前大学生基本确立了社会主义、共产主义的理想信念，大多数人对马克思列宁主义信仰坚定，总体上说主流是好的；但也有不少大学生信念缺失，对马克思列宁主义、毛泽东思想、邓小平理论、"三个代表"重要思想、科学发展观、习近平新时代中国特色社会主义思想产生怀疑，对社会主义的信念产生动摇，对我国改革开放进行社会主义现代化建设缺少信心，对共产党的信任度下降。

1. 部分大学生的马克思主义理想信念淡化

科学的理想信念是新时代大学生乘风破浪、搏击沧海的灯塔和动力之源。在新时代，大学生的马克思主义理想信念是否坚定也关乎社会主义核心价值观的践行和中华民族的伟大复兴。大学生马克思主义理想信念的淡化已经开始导致严重的后果。

首先，少数大学生因为马克思主义理想信念的动摇和缺失，导致精神空虚和迷茫。轻者缺乏学习动力，逃课厌学；重者悲观绝望，盲目追求感官刺激，甚至以吸毒来麻醉自我，走上不归路。

其次，少数大学生受西方文化影响，开始信仰基督教、天主教等。西方腐朽价值观可能会因此渗透并直接影响大学生，西方敌对势力可能利用宗教实现"西化""分化"等策略，进而达到颠覆我国社会主义的目的。

还有少数学生迷信邪教组织，对虚幻世界、不切实际的观念、荒废的理论盲目相信和狂热崇拜。

2. 理想信念庸俗化

大学生理想信念中存在一定的庸俗化倾向，具体表现为大学生理想信念的简单化和平面化。所谓简单化，是指大学生易于将理想信念等同为行动目标。理想信念具有长期性、终极性，需以信仰为内核；行动目标具有短期性、具体性，多以功利为指向。虽然二者具有明显区别，但不少大学生仍然将二者等同。在其畅谈理想时，实际谈到的多是具体目标，如学习目标、工作目标、生活目标等。所谓平面化，是指大学生理想信念比较单一，缺乏层次性和丰富性，深度和广度不够。理想信念的内涵十分丰富，具有层次性，包括生活理想、职业理想、政治理想、社会理想等。但很多大学生没有深入理解理想信念的丰富性和层次性，没有把政治理想、

---

① 沈壮海、肖洋：《2016年度大学生思想政治状况调查分析》，《思想理论教育导刊》2017年第1期，第111页。

社会理想等较为宏大的理想纳入视野，更没有把政治理想、社会理想和自己的职业理想、生活理想联系起来，其理想信念往往只包括职业理想和生活理想。毫无疑问，这种状况与其思想理论发展的浅薄性、精神成长的片面性有关。

不少大学生拥有远大抱负却缺乏踏实肯干精神。某高校"思想道德与法治"基础课期末考试有一道题是问学生有何理想，并打算如何实现自己的理想。我们欣喜地发现，学生们理想都很远大，有想当公务员的，有想自己创办企业的，有希望成为外交官的，等等。但是，不少大学生的理想都只注重物质享受，想要从事的职业都是工作环境优越、福利待遇好、社会地位高的职业。这些理想从某种角度而言更偏重于物质化，而忽视了从事该职业应该担负的社会责任和社会义务。并且，他们在谈及自己的理想时，言语更多停留在为什么要如此定位，而对于如何实现自己的理想就都谈得很宽泛。有的同学对某些职业缺乏一定了解，想法过于简单化，也并未设计出一个很合理的规划。总之，在树立个人理想方面，不少大学生都缺乏对自己理想职业的具体了解，仅凭着对那份职业的社会地位、福利待遇、工作环境的了解而表现出意愿；很少有学生较为全面地了解一份职业的社会责任和社会义务，以及考虑自己在从事该职业后该如何终身为这份事业而奋斗。这说明不少大学生都存在眼高手低的问题，这与思政课程的教育有效性缺失有很大关系。

新时代大学生是"与改革开放一起成长起来的"，他们从小就是我国物质生活不断丰富的受惠者。与前人相比，他们很少体会到养家糊口的艰辛、生活的不易，普遍缺乏吃苦耐劳和踏实肯干精神。他们谈论起理想来头头是道，似乎也会安排一些实现理想的相关计划。然而，很多人的计划在现实中成了一纸空文。

3. 理想信念碎片化

大学生理想信念的形成过程具有显著的碎片化倾向，具体表现为大学生理想信念具有发展阶段的非连续性、精神支持的非理性、理论基础的非系统性等方面。首先，大学生理想信念的形成并非一个完整的连续的过程。大学生理想信念的发展具有阶段性，可以简单划分为萌芽、不断发展、最终形成等阶段。在现实发展中，这些不同阶段并非呈现连续的链条式发展，而是具有跳跃性，甚至可以简化为某个重要契机。其次，大学生理想信念的形成过程中，非理性情感因素发挥了重要的精神支持作用。大学生正处于情感饱满期，并且由于其理论素养相对较低，非理性情感在大学生的生活、学习和工作中发挥了很大的作用。情绪感染、榜样激励、家庭期待或者瞬间冲动都会对大学生确立理想起到相应影响。最后，大学生理想信念的理论基础相对比较薄弱，缺乏系统性。总体上而言，大学生的理论素养相对较低，并且对理论学习和理论构建的兴趣较小，也不关注夯实理论基础，忽视系统理论对理想信念形成的指导作用。坚定的理想信念的形成不是偶然的，更非一日之功；其固然需要情感支持，但并非纯粹的感性驱使；它可以被提炼为某些经典语句，但离不开深厚的理论根基。碎片化倾向终会导致大学生的理想信念缺乏稳定性、长远性和根本性，流于短时的形式化的情绪表达，无法成为大学生坚实的精神支柱。

二、新时代大学生理想信念存在问题的成因

在新时代新的历史方位中,大学生身处的时代背景发生了巨大的变化,这对该群体的理想信念构建自然产生了直接的影响。诚然,影响新时代大学生理想信念构建的因素多种多样,甚至错综复杂,鉴于篇幅和研究手段所限,很难做出全面、详细的总结。为了突出新时代背景下影响大学生理想信念构建的显著因素,本书重点从纵向比较(较之以往)的角度入手,从外在和内在两个方面分析这些因素,以求对新时代大学生理念信念构建的特殊境遇做出相对科学、精准的研判和定位。

(一)内在原因

1. 精神诉求和生活态度的影响

按照马克思主义唯物史观的基本原理,社会存在决定社会意识,可以说,有什么样的技术条件和物质生活水平就会有什么样的精神诉求和生活态度。但是,大学生主体的精神诉求和生活态度又是相对独立的形态,它们同样会对大学生理想信念的构建产生重要的甚至是根本性的影响。因为和技术条件、物质生活水平相比,精神诉求和生活态度离理想信念的距离更近,或者说和前者相比,它们属于同样的意识范畴,区别只在于理想信念是更加纯粹、更加高位的形态。显然,理想信念这种更加纯粹、高位的形态,要明显受制于精神诉求、生活态度这种相对混杂、低位的形态:后者越单一、越原生态,前者就越容易构建;后者越繁复、越脱离原生态,前者就越难构建。那么,在新时代背景下,大学生自身的精神诉求和生活态度究竟是一种什么状态呢?它们会对大学生理想信念的构建产生何种程度的影响?以下试做简要的纵向比较分析。

首先,从精神诉求方面来看。新时代大学生的生活背景是基本生存和生活的压力较之以往已经大大减小。如果说改革开放前的大学生以"期待温饱"作为最大的精神诉求(主要关注整体性、宏观层次的基本生存面),改革开放至20世纪90年代末期的大学生以"发家致富、生活精彩"作为最大的精神诉求(主要关注个体性、微观层次的基本发展面),那么新世纪尤其是新时代以来的大学生则以"自由自主"作为最大的精神诉求(主要关注个体性、微观层次的高级生活面)。也就是说,新时代大学生的精神诉求越来越趋向于个体化、个性化和诗意化,即越来越脱离于宏观叙事式的家国诉求、扁平化的物化诉求和世俗化的功利诉求,强烈要求个体化、个性化的意义构建与价值实现。很显然,新时代大学生这种个体化、个性化的微观叙事式的精神诉求与其需要构建的具有宏观叙事特点的理想信念构成了明显的紧张关系。邓小平曾强调:"要特别教育我们的下一代下两代,一定要树立共产主义的远大理想。一定不能让我们的青少年作资本主义腐朽思想的俘虏。"[①] 这其

---

① 《邓小平文选》第三卷,人民出版社1993年版,第111页。

中，共产主义的远大理想就具有十分突出的宏观叙事特点，资本主义腐朽思想则具有明显的个体化、个性化的微观叙事特点。因此，如何将新时代大学生这种微观叙事式的精神诉求引向正确的轨道，克服理想信念的宏观叙事特点和个体诉求的微观叙事特点之间的紧张关系，是新时代大学生理想信念顺利构建必须跨过的门槛。

其次，从生活态度方面来看。新时代的大学生基本都是"00后"，相比以往年代的大学生，他们基本没有经历过饥寒的威胁，从小生活在"单维化"的相对富裕环境中，缺乏大喜大悲的"两极震荡"体验，生活经历大都平和、温顺、富足。同时，随着新技术和现代传媒的飞速发展，娱乐化也已经成为当今时代大学生生活的一个突出表征。显然，在相对富足、平稳的生活环境中，大学生容易走向懒散、贫乏甚至平庸，加上"娱乐至死"的烘托，大学生的生活态度、生活取向更容易倾向于抵制深刻、拥抱浅薄、安于现状甚至期待放纵等。近年来，无所求、无所谓、"佛系"等"无根化""平面化"现象的流行正是这种生活态度充斥社会的重要表现。无疑，这种生活态度对于新时代的大学生将会产生直接的影响，由此，由宏观叙事描画的理想信念之构建必然会受到影响和冲击。

2. 心理和价值观的影响

影响大学生认同理想信念的因素很多，既包括大学生的生理和心理等自身因素，也包括社会因素等外部环境。我们首先从大学生自身因素来进行分析。

（1）心理发展不成熟。

大学生心理发展还不够成熟，心理因素存在着矛盾和不稳定性。

首先看情感情绪。大学生的情感情绪是丰富、鲜明、激烈的，兴奋性、波动性和外显性强，对事物往往会做出比较强烈的反应：对有兴趣的事会有较高的热情，而对不感兴趣的事往往冷漠、不屑一顾；顺利时会踌躇满志，挫折时会心灰意冷；容易因为学习和人际关系而产生迷惘感、焦虑感和孤独感。这一切，使大学生可能对社会的主流理想信念不是很感兴趣，甚至盲目排斥；或者，当处于顺境的时候能够认同马克思主义理想信念，遇到挫折或情绪不好的时候又可能对马克思主义理想信念产生怀疑。

其次看意志。大学生的自我意识比较强烈，但自我调节能力和自我控制能力比较弱，一旦学习和生活受挫，就容易失去判断力，盲目从众或排斥社会主导理想信念。

大学生因为年龄不大，生活阅历不多，心理和价值观都不成熟，有些还没有形成坚定的信念和信仰，同时，又有叛逆性格，对学校教育所灌输的中国特色社会主义共同理想、马克思主义和共产主义信仰不想很快认可和接受。因而他们的理想信念摇摆不定，不认同或难以坚定地认同马克思主义理想信念。

（2）主体意识强，但有思维局限，社会阅历不足。

大学生主体意识强，强调独立思考，不再不假思索地接受某种价值观。但是，大学生在之前接受的多是形式逻辑，因而容易形成非此即彼的单向线性思维，缺乏辩证思维。同时，他们又对未知事物充满好奇心，喜欢联想和类比，甚至是异类比附。于是，往往在单向线性思维和发散性思维这两极中摇摆。这使得有些大学生很容易被一些貌似新颖的西方思潮所吸引和打动，接受其中的某些价值观，还会轻率地对社会主流价值观做出否定性的评价。

同时，大学生虽然书读了不少，但接触社会不多，对社会缺乏深入了解，对社会和生活缺乏深入思考，无法理解纷繁复杂的社会现象，对各种价值观缺乏清晰的判断，不能够很好地理解马克思主义理想信念，因而影响对它的认同。

（3）大学生价值观的多样性、矛盾性、不科学。

第一，大学生价值观的多样性。随着改革开放的深入，利益主体多元化，社会上存在着多样化的价值观，文化多样性的趋势也日益明显，加上大学生主体意识的觉醒和个性的发展，使大学生的价值观呈现出多样性的特点。在大学生中，有人坚持集体主义，有人坚持个人主义；有人注重精神价值，有人注重物质价值；有人主张公平优先，有人主张效率优先；有人重视传统的价值观，有人重视现代价值观；有人倾向民族价值观，有人倾向西方价值观；有人坚持理想主义价值取向，有人坚持现实主义价值取向；有人采取目的性价值取向，有人采取工具性价值取向；有人以利他主义为价值标准，有人以利己主义为价值标准。

第二，大学生价值观的矛盾性。不少大学生的价值观呈现出矛盾性的特点。首先，价值认知与价值行为不一致，知道是非对错，却难以付诸行动，知与行脱节。其次，评价自己与评价他人的倾向性不一致，评价自己多是肯定性评价，评价他人则多是否定性评价。最后，对自己的要求与对社会的要求不一致，对自己多强调功利，对社会则多强调道德，即强调自己应该得到什么而不是应该做什么，一味要求社会满足其个人功利。

第三，少数大学生价值观不科学的一面。一是少数大学生的价值取向趋向功利化。我国新时代大学生价值观的主流是积极向上的，是值得肯定的。随着社会主义市场经济的发展，在各种不良思潮的冲击下，大学生的利益观念发生变化，一些大学生崇尚金钱、权力，价值观趋向功利化、现实化。近年来，大学生陷入"网贷诈骗"的事件层出不穷，甚至因无力偿还网贷而自杀的也偶有发生，其中有部分就是价值观功利化所致。对大学生实行理想信念教育，可以使大学生树立集体主义的价值观，克服个人主义价值观所带来的负面影响，可以引领和整合多样化的人生价值观。二是少数大学生诚信意识淡薄。诚信不仅是中华民族的优良传统，而且是市场经济发展的必然要求。在社会急剧变化的时期，大学生在诚信认知方面容易出现偏差，诚信度不高，契约观念不强，如考试作弊、学术作假等现象时有发生。对大学生实施理想信念教育，大力加强诚信教育，可以把反映市场经济发展需要和时代精神的诚信教育内容灌输给大学生，帮助大学生澄清和纠正在诚信认知上存在的误区，使大学生在思想意识深处真正意识到诚信的重要性，形成道德自律意识，实现自我教育、自我完善、自我发展。三是少数大学生道德信念迷失。当今的大学校园成为一个开放的小社会，大学生与社会的接触越来越频繁、越来越广泛，信息的获得越来越畅通无阻。由于一些大学生对善恶不能完全加以区分，心中没有明确的道德判断标准，大学校园的开放对他们的伦理道德观念产生巨大的冲击，道德信念十分迷茫。对大学生实施理想信念教育，就是要增强大学生的道德意识、道德情感、道德信念，从而明确大学生作为社会主义事业的接班人应负的责任，从而充满信心地投身到社会主义现代化建设中去。只有坚持把理想信念教育融入大学教育的全过程中，大学生才会具备科学全面的价值体系，获取认识主观世界和改造客观世界的本领，才能使自身的素质得到进一步的提升和发展。

（二）外在原因

1. 新时代的技术条件和物质生活水平的影响

首先看新时代技术条件的影响。自20世纪90年代中期互联网正式接入我国以来，网络技术在我国取得了突飞猛进的发展，加上手机技术的不断更新换代，在20多年后的今天，我国已经迈进了全媒体时代。全媒体是指媒介信息传播采用文字、声音、影像、动画、网页等多种媒体表现手段（多媒体），利用广播、电视、音像、电影、出版、报纸、杂志、网站等不同媒介形态（业务融合），通过融合的广电网络、电信网络和互联网络进行传播（三网融合），最终实现用户以电视、电脑、手机等多种终端均可完成信息的融合接收（三屏合一），实现任何人在任何时间、任何地点以任何终端获得任何想要的信息。在全媒体时代，大学生面临的信息量较之以往任何时代都要多得多。这些信息形式多样，更新速度奇快，还来不及被过滤和甄别，就已经在视觉、听觉、触觉等方面全方位、全时段地冲击和渗透新时代大学生萌动而稚嫩的心灵。试想，大学生理想信念的构建，本是心灵世界沉淀基石、追寻支点的思悟过程，当其一直遭遇杂、乱、多、快的信息压迫时，结果可想而知。21世纪以来，尤其是人类社会进入全媒体时代的今天，电脑、手机等网络化工具全面普及，低成本的电子阅读资料全面盛行，新时代大学生面对的是前所未有的海量、繁杂、即时信息（这些信息彻底超越了传统的老师和书本，随手可得、无时无处不在），其理想信念的构建则随时随地遭遇"真相困境"，孰真孰假难以辨认，甚至无力招架。

其次看新时代物质生活水平的影响。改革开放以来，在中国共产党的领导下，我国高举中国特色社会主义的伟大旗帜，实现了生产力的快速发展，人民群众的物质生活水平不断提高。据国家统计局数据，2022年我国人均GDP达到85698元，按年平均汇率折算达12741美元，超过世界人均GDP水平。马克思说过："人们奋斗所争取的一切，都同他们的利益有关。"① 在新时代生活水平不断提高的背景下，现实将允许大学生"无须审察"未来，那么他们通向未来的理想信念之构建就必然

---

① 《马克思恩格斯全集》第1卷，人民出版社1956年版，第82页。

会遭遇源动力不足的困境。当大多数大学生都不用再过度关心生存性利益①的时候，他们奋斗的方向（以理想信念为标志）应该如何设定？显然，这对于他们理想信念的构建来说是一个悬而未决而又至关重要的问题。

2. 西方思想的滋扰

习近平总书记指出："一个政权的瓦解往往是从思想领域开始的，政治动荡、政治更迭可能在一夜之间发生，……思想领域防线被攻破，其他防线就很难守住。"② 党的十八大以来，以习近平同志为核心的党中央高度重视意识形态工作，大大增强了党在意识形态领域的领导权、主动权和话语权，有效扭转了意识形态领域一度出现的被动局面，意识形态领域总体保持了向上向好的态势。随着全球化的不断发展，特别是随着中国"一带一路"倡议不断得到各国的认可与参与，各国之间的思想文化交流和碰撞更加频繁，国内思想文化多元化趋势更加明显。西方敌对势力的各种社会思潮和意识形态一直不遗余力地对我国大学生进行"西化""分化"，致使一些大学生主流意识形态淡化和弱化的倾向越来越突出。所以，搞清楚西方思想的主要表现、具体对大学生产生了哪些影响、如何产生影响等问题，对于帮助大学生坚定理想信念至关重要。

西方思想主要包括哪些？就目前学界的研究来看，对我国产生重要影响的西方思想主要包括新自由主义、功利主义、历史虚无主义、民主社会主义、"第三条道路"、拜金主义思潮、倒退主义思潮等。这里重点讨论新自由主义和历史虚无主义对大学生理想信念形成的影响。

（1）新自由主义的表现及其对大学生理想信念的影响。

新自由主义（Neoliberalism）是一种现代政治思想，也是英国现代政治思想的主要派别，主张在新的历史时期维护个人自由，调解社会矛盾，维护自由竞争的资本主义制度。新自由主义源于西方资本主义的古典自由主义，自19世纪流行，在20世纪20年代形成了完整的思想体系，主要表现在经济、政治和文化三个方面：经济方面，强调经济的自由化、私有化和市场化；政治方面，强调崇尚私有制，反对公有制；文化方面，强调个人主义的价值观。新自由主义主张个人的绝对自由化，即每一个人拥有绝对的自由权，并且神圣不可侵犯。在国家、社会和个人三个价值主体中，突出个人凌驾于国家和社会之上，国家和社会的发展都以个人发展为前提。政治方面，新自由主义主要表现为对社会主义的否定。新自由主义从诞生之日起，就把马克思主义和社会主义作为批判和反对的对象，充满着对马克思主义和社会主义的敌意。而在当下，新自由主义对社会主义的否定则具体表现为对社会主义公有制的否定、对中国特色社会主义制度的否定以及对国家干预的否定。为了达到

---

① 所谓生存性利益，是和发展性利益相对而言的概念。前者主要指涉及维持基本生存条件的利益，偏重于物质层次；后者则主要指涉及促进事业发展的利益，偏重于制度、文化和精神层次。

② 中共中央文献研究室编：《习近平关于社会主义文化建设论述摘编》，中央文献出版社2017年版，第21页。

西方发达资本主义国家妄图通过意识形态控制本国及广大发展中国家的意图，新自由主义在全世界全面宣扬发达资本主义国家的价值观念、生活方式，并希望通过这种方式来消解广大发展中国家坚持并发展自己国家和民族特有的价值观念和文化走向。在价值观方面，新自由主义大力主张个人主义，反对国家干预个人自由，进而主张个人利益和个人自由的最大化。新自由主义还将个人主义扩展到社会生活等许多领域，提出：个人利益决定个人行为，十分强调个人的重要性并同时排斥和忽视集体利益，强调个人利益应当高于集体利益，凌驾于集体利益之上。因此，新自由主义认为，当个人利益与集体利益乃至国家利益相冲突时，应该先满足个人利益。

这些错误的观点动摇了部分大学生的政治信仰，使其怀疑马克思主义的权威性和真理性，进而对社会主义事业的发展和建设失去信心。其他学者的调研显示，关于信仰的选择倾向方面，只有41.8%的大学生选择信仰马克思主义（表4.1）；虽然与其他倾向比较而言，信仰马克思主义是排第一位的，但是考虑到大学生从小就接受思想政治教育，出现这一比例，情况就不那么乐观了。关于信仰危机方面，45.6%的大学生表示存在信仰危机（表4.2）。

表4.1　大学生信仰选择倾向和影响因素

项目	调查内容	比例/%
信仰选择倾向	马克思主义	41.8
	宗教	4.5
	金钱万能	7.6
	个人主义	11.8
	没有明确信仰	19.4
	其他	14.9
影响因素	学校信仰教育	13.7
	各种宣传和引导	9.5
	家庭和社会环境熏陶	56.2
	参与社会实践与思想认识	17.6
	其他	3.0

资料来源：张雅光：《新时代大学生信仰现状调查研究》，《天津农学院学报》2021年第4期，第95页。

表4.2　大学生对信仰危机的认识情况

项目	调查内容	比例/%
是否存在严重信仰危机	普遍存在	45.6
	不存在	247.2
	不清楚	30.2

续表

项　目	调查内容	比例/%
个人信仰与大众价值观冲突时	坚持自己的信仰	59.8
	放弃自己的信仰	2.3
	根据大众价值观做一定的更改	37.9

资料来源：同表4.1。

(2) 历史虚无主义的表现及其对大学生理想信念的影响。

历史虚无主义是指不加具体分析而盲目否定人类社会的历史发展过程，甚至否定历史文化，否定民族文化、民族传统、民族精神，否定一切的历史观点和思想倾向。历史虚无主义刻意歪曲人类历史发展模式和规律，并借此完全否定中国历史存在的合理性和重要性的社会思潮。无论是以主观臆想的观念来理解和描述历史，还是将传统的历史虚无缥缈化，在一定意义上都属于历史虚无主义。在中国传播的历史虚无主义不仅仅是一个学术问题，更带有浓厚的政治意味和政治企图，因为它的最终目的是摧毁中国共产党带领人民创造的丰功伟业，推翻中国共产党的领导。历史虚无主义的理论基础是与唯物史观截然相反的唯心主义理论，它通过复杂多样的手段和表现形式来诋毁英雄人物、歪曲历史发展的客观事实，其政治目的是推翻中国共产党的领导，推翻社会主义国家模式，并将其纳入资本主义阵营。

反映在大学生层面上，历史虚无主义往往会导致大学生理想信念不坚定，甚至出现信仰危机。信仰是人类灵魂的家园，是精神力量的源泉，是统摄其他一切意识的最高意识。大学生是社会知识文化的主要承载者、创造者和传播者，是影响社会发展的重要力量。因此，新时代大学生的信仰不仅对其自身的成长、成才具有决定性意义，而且直接关系到国家的前途和民族的未来，关系到中国特色社会主义发展方向。

"地球村"观念对大学生的民族意识起到了弱化作用。"地球村"是随着国际经济和区域经济的一体化发展，科技、教育、文化交流的扩大，以及核战、环境等人类共同关心问题的突出，于20世纪80年代提出的。"地球村"的出现，打破了传统意义上的时空界限，使得世界各国人民之间的交往空前密切，人们之间的相互依赖程度越来越高，共同利益不断增加，世界各国越来越被纳入不断扩大的、统一的世界市场当中。随着世界经济一体化、区域经济一体化的深入发展，全球问题的大量涌现，人们传统的国家观、民族观受到了前所未有的冲击。一部分大学生在这种"天涯若比邻，比邻若天涯"的氛围下甚至产生了错觉，仅仅把自己当成世界人民中的一员，而忘了自己作为国家一员、民族一员的身份，出现了国家界限意识模糊、国家观念淡化的现象。在他们心目中，经济全球化时代已无须再提国家利益、民族利益，国家主权的神圣性已经大打折扣，民族意识严重弱化。

3. 市场经济的功利化

1992年，邓小平"南方谈话"和党的十四大的胜利召开，标志着我国的改革开放开始进入社会主义市场经济建设的新阶段。邓小平的"南方谈话"回答了改革开放姓"社"还是姓"资"的问题，打破了旧有思想观念的束缚，极大地解放了人们的思想，改变了人们对改革开放产生疑虑、缺乏信心的情况。1992 年以后，社会主义市场经济体制的确立，中国经济快速、健康、持续发展，已经创造而且将继续创造更大的世界现代化发展史上的奇迹。这也是用几十年的发展证明社会主义市场经济体制的优势。社会主义市场经济是实现全体人民共同富裕的市场经济。社会主义初级阶段的经济制度是以社会主义公有制为主体，多种所有制经济共同发展。社会主义的生产目的是在发展生产的基础上，逐步改善人民生活，使全体人民共享经济发展成果，实现共同富裕。

新时代的大学生置身于国民经济快速发展、政治体制稳定改革、思想文化开放宽松的环境中，由于很少受到传统观念的束缚，思想观念表现出更强的异质性，也更容易受到改革开放新形势的影响。特别是随着我国改革开放的不断深入，中国特色社会主义市场经济体制逐步显示出资本主义不具备的优势，我国的经济形势发生了较大变化，全面建成小康社会，人们物质文化生活水平迅速提高。一方面，改革开放的成功增强了大学生对中国共产党和中国特色社会主义的信心，有助于其增强社会主义理想信念；另一方面，某些不正当竞争、无序竞争给大学生带来了消极影响，导致部分大学生表现出强烈的功利性，过分追求个人利益，甚至误入歧途。

大学生功利化有何表现？在《现代汉语词典》中，"功利"主要指功效和利益或者名誉、地位、钱财等。功利化，意指主体在行动时从某种现实的、短期的利益出发，以追求名誉、地位、钱财等为首要目标，而将精神追求或长远目标放在次要位置，是一种过于实用化的表现。自 20 世纪 90 年代以来，随着我国社会主义市场经济体制的建立和发展，关于新时代大学生功利化问题越来越引起社会的重视。总结起来，大学生功利化主要表现为以下两点：

一是学习虚浮，追求名利。有些大学生在学习过程中不能沉下心去做学问，心浮气躁、浅尝辄止、不求甚解。理论学习是一个循序渐进、日积月累的过程，必须持之以恒、专心专注，最忌"三天打鱼，两天晒网"。但是，由于受市场经济的影响，特别是以追求效率和利润的"快经济"的影响，大学生在学习时也盲目追求速成，缺少对知识的深入研究，缺少脚踏实地的实干精神；部分大学生将理想选择与自身利益直接挂钩，追求具体的名利，忽略无形的价值；在人际交往取向中，重利轻义特征明显；在学业规划取向中，重技能训练轻理论知识；在职业规划取向中，重物质回报轻精神内涵。此类功利性行为阻碍了新时代大学生崇高理想信念的形成，使其目光短浅，陷于有形的利益之中而难以发展和进步。这种看重功利的价值观，固然有利于个人价值的满足，但对社会价值的充分发挥无疑有不利的一面。

二是目标错位，追求功利。受"快餐经济"发展的影响，无论是"网红"直播，还是明星代言的一夜暴富，都对大学生充满了诱惑。受利益驱使，部分大学生在成长的过程中出现了目标错位，不是着眼于社会的需要、大学生应具备的核心素养来系统、科学、可持续地学习,而是把通过投机取巧来获得自己需要的利益作为追求目标。过去那种先公后私、先人后己、无私奉献的精神受到冲击。大学生在学习、择业、工作的过程中,更多想到的是自我价值的发挥,把自身需要能否满足及满足的程度作为价值取向。这种价值取向在一定程度上是以自我为中心多向辐射,而其核心部分就是"功"和"利"。这种功利性表现为:在入党动机上,学生是为谋取好职业而增加竞争力,或者为了更好地发挥自己的才干;在择业观上,从原来的服从国家需要到今天的自我价值实现,很少有人想"到边疆、到基层、到祖国最需要的地方去",更多的则是想"到国外、到合资企业、到最能实现自己人生价值的地方去";在处理人际关系上,从原来的以人情友谊关系为重到今天的以经济利益关系为重,有的学生把同学友谊看得很淡薄,对别人的困难、挫折视若无睹,整日为个人的利益患得患失。而当他们遇到困难、挫折时,往往首先想到的又是集体,希望得到集体的关照。

有的大学生习惯于用实利主义态度思考理想信念及相关问题,以"有用"和"无用"简单划分课程学习、社会实践和各种活动;有的大学生只对专业课程的学习感兴趣,对非专业课程则敷衍了事,甚至将非专业课程定性为无用的课程;有的大学生更直接以是否能够给自己带来成绩积累或金钱利益为标准进行取舍,在日常的学习、生活和工作中,"利"字当头。理想信念在这些大学生那里被置换为个人利益;其理想不过是现实利益的承载,其信念不过是达成私利的步步为营;极具正面导向的理想主义,被改头换面为精致利己主义;"情怀"成了过时的格调,"利益"成为流行的选择。诚然,考虑并维护自身正当权益是合情合理的,也是大学生成长成才的正常需要。但是,凡事以个人利益当先的大学生,往往只能看到个人私利,只能看到眼前利益,斤斤计较于短期利益得失,难以具备长远眼光和宏大格局,既不能深刻理解利益的本质,不能理解个人利益和集体利益的辩证关系,也无法在行动上真正捍卫自身权益,更不能将个人利益融入集体利益之中。这不仅会导致社会集体发展受到影响,也会使大学生自身的发展受到很大限制。

4. 社会快速转型期的不可预期

关于社会转型,在我国学界已有诸多论述。本书采纳的主要有两方面:一是指社会结构变动,是一种整体的和全面的结构状态过渡,而不仅仅是某些单项发展指标的实现。社会转型的具体内容是结构转换、机制转轨、利益调整和观念转变。在社会转型时期,人们的行为方式、生活方式、价值体系都会发生明显的变化。二是指社会形态变迁,即指中国社会从传统社会向现代社会、从农业社会向工业社会、从封闭性社会向开放性社会的社会变迁和发展。对高等职业教育而言,其处于由传统的精英教育向高等教育大众化转变的背景,这对高职大学生理想信念教育产生了重大影响。

当前,我国正处于全面建设社会主义现代化国家、向第二个百年奋斗目标进军的新发展阶段,这使全社会充满期待。然而,要实现这些目标并不容易。当前中国经济发展进入新常态，经济发展速度正值换挡期，经济结构需要转型升级，社会发展需要由传统的要素驱动向创新驱动转变。同时，我国还面临"中等收入陷阱""修昔底德陷阱"等挑战。面对这些新情况、新问题，都迫切需要社会的进一步转型和全面深化改革。由于大学生的政治理论知识储备较少，对政治理论的认识多来自书本，缺乏实践，这就使大学生在对社会问题进行价值评判时，会用较理想化的评判标准去看待现实的政治生活，容易导致理想信念上的矛盾。由于新时代大学生处于社会转型期，对社会的美好愿景与当下现实之间的偏差比较大，在政治信仰判断和接受过程中往往充满矛盾，个人的自主选择对理想信念的形成和发展产生很大的影响。

（1）价值观混乱。

价值观是一种衡量内心活动的尺度，是个体评价事物与抉择的标准，它支配着人的行为、态度、观念、信念、理想等，也为人们自认为正当的行为提供了充足的理由。在传统社会，由于受单一经济体制、传统观念等的影响，人们的价值观相对单一、固定。随着社会的发展，特别是全球化的发展，改革开放以来，我国经济体制由单一的公有制转向以公有制为主体、其他经济共同发展的多元发展模式，经济基础的变革必然导致上层建筑的变化，多元经济体制必然导致思想价值观的多元化。这些多元化的价值观在大学生的头脑中相互交织，时而融合、时而矛盾，使大学生产生了价值观混乱。

第一，传统价值观与现代价值观的冲突。这包括理论冲突和实践冲突。①理论冲突。我国有着悠久的历史文化传统，5000多年的历史文化发展积淀下来的传统文化及其价值观至今支配着现代人们的思想和行为。与自给自足的自然经济相适应的中国传统价值观是由官本位的政治价值观，重农抑商、重义轻利的经济价值观以及君君、臣臣、父父、子子的伦理价值观所构成的价值体系，淡泊名利、谦和礼让、无为而治等中庸思想则是该价值体系的主导。现代价值观则是建立在社会主义市场经济基础之上的，要求人们具有竞争意识与效益意识，更加强调个人利益、个人权利等。传统价值观与现代价值观之间的矛盾正在逐步激化。②实践冲突。理论的冲突必然导致大学生在实践中的冲突。当大学生在利用传统价值观指导自己的实践活动时，经常会发生与理论相矛盾的结果，这就导致大学生在进行价值观选择时充满迷茫与混乱，影响着大学生对理想信念的坚定。

第二，中西方价值观的冲突。物质决定意识，意识是对现实的反映。所以，文化都是基于其所处的环境而产生的，不同的环境必然导致人们的价值观不同，进而形成内心确信的价值观也就有所差异。可以说价值观是文化的核心，文化的差异在很大程度上体现在价值观的不同上。荷兰心理学家霍夫斯泰德的比较文化价值观给出了不同价值观之间的不同的四个方面，分别是个人主义和集体主义、权力差距、回避不确定性、男性化和女性化。例如个人主义与集体主义，我国是社会主义国家，提倡以集体主义为原则，这是社会主义的本质特征，也是中国特色社会主义的优势。个人的价值满足必须放到群体里面才能得到肯定，个人不是单独的个体，不具备独立的价值批判地位。而个人主义是一种强调个人自由、个人利益，强调自我支配的政治、伦理学说和社会哲学。从事实的本质上来说，个人主义是一种从个人至上出发，以个人为中心来看待世界、看待社会和人际关系的世界观。个人主义随着生产资料私有制的出现而产生，并随着私有制的发展而发展。这种截然不同的中西价值观冲突，对大学生坚定理想信念，特别坚定大学生的"四个自信"、坚定对共产主义的信仰有重要影响。

（2）贫富差距问题。

改革开放以来，我国经济实现了快速发展，人民收入水平有了很大的提高，人均收入正式迈入中等偏上收入国家的行列，同时也在减少绝对贫困人口方面为世界发展做出了巨大的贡献。但是也应注意到，在我国经济快速增长的同时，人民并没有完全均等地享有发展成果，贫富差距依然停留在较高的位置。

一些学者认为，随着全面深化改革进程推进以及经济持续高质量发展，这些由改革开放和社会转型带来的附加问题就会自行消灭。随着全面脱贫攻坚取得举世瞩目的成果，社会保障体系的不断完善，社会分层、贫富差距过大的问题确实已得到了部分程度的解决，但是其仍旧给新时代大学生的生活方式和思想观念带来了巨大的冲击。在新时代大学生的思想观念中，"谁得到了什么？是怎样得到的？"这个经典的问题越来越受到关注。例如，在这个"网红""主播""偶像"遍地的时代，"直播带货"成为一种普遍的经济模式。各行各业从业人员，包括服装导购、舞蹈老师、银行高管等纷纷摇身一变成为网络博主登上直播屏幕，成为数字经济浪潮的一朵浪花。很多"网红"依靠博取关注度、带货直播刷礼物等方式，在北京、上海、深圳等寸土寸金的地方买车买房，生活水平得到了极大提高。这些网红的素质良莠不齐，很多主播直播的内容在灰色地带徘徊，"网红"文化使普通人"成功"的门槛降低了。这些短时间内获得大量的名声与利益的社会现象造成的贫富差距极大地刺激着新时代大学生的头脑思维，也对他们的理想信念带来了消极影响。

5. 信息社会的知识碎片化

信息化是指培养、发展以计算机为主的智能化工具为代表的新生产力，并使之造福于社会的历史过程。与智能化工具相适应的生产力称为信息化生产力。信息化以现代通信、网络、数据库技术为基础，将所研究对象的各要素数据汇总至数据库，供特定人群生活、工作、学习、辅助决策等与人类息息相关的各种行为相结合的一种技术。使用该技术后，可以极大地提高各种行为的效率，并且降低成本，为推动人类社会进步提供了极大的技术支持。信息化已经融入大学生学习、生活的方方面面。根据中国青年网校园通讯社围绕手机上网话题的调研显示（图4.1、图4.2），超四成学生每天上网超过5小时，超八成学生上网的主要目的是社交聊天；多数学生认为手机上网让移动支付、信息获取、社交方式更便捷；近九成学生担心网络安全问题；多数学生期待5G的网速能够更快、更方便于学习、生活。同时也要看到，由于信息化的发展，知识碎片化严重，以互联网快餐文化大范围流行为代表的快餐文化，对大学生的理想信念造成了冲击。

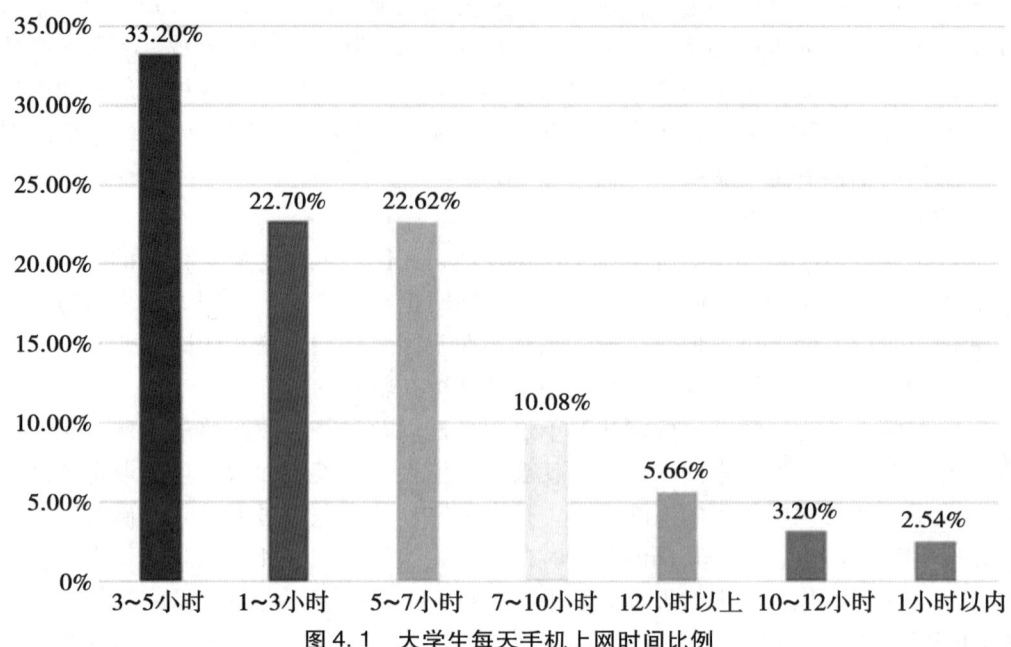

图 4.1 大学生每天手机上网时间比例

资料来源：李华锡、杨晴：《大学生手机上网调查：超四成每天上网超 5 小时》，https://news.cctv.com/2019/10/21/ARTIUtd76XolaXCHazi95NN4191021.shtml。

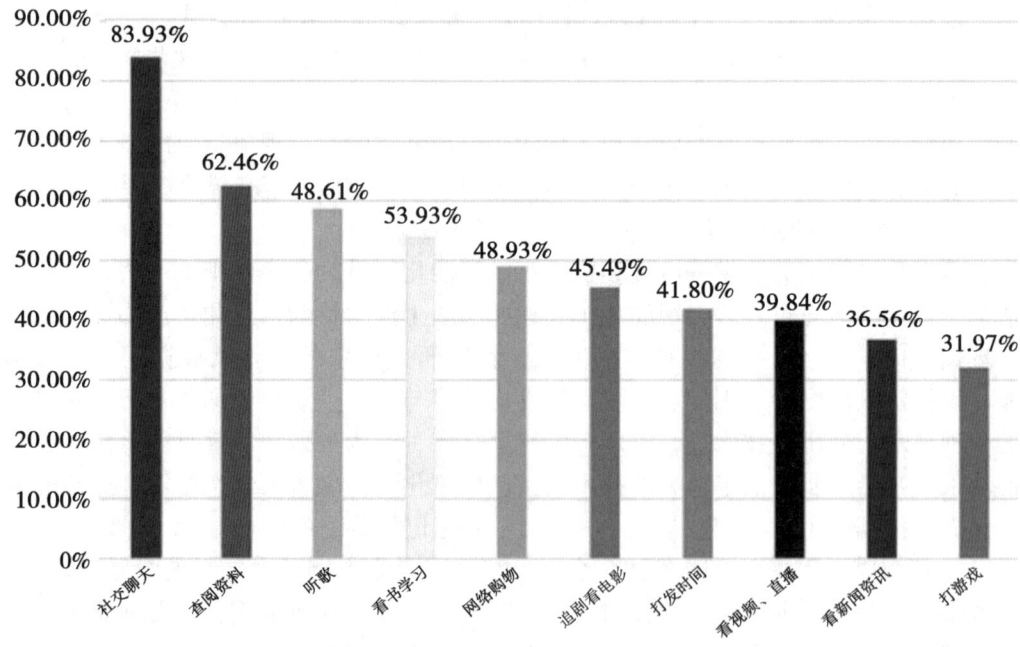

图 4.2 大学生手机上网行为比例

资料来源：同图 4.1。

信息社会的知识碎片化影响大学生理想信念的坚定。就其本质而言，理想信念是人们对未来的向往和追求，是一个人的世界观和立场在奋斗目标上的集中表现，是确立人生价值取向的最高标准。对于个体来说，理想信念是人的意识的一部分。所以，大学生坚定理想信念不是一蹴而就的事情，而是一个不断经历"态度反应—观念养成—行为转化—人格塑造"等环节的漫长过程。在这不断重复的每一个环节里面，都伴随着对崇高理想信念的认知与理解，一旦接受了错误价值观或片面价值观，大学生就很难坚定对共产主义崇高思想的追求。而知识碎片化恰恰会导致大学生接收的信息失真、失实、失全等。例如当下一些介绍电影或著作的短视频，长的几分钟，短的只有十几秒钟，往往是语速过快、内容精简。限制节目时长或字数，这是移动互联网应用普遍采取的策略，好处是用户上传的内容因短小精悍所以又快又多。但是，如果大学生长期沉溺于这样的文化氛围中，很容易迷失自我，做事难以集中注意力，甚至导致认知能力、分析能力下降，思维趋向于表面化。而这些对于大学生坚定理想信念危害极大。因为大学生应当坚定的理想信念之一就是共产主义远大理想，但这要建立在对共产主义深刻理解的基础之上；没有对共产主义的深刻理解，即使通过教育而达到了暂时的相信，一旦遇到困难，可能就很难坚持下去。所以，知识碎片化造成的思维方式的改变，对大学生坚定共产主义的理想信念有重要影响。

　　信息社会的知识碎片化弱化了社会主义核心价值观对大学生的影响。网络的发展，特别是自媒体的兴起，对宣传理想信念有重要的推动作用。但同时也要看到，由于自媒体的自身特征，决定了这些传播只能是以碎片化的形式展开。这很容易导致大学生对价值观具体核心内涵信息掌握不全。要么是对当下意识形态发展变化的复杂性把握不足，要么是对一些新兴网络媒介技术认知不足或使用不合理，在网络宣传中对内容文本裁剪不当，使得理想信念的传播从根源上产生了碎片化现象，导致理论分析不彻底，无法说服人。这些都将对大学生理想信念的坚定产生一定的影响。

　　信息社会的知识碎片化对传统理想信念教育带来冲击。传统理念信念教育更多采取摆事实、讲道理的方式来加强理想信念的教育，一定程度上压制了受教育者主观能动性的发挥和实践感知能力的培养。正是由于受教育者缺乏感同身受，就很难自觉树立崇高的理想信念。自媒体时代的碎片化信息传播，完全打破了传统的理想信念教育方式，一方面能够让教育者与受教育者处在更加公平、平等的地位进行信息交流，不仅让受教育者获得更加丰富的教育内容，同时能够满足不同受教育者的不同需求；另一方面，由于信息化使得学生和教师有同等机会获得信息，这在一定程度上抵消了传统理想信念教育的有效性。

6. 家庭教育的不足

　　家庭是大学生成长成才的摇篮，是大学生树立正确理想信念的起点。家庭教育不足，会对大学生对社会、人生的认知产生阻碍作用，进而影响大学生的理想信念。家庭教育不足主要表现在以下方面。

（1）家长没有充分发挥示范作用。

在大学生理想信念的形成过程中，家长的教育十分关键。在一定程度上，家长对子女的教育不是依靠生硬的说教和训斥，而是以自身待人接物的行为作为引导示范，潜移默化地形成影响。可以说，家庭教育对大学生理想信念的形成起着无法替代的榜样示范作用。然而，当今部分家长更希望子女能够出人头地、升官发财。大学生一旦长期受到家长这种功利化倾向的影响，就会在待人接物时出现"以自我利益为中心"的价值判断和选择，有碍他们马克思主义理想信念的形成。

我们在调查时问到"如果被同学打应该怎么办"的时候，有过半的学生回答"打他"。这样以暴制暴的回应背后，有家长教育方面的过错。在孩子早期成长阶段，家长告诉被打的孩子"打回来"的"自卫式"教导，会在稚嫩的心灵中种下暴力的种子。

（2）家庭教育在量上不充足。

首先，家庭成员之间缺乏沟通和管教。当前中国家庭的流动性增加，夫妻分居、父母与子女不住在一起的情况较多，因而家庭中不稳定因素在增加，父母之间的关系不顺或离婚现象对大学生理想信念形成产生了不良影响。就业和劳动的社会化激发了大学生的自立自强精神，削弱了大学生对家庭的依赖。同时，由于社会变化迅速，子女与父母之间容易产生代沟，因而不少大学生不愿意跟父母交流而更愿意跟同学交流，这削弱了家庭对理想信念的正面教育。当前有不少家长与子女之间缺乏沟通和交流，对子女成长过程中遇到的烦恼和挫折一无所知。家庭成员之间的关系会越来越疏远，造成大学生孤僻、内向、冷漠的性格，使得他们在学校里难以与老师和同学进行正常的沟通和交流，在社会上难以处理各种复杂的人际关系，最终影响到他们的理想信念的形成。而且，家庭对子女的管教缺失。家庭是子女成长的重要环境，家庭教育对子女全面发展具有深远且长久的影响。然而，由于父母离乡打工、父母离异等原因，导致对子女疏于管教，对他们的理想信念易造成扭曲。一些家长由于自身文化程度较低、文化素养不高，缺少对理想信念的认知，也没有认识到理想信念的重要价值和意义，于是在言传身教的过程中就忽视了理想信念这一重要板块。

（3）家庭教育在质上的不正确。

家庭对子女教育的理念或方法偏离。一些家长受功利主义、实用主义的影响，在孩子成长过程中片面重视智育，而忽视德育。这种倾向忽视了对子女思想品德的培养，使其智力水平同道德水平出现了失衡现象。在这样的环境下，部分大学生被训练成单纯的学习机器，虽然应试能力强，但对人际交往方面的基本道德准则和行为规范则是一无所知，导致他们的理想信念十分薄弱。有的家长鼓励孩子在与人交往中要有"狼性""侵略性"，没有注重文化氛围的营造和良好家风的培育，致使部分大学生从小缺乏文化熏陶和道德教化。也有一些家长受传统文化影响甚多，虽然身体进入了新时代,但思想和心理还停留在传统时代,一些传统的价值取向,如忌讳心理(讳言"死""性""病")、盲信心理(信"天""命""报")、崇拜心理(崇拜鬼神、数字、图腾)、依恋心理(恋家、乡)等,不免对其子女造成深刻影响,左右其价值判断。此外,部分家长的错误教育方式,如经常打骂孩子,也会造成孩子心理人格的不健全。总之,家长这些片面的甚至是错误的教育理念或方法极易解构其子女的理想信念。

第二节　新时代大学生理想信念教育存在的不足

新时代大学生理想信念的现状总体情况良好,但存在的问题也比较明显。当然,这些问题的出现,是由各种外部(地理位置、技术条件、生活水平、社会思潮、教育效果等)和内部(学生主体的气质特点、精神诉求等)的复杂因素综合影响所致。从大学生理想信念构建过程的影响因素来看,除了学生的主体性因素以外,高校的教育尤其是思想政治教育无疑扮演着十分重要的角色。思想政治教育是大学生理想信念教育的主阵地和主渠道,是大学生理想信念构建的主要引导。从某种程度上讲,思想政治教育效能影响甚至决定着大学生理想信念构建的程度。鉴于此,以下主要结合高校的实际情况,分析总结大学生理想信念教育(以思想政治教育为主要途径)方面存在的具体问题,以便为有针对性地解决相关问题提供依据。

理想信念教育是一个长期、系统的主客体互动的过程。在这个过程中,既要有教师的正确引导,又要有学生的积极主动的回应,还要有科学的教育内容和教育方法作为保障。所以,好的理想信念教育方法对于帮助大学生坚定理想信念有重要意义。面对新时代的社会发展趋势以及大学生在新时代的多元精神生活需要,大学生的理想信念教育要适应这些新特征、面向新时代、面向大学生生活世界而创新。反观当下的大学生理想信念教育,整体上呈现出教育平台单一、教育方法单一、教育途径单一、校园文化氛围欠佳的状态。

一、理想信念教育平台、方法、途径单一

(一)教育平台单一

积极发挥教育平台的理想信念教育作用,是积极践行大思政理念的一个重要表现。教育平台是教育的载体,特别是构建好网络教育平台,可以提高学生对学习的主动性和自主能力,打破时间和地点的限制,使学习的环境更加自由化;通过学生平台可以了解学生的访问信息和学习结果,从中发现学生的学习兴趣、学习习惯和存在的不足等,有助于教师实现更加人性化的教学,进而创新教学模式。所以,多样化的教育平台可以更加科学地呈现教育内容,开展教育活动,使抽象、枯燥的说教转化为生动的展示,把显性教育转化为隐形教育。但是,当下的理想信念教育平

台比较单一，除了常规的思政课、实践课等外，缺乏其他有效的教育途径。

第一，校外实践基地没有发挥其应有的作用。2020年9月，习近平总书记在湖南大学考察，同正在开展思政课现场教学的师生亲切交流时强调，要把课堂教学和实践教学有机结合起来，充分运用丰富的历史文化资源，紧密联系中国共产党和中国人民的奋斗历程，深刻领悟马克思主义中国化的内在道理，深刻领悟为什么历史和人民选择了中国共产党和社会主义，进一步坚定"四个自信"。所以，单纯依靠理论灌输，理想信念教育难以实现教育目的。一方面，因为不同于现实问题应用能力的培养，理想信念教育主张在日常生活中潜移默化地引导个体树立崇高的理想信念，其实现不仅要依靠理论引导和谆谆教导，还要依赖于大学生亲身的实践与感受。另一方面，对理论的认识往往要经历从感性到理性、从理论到实践的过程。这就需要通过实践活动来对理论教育进行补充。但反观当下的大学生理想信念教育，其主要方式还是通过思政课，虽然部分高校建立了一些理想信念实践教育基地，为大学生进行理想信念教育提供了很好的平台，在一定程度上弥补了学校课堂教学的不足，可以发挥独特的思想政治教育优势，对培养大学生的理想信念、爱国主义，传承中国优秀传统文化有一定的意义。但同时也要看到，这些基地在实际教学中发挥的作用不大。一方面是因为基地规模小、数量少，不能满足教学的要求，这就导致大部分学生没有机会（经常）前往基地参加学习；另一方面，限于条件，很多理想信念教育基地存在着布置简单、形式单一、内容生硬、主题固化等问题。

第二，网络平台发挥作用不大。当今世界，信息化和全球化相互促进，深刻改变了人们的生产和生活方式。随着信息技术与传统媒体相互融合，呈现出传统媒体网络化、手机功能媒体化、网络媒体集成化、社会媒介个人化等新趋势。这些特点既给理想信念教育带来了机遇，也使其面临前所未有的挑战。新时代大学生，作为在网络中成长起来的一代，他们对网络有着特殊的情感与依赖，所以，理想信念教育必须利用好网络教育平台。但是，当下大学生理想信念教育利用网络平台的方式还比较"粗放"，大多数教师还停留于简单地利用QQ、微信等布置作业，利用抖音、微博等与学生交流互动，利用超星等学习平台进行简单的签到、发布作业、考试等层面，致使网络平台并没有发挥其真正的作用。例如，某教师利用所在学校购进的虚拟现实教学平台，重现长征、中国共产党奋斗历程等重要历史时刻，让学生在身临其境中感受先辈们为了共同的理想——实现共产主义而奋斗，从而激励大学生树立为实现共产主义而奋斗终生的崇高理想。但是，经过带领学生进行实践，他就发现，该平台存在着资源不足、无法自行添加资源等问题。久而久之，他就放弃了使用该平台的念头。所以，网络教育平台资源是关键，只有丰富了理想信念教育资源，理想信念网络教育平台才能更好地发挥作用。

（二）教育方法单一

习近平总书记在全国高校思想政治工作会议上强调："做好高校思想政治工作，

要因事而化、因时而进、因势而新。要遵循思想政治工作规律,遵循教书育人规律,遵循学生成长规律,不断提高工作能力和水平。"① 所以,理想信念教育必须与时俱进,紧跟时代的步伐,不断更新和丰富理想信念教育方法。但是囿于各种原因,高校思政课教师未能及时跟进学习和运用先进的教育理论与方法,在理想信念教育的过程中仍然是以教师为中心,采用满堂灌方式进行讲解,教学方式单一,难以适应信息时代大学生的要求。大学生只是被动地接受理想信念教育,很难产生情感上的共鸣,难以到达理想信念教育的效果。根据笔者对广东部分高校的思政课教师进行调研发现,有72%的教师认为思政课比较难上。

新时代大学生大都是"00后",他们是互联网的"原住民",是伴随着互联网技术成长起来的一代人,所以,他们与"90后""80后"相比又有很多不同的时代特征。与"90后"比起来,他们更有思想、有个性、视野宽,要求独立,比较注重个人价值的实现,善于利用互联网解决生活和学习中的问题,善于通过互联网表达自己的观点。但是,互联网是一个鱼龙混杂的地方,特别是一些别有用心的人在网上发表的违背事实的不正当言论,容易误导大学生,使他们偏听偏信、误入歧途。所以,高校的理想信念教育要发挥主渠道的作用。这就要求高校思政课教师要与时俱进,特别是受新冠疫情的影响,打破了传统教学场域,思政课也开展了互联网教学。如果不能转变教学的思路、方法,被淘汰是迟早的事。在当下的信息时代,更是促使理想信念教育要更新原有的方式方法。例如,逐步摒弃过去课堂上教师单方面的讲解灌输,发展成为教师、学生之间相互交流、积极互动的授课模式,让大学生在潜移默化中接受理想信念的教育。因此,要规划出更有效的教育方法,分步推进,做到有的放矢,以收到理想信念教育应有的效果。

(三) 教育途径单一

途径就是所谓的路径,是为达到理想信念教育的目的,对大学生完成理想信念教育的任务所运用的一些渠道。理想信念教育教育途径单一体现为单一学科教育和单一主体教育。

第一,单一学科教育。课堂是为国家培养人才的地方,课堂教学是培养人才的主要方式。教师是课堂的主人,在教学中起主导作用。一所学校有数百名、数千名教师,各自承担不同的教学任务。思政课是众多课程中的一门,思政课教师也是众多教师中的一类。学校里所有教师共同的使命和责任是教书育人。但长期以来,部分高校的理想信念教育主要依靠思政课教师,而专业课教师只是从事专业知识传授,这是一种片面的教育理念。思政课不仅要进行理想信念教育,还涵盖人生观、价值观、世界观、道德、法治等的教育,再加上思政课偏重于理论教育,不可能独立完成对大学生的理想信念教育任务。

---

① 《习近平谈治国理政》第二卷,第378页。

第二，单一主体教育。人是社会的动物，人是社会关系的总和。所以，人是在社会环境的作用下不断成长的；离开了社会环境，人将无法成长为人。理想信念教育是塑造大学生的一环，这一环不能仅仅依赖学校教育，必须有除了学校之外的其他社会主体的参与，其中家庭和社会会起到重要作用。但是，当下理想信念教育主要来自学校。虽然现在普遍认为只有将学校、家庭、社会等教育资源集中起来，才能更有效地开展理想信念教育，也能认识到家庭和社会对大学生理想信念教育协同育人机制的影响力非常大，但是在具体的实践过程中，家庭和社会很少或并没有参与到大学生理想信念教育协同育人机制建设中来。

二、校园文化氛围欠佳

（一）功利的气息开始侵蚀校园文化

我国当前加紧建设社会主义市场经济体制，始终以经济建设为中心。市场经济日益多元化，新的利益格局不断形成，在社会上呈现出一切以追求物质利益为主的现象，人们所做的是为了追求自己所期望达到的物质利益，所付出的要与所收获的至少持平。那种"施恩莫图报"的社会似乎早已过去，一切都与经济利益直接挂钩，这也是都市人深感社会冷漠的重要原因之一。

与之相对应的是，不少高校校园"歌唱比赛"、"配音大赛"、形形色色的社团活动等开展得有声有色。广州大学城各高校之间时常开展校际联谊活动，其重点在于扩大学生的交往面，正因如此才能吸引学生的广泛参与，得到他们的支持。不少学生活动策划者或者组织人对笔者说，如果一场活动无法满足学生的实际需求，不能让他们参与活动后就能感受到实实在在的益处，那么这场活动最终将由于缺乏一定人数的参与而无法圆满结束，而自己的工作能力和策划能力也会受到质疑。在高校中，受到学生欢迎、学生能够积极参与的，往往是易于满足学生的娱乐需求和自我满足感，或是能够锻炼学生的工作能力、组织能力等的活动。有的高校成立了"马克思主义理论小组"，而前来报名的寥寥无几。从学生们热情参与其他活动的态度对比中，我们似乎也能看出"马克思主义理论小组"不受推崇的根本原因不外乎是在这个小组里学习到的东西无法给他们带来直接的利益，不会为他们的前途锦上添花。

（二）浮躁的气息开始渗透校园

我国当今社会还存在一股急于求成、虚浮急躁之风，这或许与我国加紧建设社会主义市场经济体系有关，人们似乎都在急切地期望利用最短的时间，付出最少、投入最小而能获得最大的利益。种种现象显现出我国社会当前存在一种心浮气躁、妄图"走捷径"、缺乏忍耐力和踏实精神的风气。

随着高校大学生人数的不断增长，大学生"天之骄子"的地位早已不再。且从

1999年高校扩招开始，高校学费也较之过去有了一定的提高，一个家庭培养一个大学生的成本比以前加大了。高校毕业生的就业压力随着人数的增加也不断增大，社会上能提供给大学生的岗位也较为有限，由于粥多僧少，大学生工资也一降再降，"蚁族""月光族"的出现便是写照。社会上提供给大学生的岗位已无法完全满足大学生的就业需求。我国开始鼓励大学生自主创业，并为大学生创业提供良好的政策支持，创造良好的外部环境。2022届高校毕业生达1076万，2023届高校毕业生达到1158万人，就业压力明显大于从前。国家更是鼓励大学生自主创业，以相对减轻大学生就业压力。但是，有些大学生心态浮躁，在在校期间便急于开设网店甚至是实体店，为自己掘"第一桶金"，而开店是需要花费很多心思和精力的。大学生们精力和时间有限，缺少足够的学习时间，将会错过大学这段最好的学习时间，基础也打不牢。

第五章　新时代大学生理想信念教育的机遇与挑战

党的十八大以来，新时代大学生理想信念教育取得了很大的进展。同时也要看到，新时代大学生理想信念教育虽面临着很多机遇和有利条件，也面临着严峻的挑战。分析面临的机遇和挑战，才能更好地利用机遇，应对挑战，做好新时代大学生理想信念教育工作。

第一节　新时代大学生理想信念教育的机遇

当前，中国特色社会主义实践的伟大成就、国内社会转型的内部条件和网络媒体带来的学习生活便利化等，为新时代大学生理想信念教提供了良好机遇。

一、中国特色社会主义实践的伟大成就

中国特色社会主义伟大实践及其伟大成就是大学生理想信念教育的宏观基础，马克思主义理想信念植根于中国特色社会主义伟大实践。中国特色社会主义伟大实践是中国人民在中国共产党领导下，在马克思主义及其中国化最新成果指导下，全面推进改革开放和现代化建设、实现中华民族伟大复兴的系统实践活动，包括经济、政治、文化、社会、生态等方面。伟大实践必然带来伟大成就。

（一）经济保持高速增长

新时代10年，中国经济保持中高速增长。一个国家发展得如何，经济增长是最重要的指标。新中国成立以来，国内生产总值保持快速增长，特别是改革开放以来，增长率在10%上下波动。国家统计局2022年9月13日发布的报告显示，党的十八大以来，我国经济持续健康发展，综合国力显著增强，国际影响力稳步提升。2013—2021年，我国国内生产总值年均增长6.6%，高于同期世界经济2.6%的增速，也高于发展中经济体3.7%的平均增长水平。国内生产总值2021年突破110万亿元，达114.4万亿元，按不变价计算为2012年的1.8倍。经济总量迈上新台阶的同时，我国经济占全球份额稳步提升，国际影响力与日俱增。按年平均汇率折算，2021年我国经济总量占世界经济的比重达18.5%，比2012年提高7.2个百分点，稳居世界第二位。2013—2021年，我国对世界经济增长的平均贡献率超过30%，居世界第一。人均GDP水平实现新突破。2021年，我国人均GDP达80976元，扣

除价格因素,比 2012 年增长 69.7%,年均增长 6.1%。同时,财政实力进一步增强。2021 年,全国一般公共预算收入突破 20 万亿元大关,达到 20.3 万亿元,按同口径计算,2013—2021 年年均增长 5.8%。党的十八大以来,我国外汇储备稳定在 3 万亿美元以上,2021 年末达 32502 亿美元,稳居世界第一。①

(二) 脱贫是全世界的典范

新时代 10 年,中国成功解决了绝对贫困这个千年难题。贫困问题是一个世界性的难题,全球吃不饱、穿不暖的人还是不计其数。新中国是在一穷二白的基础上开展社会主义建设的,分阶段进行了卓有成效的贫困治理工作,绝对贫困人口大幅减少。直至 1978 年改革开放前,脱贫任务依然很重,农村绝对贫困人口仍有 2.5 亿之多,占农村人口总数的 30% 左右,占世界贫困人口总数的 1/4。我国一直稳步推进扶贫攻坚工作,解决了巨大的难题。2021 年 2 月 25 日,习近平总书记在全国脱贫攻坚总结表彰大会上庄严宣告:"经过全党全国各族人民共同努力,在迎来中国共产党成立一百周年的重要时刻,我国脱贫攻坚战取得了全面胜利,现行标准下 9899 万农村贫困人口全部脱贫,832 个贫困县全部摘帽,12.8 万个贫困村全部出列,区域性整体贫困得到解决,完成了消除绝对贫困的艰巨任务,创造了又一个彪炳史册的人间奇迹!"② 世界上没有哪个国家能像中国这样,在这么短的时间内取得这么大的脱贫成就。

在中国,大学生不会因为家庭贫困而读不起书,国家建设了一整套完善的政策,确保学生不因家庭经济困难而失学。国家大学生资助政策体系实现了"三个全覆盖":各个学段全覆盖,公办民办学校全覆盖,家庭经济困难学生全覆盖。为本专科大学生设立了国家奖学金、国家励志奖学金、国家助学金、基层就业国家资助、应征入伍服义务兵役国家资助、直招士官国家资助、师范生公费教育、退役士兵学费资助、新生入学资助项目、勤工助学、校内资助、绿色通道。对研究生也有资助,包括国家奖学金、学业奖学金、国家助学金、国家助学贷款、"三助"(助研、助教、助管)岗位津贴等资助项目。

(三) 创新科技力量强大

中国的创新驱动发展成果丰硕。载人航天、深海探测、量子通信、大飞机等重大创新成果不断涌现,高铁网络、电子商务、移动支付、共享经济等引领世界潮流。从全世界范围来看,中国目前已经在很多科学研究领域处于领先水平。例如,中国在全球超级计算机 500 强中占据了 202 席,比美国多出 60 多个席位;在全球创新指数评估中,"创新质量"是一个顶层指标,审查的是高校水平、科学出版物和国际专利申请量,中国在"创新质量"的排名中已经成为中等收入经济体的领头

---

① 赵语涵:《十年来中国综合国力显著增强》,《北京日报》2022 年 9 月 15 日第 3 版。
② 《习近平谈治国理政》第四卷,第 125 页。

羊；2022 年 11 月，世界知识产权组织发布了 2022 年《世界知识产权指标》。该报告显示，2021 年，中国成为有效专利数量、有效商标注册量以及工业品外观设计有效注册量最多的国家。我国的创新科技基础很扎实，在不久的将来，必然能够实现成为科技强国、质量强国、航天强国、网络强国、交通强国、数字中国的宏伟目标。

改革开放 40 多年来，中国经济实力增长迅猛，GDP 连续多年保持两位数以上的增长速度，国家经济总量跃居世界第二位，经济发展持续有力，为大学生理想信念教育提供了厚实的物质基础。民主和法治建设不断向纵深推进，为大学生理想信念教育提供了充分的政治制度保障。在文化建设方面，中国对传统文化坚持创造性转化、创新性发展，对外来文化坚持取其精华、去其糟粕，为大学生理想信念教育提供了源源不绝的文化资源。

二、国内社会转型提供内部条件

改革开放以来，我国进入社会转型期，经济、政治、文化结构分化重组、递升跃迁，整个社会由僵滞走向变革，由封闭走向开放，由落后走向文明。体制转型取得了显著成就，即从计划经济体制逐步向市场经济体制转变，并确定了中国特色的社会主义市场经济。从社会结构变动来看，我们的社会转型是社会结构的一种整体的和全面的转型，而不是某些单项发展指标的转型。社会转型为大学生理想信念教育提供了有利条件。

（一）人们的思想观念日趋丰富

社会转型包括结构转换、机制转轨、利益调整和观念转变。在社会转型时期，人们的行为方式、生活方式、价值体系都会发生明显的变化。随着市场经济体制的确立和完善，打破了传统计划经济的个人等级、特权思想，更加强调竞争的思想。在现代化社会中，人们的思想观念更加开放和包容，基本扫除了封建腐朽的思想，确立了自由、平等、公平、法治等基本观念，树立了开放、竞争、效率、服务等基本意识。新时代的大学生思想政治教育工作，由以往的主动和被动、命令和被命令、管理与被管理的模式转变为主动和被动相结合、服务与被服务相结合的模式。新时代思想政治教育模式的转变得益于大学生和思想政治工作者观念的更新变革，这为大学生理想信念教育的顺利展开提供了重要的思想基础。

（二）大学生是"不再崇洋"的一代

新时代的大学生，主要是"95 后"和"00 后"，他们出生在 20 世纪末和 21 世纪初，成长在数字化、信息化的年代。作为网络"原住民"，他们大多有一定的网瘾、游戏瘾，因此有人认为他们具有"缺乏责任感""以自我为中心""炫富"等明显的负面特征。不少人认为，要对这个群体实施有效的思想政治教育尤其是理想信念教育会面临巨大的挑战和困难。实际上，每一代人都有其独特个性，既有优点，也有缺点。"95后""00后"也不例外。对此，正如习近平总书记所言，当代大学生是可爱、可信、可贵、可为的。[①] 正因为他们生活在经济高速发展的全方位开放的大环境中，物质生活较为富足，精神生活多彩斑斓，促成了这一代"不再崇洋"的底气和自信。

这些年已经出现了一波又一波的"海归潮"，留学生回国率在逐年上升。教育部发布数据显示：从2013年以来，我国各类出国留学人员中，有80%的人选择回国发展。2019年我国出国留学人数为70.35万人，同年留学回国人员为58.03万人，占比82.4%。2020年，有意在国内发展的海归人才数量较2019年猛增33.9%，同比增幅远高于2019年（5.3%）、2018年（4.3%）。

《人民日报》在2017年11月28日刊登了一篇标题为《年轻一代为何不再崇洋》的文章。文章写道："不久前，美国《华尔街日报》刊登了一则报道，称如今中国的年轻人不再崇洋，他们对祖国的发展和前景普遍自信，在这一代人看来，当下的中国已经成为这个充满不确定的世界里'力量与稳定的灯塔'。无独有偶，2017年早些时候，英国某基金会发布的一项调查也显示，中国青年对未来最为乐观自信。29%的中国受访者表示，他们觉得中国是安居乐业之所，因为在这里'只要勤奋就能出人头地'。约93%的中国受访者还因为医药、可再生能源和计算机等技术的进步而对未来充满希望。相比之下，一些西方发达国家的青年则相对较为悲观。……特别是年轻一代对西方的态度，更耐人寻味：面对西方的一些'傲慢与偏见'，他们不再卑怯、沉默，而是理直气壮地'怼'回去；有的更以'自黑'的方式调侃——这种'回怼'和'自黑'不仅仅出于自尊，更是发自肺腑的自信。……他们生活和成长的时代，物质条件更加优越、信息获取更加便利、眼界视野更加宽阔，这让他们并不天然认为'西方比中国好'，也因此更加自信平和，更加懂得把这种自信、平和与爱国、自强有机结合起来。……令人欣喜的是，中国的年轻一代正在跳出西方话语体系的框框，依照现实发展的逻辑来考虑'我们怎么样''中国需要什么'，而不是'西方怎么看'。这种发自心底的集体自信，必然有助于弥合心理卑怯，重建中国自身的话语体系。从这方面说，年轻一代的'集体自信'，正是当下中国最为需要的精神。"[②]

在年轻的一代看来，在全球化的时代，国产品牌不比国外品牌差，进口产品已不再是稀罕物。对比经常听到外国出现枪击事件尤其是校园枪击事件，动不动就有暴乱，中国青年生活在和平稳定安全的环境中，特别是见证了中国在新冠疫情防控中的突出表现，因此为生活在中国而自豪。"95后""00后"大学生可谓"小康一代"，他们是党的领导和中国特色社会主义制度的受益者，在生活中直接感受到党

---

① 参见《习近平谈治国理政》第一卷，第166页。
② 《人民日报》2017年11月28日第19版。

和政府的坚强领导，感受到在全球化进程中中国特色社会主义在国际上的竞争力。因此，他们对马克思主义理想信念也具有较高的自信。

三、网络媒体带来的教育机遇

"互联网+"背景下，充分利用互联网技术，有利于优化大学生理想信念教育的内容、载体、过程，从而增强大学生理想信念教育的针对性和实效性。

（一）提高教育内容的立体感

"互联网+"背景下，信息数据具有海量性、共享性、形象性等特点。随着多媒体技术的不断开发和应用，互联网信息实现了文字与图片、声音、视频等的交叉汇合，大大增强了内容的形象性，有利于激发受众的感官爱好和兴趣认同。大学生理想信念教育相关内容的政治性、学理性强，显然，这些可读性并不强的科学理论要被大学生接受和认同，就必须适当运用大学生喜闻乐见的形式将之更加"具象化"地呈现出来。在"互联网+"背景下，充分利用互联网提供的庞大信息资源，综合运用跨学科、跨领域的知识、材料、案例，有利于充实理想信念教育内容，实现理想信念教育内容的深度、广度和温度有机融合，提高理想信念教育内容的立体感。

（二）促进教育载体的多样化

"互联网+"背景下，网络成为大学生学习、生活的必备工具。根据第三方机构 Quest Mobile 发布的《2022年中国移动互联网半年报告》显示，截至2022年6月，中国移动互联网月活用户达到11.9亿，用户使用时长也持续增长。相较于论坛、博客，以 QQ、微信、微博等为代表的新媒体工具即时性和互动性更强、覆盖面更广。同时，以慕课（MOOC）、微课等为代表的网络学习课程日益丰富，有助于学生利用零散的时间进行学习体验。"互联网+"丰富了大学生理想信念教育载体，除了传统的思政课课堂教学、广播、报纸等载体，教师还应该充分利用"互联网+"的载体功能：一是通过互联网新媒体与大学生进行实时互动，或者针对大学生的某一问题进行答疑解惑，或者向大学生推送、转发有教育价值的文章、段子、视频等，把理想信念教育的线下课堂延伸至线上；二是将理想信念教育与传统文化、校园文化等结合起来，开发出优质的网络课程资源，拓宽理想信念教育渠道。

（三）加深教育主客体的互动性

在"互联网+"时代，QQ、微信、微博等新媒体显示出了巨大的优越性和便利性，深化了大学生理想信念教育主客体的互动关系。如果单纯利用传统课堂进行理想信念教育，由于受到时间和空间的限制，一方面教师缺乏对学生思想、心理、情绪等的动态了解，另一方面学生也缺乏对教师的了解，双方处于信息不对称的"教与学"状态之中。这不利于师生之间的互动，教师即使能做到晓之以理，也未必能做到动之以情。QQ、微信、微博等新媒体突破了原来的教育信息单向传播模式，平衡了教育过程中主客体之间的关系，在一定程度上打破了师生之间交流的壁垒，形成了一种双向互动的平等对话模式。教师通过微信朋友圈、QQ空间等新媒体，能够及时了解大学生的思想心理、价值取向，与大学生"点对点"或"点对面"地即时沟通互动，能够使教育更具互动性和趣味性。

总之，在"互联网+"时代，信息计算的高速性、信息交流的便捷性等特点，有利于大学生理想信念教育内容的及时更新、载体的丰富多样、互动水平的提升。一方面，在马克思主义理想信念的正确引导下，大学生可以通过互联网及时了解大到国际国内、小到周边场所的任何时事动态，从而促进观念的与时俱进；另一方面，互联网是对现实生活的延伸，又拓展了大学生践行马克思主义理想信念的空间。

第二节 新时代大学生理想信念教育的挑战

中国特色社会主义进入新时代，我国社会发展中出现的一些新问题、改革开放带来的文化多样化，以及网络媒体的负面效应等，给大学生理想信念教育带来了新挑战。

一、国际经济政治文化发展趋势的挑战

（一）经济全球化的挑战

在经济全球化进程中，各个国家都面临来自世界范围的经济、政治矛盾，面临利益的调整和再分配。特别是发展中国家，与发达国家开展竞争，面临一系列挑战。

当前，贸易保护主义的阴影就在全球经济"头顶"密布。以加征关税或者限制出口等方式来解决所谓的"贸易赤字"和"贸易纠纷"，不仅无助于美国经济复苏，反而可能导致美股、美债风险累积甚至埋下新一轮金融危机的"种子"，且会让刚刚步入加速期的全球经济再度面临威胁。

美国发动的对中国的贸易战不断蔓延到中美双方的各个领域。中国是被迫的反击的、正义的一方，是多边主义和全球化的坚定倡导者和参与者。中国得道多助，美国失道寡助。正如习近平总书记所说："人类已经成为你中有我、我中有你的命运共同体，利益高度融合，彼此相互依存。每个国家都有发展权利，同时都应该在更加广阔的层面考虑自身利益，不能以损害其他国家利益为代价。"①

---

① 《习近平谈治国理政》第二卷，第481页。

在经济全球化进程中,西方资本主义国家对社会主义国家意识形态的渗透正在加剧。它们在"普世价值"的幌子下,大加鼓噪经济全球化过程中意识形态的作用下降了,实际上这只不过是要淡化社会主义意识形态,以方便它们向社会主义国家进行和平演变。我国某些人在经济全球化的冲击下,民族国家的界限意识有所模糊、淡化,接纳并鼓吹西方政客"人权高于主权"的口号,丧失了对社会主义主流意识形态的坚定信念。

经济全球化发展提出了发挥社会主义意识形态主导作用的新课题、新要求。我们要使理想信念成为社会共识且被普遍接受,成为社会的主导思想,并在发挥主导作用的过程中,抵制、排除、肃清异质性政治影响,达到形成政治共识、增强民族凝聚、化解社会矛盾、实现团结统一的目的,保证国家经济、政治、文化与社会全面、协调、可持续发展。我们必须正视、面对经济全球化的发展趋势,要善于把我国改革开放的丰硕成果转化为政治教育资源,以主旋律教育促进国家政治主导。主旋律教育首要包括爱国主义教育。人总是属于社会,也总是属于某个国家,研究和处理公民与国家的关系,既是个体也是国家面对的基本问题。因而,进行爱国主义教育始终是古今中外各个国家永恒的教育主题。当然,由于时代不同、社会不同、国家的性质不同,爱国主义教育的目的、内容、方法是不同的。我国的爱国主义教育必定是社会主义性质的、以集体主义为根本价值取向的教育。只有坚持以爱国主义为首要内容的主旋律教育,才能坚持和保证社会主义意识形态在我国政治上的主导地位。

大学生理想信念教育在全球化新阶段、在中美贸易战背景下显得尤为必要和重要。中国的崛起离不开世界,世界的发展也离不开中国。大学生不仅生存在中国,而且也生存在人类共同拥有的这个地球上。伴随全球化发展浪潮,地球越来越成为"地球村","你中有我""我中有你"已成为世界各国人民生存发展的基本现实。中国自身的发展不仅正在实践行动上重塑世界秩序,而且正日益引领国际思想。以国际视角去理解马克思主义理想信念之于"青春之我"的现实必要性,是每一位大学生成长发展过程中的应有担当。如何引领大学生在全球化趋势中顺应潮流,更加主动、积极、有为,是新时代大学生理想信念教育不得不面对的新问题。

(二) 政治多极化的挑战

20世纪90年代初至今,世界正处于大变动的时期。两极格局已经终结,各大国之间的关系正在重新调整和定位,各种政治力量也在重新分化组合,世界正朝着多极化的方向曲折发展。美、欧、俄、日、中这五大国或国家集团处在突出地位,它们之间的关系成为影响整个世界政治经济的基本因素。多种政治力量之间利益不同,目标各异,在国际舞台上它们或者相互合作,或者相互竞争,世界政治格局明显呈现出"一超多强"的局面。

政治多极化格局导致了不同经济制度和不同文明的碰撞、民族利益的调整。以美国为首的发达国家依仗其经济、军事、科技的优势,在全球范围内推行其强权政治、价值观念、文化内涵并谋取利益。发展中国家面临国家主权、经济安全、民族文化等一系列新的挑战。

对于中国而言,大学生理想信念教育的主要内容就是政治理想,即党、国家和民族的政治理想——共产主义远大理想、中国特色社会主义共同理想。在政治多极化趋势下,共产主义、中国特色社会主义必然受到其他多元化政治理想的影响,进而导致大学生理想信念教育面临明显的内容多元化干扰和挑战。

(三) 文化多元化的挑战

21世纪以来,随着经济全球化的进一步发展,跨文化交流日益频繁。在改革开放后,我国与世界的接触是全方位的,特别是加入WTO后,各种思想文化相互激荡,文化多样性发展。联合国教科文组织在2001年11月2日通过的《世界文化多样性宣言》中指出:文化多样性是指"文化在不同的时代和不同的地方具有各种不同的表现形式"。联合国教科文组织大会在2005年10月20日通过了《保护和促进文化表现形式多样性公约》,把文化多样性定义为"各群体和社会借以表现其文化的多种不同形式"。

随着经济全球化的发展,世界各国不仅在经济上交往密切,文化交往日益密切。在我国改革开放后,出现了文化多样性的现象:内容上既有社会主义文化,也有资本主义文化;性质上既有先进的文化,也有落后的封建文化残余;形式上有消费文化、广告文化、信息网络文化;等等。文化的多样性盛行是社会历史的一种进步,对理想信念有一定的促进作用。我国传统文化的集体、包容、大爱文化与国外的个性、自由、解放文化,促进了创新、个性自由、接受新事物的观念;人们的精神文化得到进一步的发展;人们的视角也得到进一步的扩展,人们已经不拘泥于传统,而是有了多样化文化视角,为理想信念提供了很好的主体意识,是理想信念形成的内在动力。但同时,文化多样性对青少年学生成长成才和理想信念教育产生了挑战。

当今时代,不同地区、不同国家、不同民族的文化交流不断加强,同时冲突也在加剧。特别是美国以强大的经济和科技实力为基础,通过先进的传播媒介、互联网等途径,向世界各国进行着价值观念与生活方式的输出。目前,美国的文化产业居世界首位,成为最大的文化输出国。由于互联网具有迅速、公开性的特点,美国更加重视网络的影响和作用。美国借助网络能够十分方便地突破国界和地域限制来推行文化霸权,渗透价值观念,扩张文化影响。现在,许多发展中国家都感受到了来自美国文化霸权的压力,甚至西方其他国家也对此感到忧虑。不少欧洲知识分子认为,美国的大众文化、好莱坞影片已经威胁到欧洲的主权和传统。全世界有不少政治家和文化批评家对美国影片的大量涌入忧心忡忡。法国前总统希拉克曾表示,当今世界正面临着单一文化的威胁①，这反映出了他对美国文化霸权主义对本国文化所造成的压力的担忧。

民族文化是一个民族独立的重要力量和标志，是一个民族昌盛的重要表现和景象，是一个民族发展的重要动力和根基。我们必须保持自己的理想信念，避免民族沦落到灭亡的命运。因为客观上讲，理想信念本身就是文化的一部分，共产主义远大理想、中国特色社会主义共同理想是马克思主义与中华优秀传统文化相结合的文化产物。但是，这些中国的理想信念文化也仅是人类现代文化的一部分。在文化多元化的今天，中国的理想信念文化要抵挡住外来文化的侵蚀、扩张，就需要有效的理想信念教育来激发中国人尤其是新时代大学生主动构建理想信念的信心和决心。因此，在文化多元化背景下，大学生理想信念教育将面临严峻的挑战。

二、西方敌对势力宣传和渗透的挑战

（一）对社会主义意识形态的攻击

第二次世界大战之后，以美国为首的西方资本主义国家不但没办法消灭苏联，还产生了一大批社会主义国家，形成了以苏联为首的社会主义阵营，与资本主义进行对抗。这让资本主义国家十分恐慌，它们想尽千方百计，以应对、打压和颠覆社会主义国家。在"和平与发展"成为世界主流之后，对社会主义国家进行大规模的军事侵略已明显成为不可能。在这种背景下，不费"一枪一弹"的意识形态战则成为以美国为首的西方资本主义国家攻击社会主义国家的主要手段。美国所谓的"和平演变"战略即是这些手段的典型表现。20世纪八九十年代的东欧剧变、苏联解体，就是美国运用意识形态战搞垮社会主义国家的重大"战略成果"。

东欧、苏联等社会主义国家在西方意识形态战中相继"倒下去"之后，美国自然将"魔爪"伸向了社会主义中国。一直以来，美国政府高层非常重视对中国实施意识形态渗透。美国政府的高层领导人毫不忌讳地宣称对中国等社会主义国家进行意识形态渗透和侵略的重要性。克林顿做总统期间，就在《国家信息基础结构行动计划》中宣称，要开辟一个新的战场，其目标就是西方价值观统治世界，实现思想的征服。②

美国设有专门的机构和组织负责意识形态斗争。为了向全球宣扬自己的意识形态，1994年，美国专门成立了对外宣传的机构广播理事会（BBG），负责管理美国政府赞助的所有非军方国际广播服务（如"美国之音"）。这个机构的成员都是精通传媒和国际事务领域的专业人员，其理事由美国总统提名、国会通过，其中一位由国务卿兼任。2014年，美国众议院通过议案，将设立国际通信署（即现在的美

---

① 参见程云瑞：《网络——文化的双刃剑》，《光明日报》2019年5月26日第10版。
② 转引自魏崇辉《当代中国意识形态安全之威胁、压力及其应对——基于全球化、网络化与社会转型视域》，《太平洋学报》2012年第1期，第66页。

国全球媒体署），取代广播理事会，以加强美国的"对外宣传"。"美国之音"是世界上最大的对外媒体，于1942年由美国政府出资建立，任务是通过电台，对社会主义国家的民众进行意识形态传播和渗透。互联网发展以后，这个机构加强了互联网转型，积极借助互联网对华发起渗透活动。

以美国为首的西方国家提出的"普世价值"思潮挑战着新时代中国的理想信念教育。美西方推行"普世价值"的实质就是在全球范围内推行西方霸权主义，打着所谓"自由、民主、人权"的幌子来扰乱和干涉我国内政。美西方希望用它们所谓的"普世价值"取代我国的社会主义核心价值观，使我国一部分人的思想受到错误引导。于是，在中国的现代化进程中，中国遭遇到来自西方经济和"普世价值"的重重挑战和风险，对我国的理想信念发展尤其是大学生理想信念教育带来了严峻的挑战。

（二）利用网络进行意识形态渗透

网络产生和发展以后，利用网络对中国等社会主义国家进行意识形态渗透和侵略，是西方资本主义国家安全战略的重要组成部分。在网络普及之前，美国等西方国家用广播电台、电视、书籍、报纸等媒体向社会主义国家传播它们的意识形态，还利用一些交流人员、基督教徒、非政府组织等去宣扬资本主义的意识形态，贬低社会主义的价值观。

美国最重视网络空间安全，截至奥巴马总统任期结束（2017年1月），一共颁布了50多份与网络空间有关的文件，当中包括总体战略、具体计划、行政令和总统令等各种行政命令及法律条文。美国的网络空间战略，一方面是保护自己的国家安全；另一方面是对全球的网络进行攻击，打出"网络自由"的口号，对其他国家进行网络化心理战，特别是对中国等社会主义国家，想尽一切办法去进行网络侵略。2010年，美国国务卿希拉里提出了"网络自由"的概念，要将网络建设成为"公开、透明、人权"的世界。这实际上是要求其他国家执行美国的标准，让美国在网络方面拥有绝对的话语权。

利用网络基础设施的优势，对全球的网络进行控制，加强自身制网权。全球的根域名服务器主要集中在美国，以及英国、瑞典和日本等美国的盟友那里。全球互联网网页有81%是英文的，数据库的80%、访问量前100的网站有94家集中在美国。网络空间中，美国文化一直占据主导地位。网络空间让美国文化无论在传播力度还是速度上，都更进一步。拜金主义、享乐主义和利己主义成分并存的美国文化加速渗透到全球的政治、经济和教育各领域。

利用资本对中国网络进行控制。中国互联网巨头百度、阿里巴巴、京东商城、人人网、凤凰网、58同城等企业，外资所占的股份都不少。已有多个中国互联网企业在美国上市，这些企业涉及中国互联网行业的各个方面。这虽然加强了中国企业走向世界，但也导致其受到美国资本的制约。

利用"网络外交"进行意识形态渗透。"网络外交"是美国对中国进行意识形态渗透的一个重要方式。首先，美国国务院的一些官方网站专门开设了中文版，展示美国的外交政策，以及与社会、价值观有关的各类信息，美国政要、白宫及国务院发布的相关演讲，等等，美其名曰帮助中国网民更好地了解美国，以期促进思想和文化交流。其次，美国政府积极利用互联网新技术新应用开展"博客外交""Twitter外交""微博外交""微信外交"等。美国政府机构，特别是驻华使领馆在中国的很多网站开设博客，在新浪、腾讯网站注册微博账号，利用网络跟中国的网民进行直接的、现实的接触。美国华尔街日报社、彭博社、纽约时报社等重要传媒以及学术界在网络上更是活跃。在网上，他们经常就中国的社会热点和美国进行对比，凸显美国政治、社会制度的"优越性"，以潜移默化地引导中国民众反对自己的政府和制度。

在技术上对中国进行网络破坏。美国政府借助国会拨款等手段，加大对所谓"网络自由技术力量"的资助和培训，提升有关的技术，推动可规避互联网审查工具的研发，以帮助中国等国的民众浏览被政府过滤或禁用的社会网络。他们还资助诸多海外反华势力开发多种突破网络审查软件。这些手段使不少中国网民能用西方提供的各种技术和软件浏览"美国之音"等网站，破坏了我国的网络秩序，对我国理想信念的形成和教育构成威胁。

（三）对中国进行意识形态渗透

在美国，有多股反华势力，他们反对中国共产党，反对中国政府。一些组织或个人接受美国政府的资助和庇护，甘愿沦为美国政府对华实施意识形态渗透与颠覆的棋子，其主要做法之一就是利用互联网进行渗透。

西方敌对势力对他国进行意识形态渗透的最终目的，就是要瓦解和颠覆他国政权。要达到这一目的有两种方法。一种是自上而下，对某国把握国家政府权力的领导人物进行思想渗透，扶植他们作为西方敌对势力的政治代理人，这样，不用发动战争，甚至不需要大规模的政治运动，用和平演变的方式就能颠覆一国政权；另一种是自下而上，对某个国家的民众进行思想渗透，发动不满政府的民众搞街头示威运动，从而推翻政权，建立亲近美西方的政府。西方敌对势力两种方法都兼顾，而第一种方式是最有效的。所以，他们对中国进行意识形态渗透时，重点对准党政领导干部——挑选那些信仰不坚定，当领导干部不是为人民服务，而是为了追求自己利益的人，以各种名目免费接他们到美国去"学习""考察""交流"或旅游，美国某些政要、议员高规格接见他们，让他们完全接受美国的意识形态，成为美国的政治代理人，发表反对我国党和政府的文章、演说、宣言、声明等，挑战国家政治底线。如果确定了目标对象，西方敌对势力还会为他们的子女到国外留学、工作，为他们的家属出国旅行、定居提供资助、便利和生活照顾，或满足其个人兴趣爱好和私生活要求，为他们解决"后顾之忧"。

另外，一些学术精英也是西方敌对势力拉拢培植的目标，让他们成为西方理论的代言人。现在，在世界范围内进行学术文化交流是很正常的，但也为西方敌对势力利用这种方式传播西方意识形态提供了公开的途径。于是，西方敌对势力打着学术创新的旗号，以学术研究、学术交流、学术访问的名义，诱惑一些专家学者去参加，使他们掉进西方所设计的政治陷阱。其中一些人就沦为新自由主义者、历史虚无主义者，宣传那些跟中国主流意识形态完全相反的言论。

三、网络媒体的负面效应

随着微媒体、大数据、云计算与传统行业的深度融合日益加强，社会正在进入"互联网+"时代。网络媒体给大学生理想信念教育带来了以下挑战。

（一）网络媒体的去中心化使教育主体面临祛魅

网络信息数据由特定主体垄断的情况不断减少，更多的是由全体网民共同参与、共同创造的，结果是每个人既是网络空间的参与者，也是创造者。也就是说，互联网的去中心化趋势日益明显。每一个网络参与者都成为一个微小且独立的信息提供商，使互联网更加开放、扁平、多元。一方面，教师掌握的信息资源，大学生同样掌握，甚至比教师掌握得还多。尽管大学生掌握的信息资源相对零散、片面，但由于其具有扁平化、多元化的特质，足以撼动教师的权威。另一方面，由于部分教师的理念仍处于"前互联网时代"，采取单向灌输式的教育模式，同时缺乏运用现代教育技术的能力，而"互联网+"背景下大学生的个性化需求强烈，这种不对称的教学关系必然导致大学生对教师的祛魅。

（二）网络媒体的碎片化使教育对象价值选择陷入迷茫

"互联网+"时代，数字技术、传输技术被广泛运用，人人都能生产、传播信息，导致信息泛滥、良莠不齐，呈现在用户面前的是大量碎片化、快餐式的内容。大学生是"互联网+"时代的"原住民"，其世界观、人生观、价值观深受互联网的影响。尽管大学生的独立意识不断增强，但是，由于其价值观正处于塑造阶段，经验不足、理论不够，尚未确立完善的价值判断标准。在"互联网+"背景下，一方面，碎片化的信息解构着大学生对理性和传统的认识，面对互联网等新媒体的冲击，一些大学生对马克思主义的信仰、对中国传统文化的信心、对共产主义的信念正在消解；另一方面，在面对海量的多元价值倾向的信息时，由于价值导向存在真空，大学生更容易产生焦虑、彷徨的心理，价值选择容易陷入迷茫。

（三）网络信息的内容杂乱威胁马克思主义理想信念的主导性

网络的内容无所不包，对马克思主义理想信念产生了巨大的挑战。

第一，政治方面内容的挑战。在国际政治上，很多国家在"民主选举"中，通过网上发布一些信息去拉取选票。在美国等西方资本主义发达国家总统选举期间，打起"民主""自由""平等"的旗号，为了拉选票，恶意攻击中国。在国内政治方面，网民随时都关注国家的重要事件、政策、决策，特别是每年3月份的"两会"期间，全民对国家大事进行讨论。不同网民之间的观点可能很不相同，有些观点跟马克思主义理想信念明显不符，具有强烈的挑战性。

第二，经济方面内容的挑战。网络的普及发展，改变了经济的运作方式，这种速度令人难以想象。我国的"互联网+"发展，就是最典型的代表。"互联网+"是创新2.0下的互联网发展的新业态，是知识社会创新2.0推动下的互联网形态演进及其催生的经济社会发展新形态。2015年7月4日，国务院印发了《国务院关于积极推进"互联网+"行动的指导意见》。历年的《中国互联网络发展状况统计报告》显示，我国数字经济繁荣发展，电子商务持续快速增长。电子商务经济已成为我国这个全世界第二大经济体经济的重要组成部分。在市场经济背景下，网上随处都是经济信息，打开一个网站，不断弹出广告，即使在微信上，自己的亲戚朋友也变成了微商，在微信朋友圈发布售卖商品的信息。一些人片面对个人经济利益过分追逐，甚至有拜物主义、拜金主义价值观，冲淡了对理想信念的关注。

第三，网上文化、娱乐、游戏方面内容的挑战。网络上对人的思想言论管束很少了，每个网民都可以在网站论坛、QQ空间、微信朋友圈、公众号等发表自己的观点。网络改变了人们的工作方式、生活方式以及休闲娱乐方式，通过网络也可以休闲娱乐，例如在网上看视频、购物、玩游戏、阅读电子书、网上聊天等，可以说是只要有手机，只要有WiFi，哪里都是休闲，无处不在休闲。包括大学生的年轻人沉迷于网络游戏的人不少，给人造成不少危害。沉迷于网络游戏的网民对理想信念往往置之不理，好像跟自己毫不相关。网络信息丰富性的特征，同时，由于网络的匿名性传输也使别有用心者在摆脱了道德约束的状态下获得了同样便捷的制造流言与谣言的可能。在信息的汪洋大海之中，大学生常常缺乏分辨能力和批判能力，容易受到一些消极的价值观念的蛊惑和诱导。要做好对他们的引导，引导他们关注理想信念并对马克思主义理想信念充满自信，也是很有挑战性的。

（四）网络媒体信息传播的"无屏障性"增加了理想信念教育的难度

由于网络开放式、交互式、终端用户独立自由式等特点，网络本身对不良信息缺少"天然屏障"，这使大学生理想信念教育处于一个完全开放的社会环境中。教师很难了解到学生接受了哪些思想、受到哪些信息的影响以及他们在网络中干了些什么，把握大学生思想状况的难度增加了，极大地减弱了大学生思想政治教育的可控性。而且，这要求从事大学生思想政治教育的工作者掌握一定的网络技术，关注网络媒体。但一些高校教师对网络特别是新媒体还比较陌生，网络媒体技术意识淡薄，网络技术水平差。

第一，网络文化承载不同的利益诉求，容易形成意见不同的舆论场，对社会稳定和发展所需要的共同思想基础会构成巨大威胁。2010年开始发生的"阿拉伯之春"政治运动，那么多人走上街头游行、反对政府，引起社会混乱，主要就是利用网络社交工具发起的。境外敌对势力也会通过各种方式介入我国的网络舆论，他们借助网络捕风捉影、做虚假宣传，甚至罔顾事实、制造事端，企图混淆视听。面对网络这一开放的舆论场，要做好舆论引导显然是很不容易的。要通过网络传播主流声音、回应各方关切、解决民生问题、形成社会共识，面对的困难和挑战会越来越多、越来越大。

第二，网络文化具有很强的自主性、自娱性和自足性特点，各种文化态度、内容和形式都可能被追捧，会对主流文化应该具有的地位、权威和影响构成巨大威胁。在网络文化空间，受欢迎的东西都往往偏向于所谓的新颖性、自主性和个性化，主流文化所倡导的思想、意识、观念很容易被淡忘，其权威也容易被消解。因此，要用社会主义文化去占领网络空间的文化阵地，需要面对的挑战和考验是不言而喻的。

第三，网络文化基于网络技术进行的文化创作和创造为恶搞文化的出场提供了便利，会给文化经典的传承带来巨大威胁。恶搞文化属于网络次生文化，它主要是通过对严肃主题（特别是受人尊敬和崇拜的文化形象）加以篡改、解构，制造出所谓出乎意料的喜剧或讽刺效果，以颠覆人们心目中的文化认识。恶搞文化以幽默风趣、标新立异的面目出现，可以满足一些网民尤其是青少年的表浅化的猎奇偏好；但其对英雄模范人物、红色经典及优秀传统文化的恶搞则会对精神信仰产生严重冲击，进而威胁国家的文化安全。例如，恶搞英雄模范人物，不仅会破坏英雄模范人物在人们心中的光辉形象，而且会消解国家意识形态所赋予的文化意义，导致真相被掩盖、是非被颠倒，最终陷入历史虚无主义。恶搞文化不得人心，既为有良知的网民所不齿，也会遭到网络正义的抵制和声讨，但它对社会主义意识形态的建设和维护产生的威胁同样是不可忽视的。

第四，扁平化信息传播模式影响主流价值导向。当今时代已进入微时代，每个人的手上都掌握一个移动终端，都成为一个信息传播的节点。相较传统的信息传播媒体由专门机构掌控的特点，微时代下的信息传播出现扁平化趋势，信息传播十分便捷。这种便捷一方面有利于人们方便地表达自己的情感诉求和利益诉求，另一方面也使掌控信息传播方向的难度加大。由于传播主体数量众多，主体素质和媒体素养参差不齐，各种信息（包括不良的信息）很容易散播开来。微博、微信等社交平台在当前信息传播中扮演着重要的角色，国内外各种反华敌对势力极力扩大自己在"微阵地"中的影响力，通过散布各种消极、不实甚至是反动的言论，影响人们的价值判断。尤其是大学生，作为社交平台使用率较高的群体，更易受到这些言论的误导，产生对马克思主义理想信念的误解。

第五，传播微型化易形成个体认知的"信息茧房"。在微时代，虽然每天都有海量信息产生，但人们在个体偏好的影响下，往往只会关注特定的领域，加入特定的讨论群组，进而形成基本固定的关注范围，个体的生活逐步趋于固定化，较少与其他异质群体进行互动和交流，形成所谓的"信息茧房"。这是一种个体化视角选择和塑造自我世界的行为，但也出现每个个体关注的面都十分有限的结果。长期处在"信息茧房"中，个体的意见、主张将逐步与群体内的他人趋于一致，逐步丧失自我思考和反省的能力和意愿。同时，大数据技术在信息传播中的应用也逐渐兴起，网站会根据个体经常浏览的信息判断个体的信息喜好并进行相应的推送，人们的信息接触视野会愈加窄化。

第六，网络环境监管力度的相对滞后影响大学生群体的价值判断。在人人都有"麦克风"、人人都是信息制造者和传播者的环境下，信息传播的自由度、开放度和迅速度都达到了前所未有的高度。我国关于网络媒体领域信息传播监管的相关法律、法规尚在建立过程之中，在网络信息传播领域缺乏较为明确的法律约束和规范引导。在这种情况下，一些人利用法律尚不完善的情况，钻法律的空子，在各类网络平台散布各种虚假信息，甚至进行违规违法行为，极大地影响了大学生的正常价值判断，破坏了正面舆论氛围的形成。虽然各高校通过构建信息过滤网，在高校微环境中将不良的、错误的信息过滤掉，但作用相对有限。

以上各种网络媒体的负面效应，从教育内容、教育主体、教育对象、教育途径等方面对大学生理想信念教育构成了冲击。

第六章　新时代大学生理想信念教育的原则与理念

原则就是说话、行事所依据的准则，理念是处理事情和展开行动所秉持的宏观观念。原则和理念是指导工作开展的根本依据和方向。为提高新时代大学生理想信念教育的实效性，必须要有科学的原则和理念来指导。

第一节　新时代大学生理想信念教育的原则

根据理想信念教育的一般原理，结合新时代大学生理想信念教育的具体情况，为全面提高新时代大学生理想信念教育的针对性，应坚持如下基本原则。

一、坚持以人为本的原则

新时代，面对科技发展和社会信息化的双重影响，大学生理想信念教育必须强化以人为本的科技学习、运用和研究。

（一）坚持以人为本的根据

随着现代科学技术的发展及其对当代社会生产和生活的影响不断扩大，以科技为本的价值取向首先出现在西方发达国家。现代科学技术在西方社会被"唯科学主义"流派神化，科技被称为"科技神"，就像资本主义社会一些人把商品作用神化，对商品顶礼膜拜，出现"商品拜物教"的现象一样。神化商品，人就成为马克思所说的"经济人"；神化科技，人就成为马克思所说的"工具人"或"人的异化"。唯科学主义思潮认为科技可以改变一切、决定一切，科技发展可以使不同社会制度趋同，可以取代意识形态，甚至人的道德、情感等主观意识都可以通过科技方式探寻原因并进行调控。这种科技至上，无限夸大、泛化科技作用，轻视甚至否定人文价值、人文精神的倾向，使西方一些人忽视社会与人的需要、发展的正确的目的性、合理性，即道德性，以追求科技发展和自身物质利益为根本目的，导致一些西方发达国家在个人主义价值观支配下产生三大冲突：一是发达国家的富人凭借先进的科技无限聚敛财富，导致资本主义国家内部的贫富差距加大，社会矛盾加剧；二是发达国家凭借科技，或发展武器发动战争侵略别国、强占资源，或利用技术进行不平等贸易，拉大发达国家与发展中国家的差距，导致国家与国家的冲突；三是发达国家在无限度开发、消耗自然资源的过程中，以"人类中心主义"取向造成环境污染与生态破坏,导致人与自然的对立。

西方的科技主义思潮对我国社会,特别是对一些大学生造成了明显的不良影响。一是有些大学生受科技主义价值观影响,片面理解"科学技术是第一生产力"的命题,不是把科学技术限定在生产力范畴来看它首要的、决定性的作用,而是把生产力看成全社会起决定作用的唯一因素,从而产生了崇尚科技而轻视人文的观念。二是由于我国科学技术总体水平与发达国家相比还有明显差距,面对发达国家的科技强势,因要改变我国科技落后状况,在教学与实践中容易忽视人文教育与人文精神。三是随着科教兴国与人才强国战略的实施,一些高校与地方重视科技用于"政绩工程""形象工程""数字工程"建设,忽视人的"教育工程""灵魂工程"建设。这种重科技、轻人文的倾向,对大学生价值取向的影响是直接而现实的。因此,加强人文教育,坚持人本主导,是新形势下大学生理想信念教育的重要任务。

马克思和恩格斯在他们的多篇著作中,深刻分析了在资本主义私有制条件下,资本家为了追求更大剩余价值、聚集更多财富,一是把商品作为价值目标并同时把人商品化,二是把机器生产作为根本方式并同时把人变成机器的附庸。人商品化成为"经济人",人成为机器附庸就是人的"异化",人的目标、尊严、价值丧失,成为被人使用、交易、奴役的器物、工具。所以,马克思和恩格斯对崇拜科技和物质的资本主义社会——"物的依赖社会"而不是人的社会——进行了系统、深刻的分析、批判,并在此基础上,提出了无产阶级与全人类的解放以及人的自由全面发展的目标,揭示了社会发展必须坚持人本主导的根本方向,从而为社会主义社会奠定了思想基础并确立了根本性质。中国共产党人根据马克思主义人本主导的根本方向,结合中国的文化传统与社会实际,明确提出了人民当家作主的政治主张和一切依靠群众、一切为了群众的根本路线,提出了"三个有利于"的价值标准和"人民拥护不拥护""人民赞成不赞成""人民高兴不高兴""人民答应不答应"的价值判断准则,提出了代表最广大人民群众根本利益的要求和以人为本的根本原则。所有这些目标、路线、标准、原则,集中到一点,就是我们的一切建设、活动,包括大学生的学习、研究活动,都必须坚持人本主导,坚持以人的全面发展为目标。

同时,马克思主义在论述科学技术与人的关系时,是把人归于社会范畴,把科技归于生产力范畴的,认为科学技术是人的工具或手段,是人创造财富的方式。科学技术与实体工具不同,它是一种知识形态的生产力,是社会生产力的发展所表现的一个方面、一种形式。科技内在地连接着劳动者的体能、技能和劳动工具,具有技术实现的需要和可能。科技是手段,人才是目的。所以人主导科技,而不是人被科技主宰。科学技术的工具化倾向一旦张扬、膨胀,人就不能以自己应有的价值目标和道德规范驾驭科技的学习、运用与创造,就是人的主体地位和人的精神动力的失落。

而且,科技是一把双刃剑,它既可能给人类带来福利,也可能给人类带来灾难。因而科技需要人正确地学习、合理地使用、适度地发展。科技究竟是给人类带来福祉还是灾难，并不是由科技自身决定的。随着科技的迅猛发展和广泛应用，需要人具有更强的主体性与更合理的价值取向，更有效地发挥科技的作用，更好地造福于人类。否则，科技就会像一匹脱缰的野马，社会、环境只会面临无法收拾乃至无法延续的局面。现在，一些地方环境被污染、生态被破坏，人的生活、生存安全受到威胁，在很大程度上，就是科技运用、科技竞争、科技创造缺乏乃至丧失人本主导的后果。

（二）坚持以人为本的内涵

以人为本，从字面意义上解释，就是以人为根本、本体。其基本含义是：社会的一切发展既依赖人的发展又为了人的发展；人的全面发展是社会经济、科技发展的根本目的，社会经济、科技发展是人的发展需要；人是社会经济、科技发展的根本动力，人才资源是最重要的资源。

理想信念教育坚持以人为本，首先要坚持育人为本、德育为先的根本原则，坚持德、智、体、美、劳全面发展的培养目标。德育、智育、体育、美育、劳动教育都是教育的重要组成部分，都担当着培养学生成才的重任。其中，德育占有优先地位，高校必须保证把大学生的思想政治教育放在首位，并渗透和体现于智育、体育、美育、劳动教育之中，着力提高大学生思想道德素质。坚持德育为先，就是坚持人本主导。因为德归根结底，一是为了帮助学生确立正确的政治、道德、职业、生活目标，形成理想信念；二是为了引导大学生遵循正确的法制、道德规范，养成良好行为。这些目标与规范是大学生做人做事、实现社会价值与自身价值的取向与准则，是其自身目的性、主体性的集中体现，是促进大学生智力、体力发展的根本动力，是学生德、智、体、美、劳全面发展的根本保证。如果没有德育，或者智育、体育、美育、劳动教育没有德育的内容与要求，仅仅只有科学技术知识、技能、技巧的传授，实际上是一种以知识为本而不是以人为本的教育，是一种无目的的教育。

其次，理想信念教育要为学生的业务学习提供人文动力。随着市场竞争压力与社会信息压力的加大，大学生学习、运用、更新知识和掌握技能的任务越来越繁重。学习的动力、毅力从何而来，这是每个大学生都必须认真对待的一个现实问题。显然，科技知识只能作为一种工具使用，物质利益只能解决眼前的生活需要，这些因素虽然可以对人产生一定的推动作用，但其作用是外在的而不是内在的，是短暂的而不是持久的，是微小的而不是强大的。大学生要获得内在的、持久的、强大的动力，只能靠自身确立正确价值取向，树立远大目标，坚定理想信念，才能源源不断地孕育人文动力。人文动力就是精神动力，精神动力源于人对价值目标的向往与对远大理想的追求，目标越远大、理想越坚定，产生的动力就越强大、越持久。如果学生只把学习某种知识、掌握某种技能作为目的，要么达到目的之后就会停歇下来，要么遇到困难因动力缺乏而半途而废。这种因人文动力不足而厌学、逃学的现象，因人文精神缺乏而萎靡不振、困惑不安的状况，在大学生中是存在的。因此，对大学生进行人文教育，不仅是帮助学生学会做人的需要，而且是激发学生学习动力和学会做事的需要。

人文教育与科技教育总是不可分割地联系在一起的，其实质是坚持教育的科学性与价值性的统一。任何教育，要真正培养国家和社会所需要的人才，都要坚持人文教育与科技教育的结合与渗透。西方发达国家，如美国由于过分重视科技教育、职业教育，社会曾一度出现严重的道德滑坡，青少年中吸毒、滥交、暴力现象严重。美国社会因应这种情况，兴起人文主义思潮，用以平衡科技主义倾向，并把人文主义主张引入高校教育，形成了通识教育的课程体系。通识教育的重点是人文教育，这种教育是西方国家培养人才的价值观教育。我国高等教育，要借鉴发达国家在培养人才上的成功做法，切不可重复西方国家仅重视科技教育、职业教育而忽视人文教育的错误做法，要切实把人文教育摆在应有地位，坚持教育的人本主导。

（三）坚持以人为本的措施

大学生理想信念教育的主阵地、主渠道为思政课课堂教学。从教育措施的角度来看，思政课教学无疑是大学生理想信念教育最重要的措施和途径。为此，高校思政课教学同样应该遵循以人为本的基本观念。只有做到以人为本，才能得到大学生群体的支持，思政课教学才能落到实处，理想信念教育的理论课堂才能发挥其应有的作用和功能。思政课教学要想做到以人为本，必须遵循学生身心成长的规律，关注大学生和思政课教师两个群体的实际需求。

第一，遵循学生身心成长的规律。大学生理想信念教育除了要符合教育教学的规律外，还应符合学生身心成长的规律，即遵循人的思想、道德、修养的客观规律。一是从个体到社会——这是一个社会化问题，要遵循社会化规律。如何遵循学生的特点进行社会化，现在最需要解决的是"网络社会化"问题。在网上，教师成了"菜鸟"，十几岁的学生反而是"老鸟"，教师讲什么他们知道，但他们讲什么教师不一定知道，这是最大的困境。如何缩小信息差是个很大的难题。二是从实然到应然——这是一个转化问题，要遵循转化规律。应从现实情况出发，适应社会现实，还要超越社会现实，面向未来，实现从现实到理想的转化。理想信念教育要做好，就要把个人理想、个人价值与社会理想、社会价值相结合。三是从内化到外化——这是一个知行统一问题，要遵循知行统一规律。要理论联系实际，让学生参与社会实践，将理想信念外化于行。

第二，以学生为本，关注大学生的实际需求。新时代大学生是沐浴在改革开放春风中成长起来的，其身心均留下深刻的时代烙印，具有与前代大学生不同的思想行为特点，所追求的东西与其前辈也不完全等同。从 20 世纪五六十年代的"到祖国最需要的地方去""跟着党走"等就业观，到如今的更加注重个人发展、自身需求的满足，可以看出新时代大学生更加追求个性、自由；从之前的"大学生就业包分配"政策到现在的"双向选择"政策,可以看出新时代大学生就业趋向自主化和自由化,但是也体现了大学生就业存在竞争的一面。随着大学生人数的不断增加,大学生就业问题已经跃升为社会问题。摆在高校和大学生面前的头等大事就是就业问题。这是思政课教学也应高度关注的一点。

同时,前文提到新时代大学生是随着改革开放成长起来的"小康一代",他们享受了改革开放带来的各种益处。例如,与其他时代的大学生相比,新时代大学生的成长环境更为优越,生活更为安逸,他们遭遇的"苦难"少之又少。这些导致了新时代大学生缺乏吃苦耐劳、坚忍不拔、独立自主的精神,心理承受能力较弱等问题。新时代大学生成为我国自杀率较高的群体之一也颇引人关注。思政课教学工作应该关注到教学对象的心理状况及其实际需求,因材施教才是有效实现思政课教学的基本保障。

第三,以思政课教师为本,关注思政课教师群体的实际需求。在市场经济体制尚不完善的中国,城市生活的压力不断增大:房价居高不下、医疗保障制度不健全、教育投入资金不断增加、社会保障机制不健全等问题直接影响着人民大众的日常生活。当代社会流行的"住房、医疗、教育=新三座大山"的戏言从某一侧面反映了当前人们普遍感受到生活压力增大的苦闷心情。思政课教师也是人民大众中的一个群体,同样也背负着种种生存的压力,他们也有自己的职业追求,也期待得到社会认可,也有自己期望的社会地位和社会满足感,这一切都要以自己的职业能被社会认可、能得到重视为前提。当前,不论在社会还是在高校,思政课教学都受到实际上的冷落和轻视,然而,思政课教师工作强度和难度又相当大,科研压力也大,努力工作却得不到应有的重视,只会降低其工作积极性,进而影响其工作效益。因此,真正满足思政课教师的心理需求,真正重视起思政课教学工作,承认和肯定思政课教师的工作,才能做到以人为本,提高思政课教师工作的积极性,为提高思政课教学有效性提供必要的条件支持。

二、坚持主导性原则

(一)目标的主导性

理想信念教育目标是指教育者根据社会要求与人的发展要求,通过理想信念教育活动,使受教育者的理想信念在一定时期内所要达到的预期效果。理想信念教育目标的主导性是指在理想信念教育过程中能起主导作用、决定教育方向和性质。我国理想信念教育目标的主导性定位要做到以下几点:

第一,以党的路线、方针、政策和奋斗目标为其制定的根本依据,体现一贯性和发展性。理想信念教育作为社会总系统的一个有机组成部分,其目标的确立必须以党的路线、方针、政策和奋斗目标为其根本依据。中国共产党把马克思主义理论的基本原理和中国的实际情况相结合,制定了不同历史时期的路线、方针、政策和奋斗目标。新民主主义时期，我党确立了建立新民主主义共和国的奋斗目标。1952年，党提出过渡时期总路线，确立了从新民主主义过渡到社会主义的奋斗目标。1978年，党中央确立了把我国建设成为富强、民主、文明的社会主义现代化国家的奋斗目标。进入新世纪，党中央又提出全面建设小康社会和社会主义和谐社会的奋斗目标。2021年7月1日，在庆祝中国共产党成立100周年大会上，习近平总书记提出向着全面建成社会主义现代化强国的第二个百年奋斗目标迈进。当然，党的最终目标是实现共产主义社会。理想信念教育目标必须紧跟党的路线、方针、政策和奋斗目标的变化而及时进行调整或重新定位。只有始终服从和服务于各个时期党的路线、方针、政策和奋斗目标，理想信念教育目标才能得到科学的制定和有效的实施，才能保证其主导性具有质的稳定性和发展的连续性。

第二，以培养社会主义事业的建设者和接班人为基本方向，体现全面性和方向性。理想信念教育的目标必须体现社会主义的政治方向和学生全面发展的要求，把培养有理想、有道德、有文化、有纪律的社会主义事业的建设者和接班人定为基本方向。1999年发布的《中共中央国务院关于深化教育改革全面推进素质教育的决定》明确提出："实施素质教育，就是全面贯彻党的教育方针政策，以提高国民素质为根本宗旨，以培养学生的创新精神和实践能力为重点，造就'有理想、有道德、有文化、有纪律'的德智体美等全面发展的社会主义事业的建设者和接班人。"理想信念教育目标要始终坚持这个基本方向定位，只有这样才能保证走社会主义道路和坚持共产党的领导，保证学生的全面发展，保证理想信念教育目标主导性永不变质。

第三，立足现实，以"三个面向"为其科学指南，体现现实性和前瞻性。理想信念教育是对大学生未来道德素质及其社会作用的设想和期望。因而，理想信念教育目标的确立要立足现实，做到面向现代化，面向世界，面向未来。立足现实是指理想信念教育目标的确立要以大学生的思想道德品质和社会发展的现状为立足点，不能忽视或超越这个现状。"三个面向"则是理想信念教育目标确立的科学指南。面向现代化，就是要求理想信念教育要面向中国特色社会现代化建设，服务服从于现代化建设，要与社会主义市场经济相适应，树立为现代化建设培养高素质专门人才的目标；面向世界，就是要求理想信念教育目标要面向世界的发展，面向国际的激烈竞争，树立不仅培养国内需要的人才，而且培养国际需要的人才的目标；面向未来，就是要求理想信念教育目标树立为未来社会培养大批人才的目标。总之，立足现实，才不会脱离实际，才有可行性；具有前瞻性，才有主导性。二者是辩证统一的。

第四，以人为本，以促使学生成才为其价值追求，体现价值性和激励性。人是教育的出发点，又是教育的归宿。我国著名教育家蔡元培曾说过："教育是帮助被教育的人，给他能发展自己的能力，完成他的人格，于人类文化上能尽一分子的责任；不是把被教育的人造成一种特别器具，给抱有他种目的的人去应用的。"[1] 一切教育必须以人为本，大学生理想信念教育也是如此。每个大学生都有成才的愿望，高校理想信念教育目标的确立，应遵循大学生成长成才的基本规律，要尊重学生的主体地位，充分发挥学生的积极性、主动性和创造性，以启发大学生自觉构建理想信念为引领，以促使学生成人、成才为其价值追求。

(二) 内容的主导性

理想信念教育内容的主导性就是在理想信念教育中能起主导作用、决定教育方向和性质的内容。主导性的理想信念教育内容不是一两个具体的理论观点简单拼凑而成，而是一个系统的理论体系，它反映一个阶级、一个政党、一个社会的根本利益和意志，代表一个阶级、一个政党和一个社会的根本价值取向和立场。在纷繁复杂的国际背景下，我国高校应如何坚持理想信念教育内容的主导性？

首先，坚持社会主义意识形态在意识形态领域的主导性不动摇。"意识形态领域是和平演变与反和平演变斗争的重要领域。"[2] 十一届三中全会以来，我们打开国门，各种社会思潮随之涌入，我国占主导地位的社会主义意识形态面临挑战。西方资本主义国家从未停止对我国进行"西化""分化"的念头，同我们争夺青年一代。他们凭借强大的经济科技实力，一方面采取"文化帝国主义政策"鼓吹资本主义的种种好处，强化资本主义意识形态的渗透；另一方面对社会主义意识形态进行歧视、挑衅，甚至进行歪曲、诋毁，其目的都是诱骗青少年接受他们的意识形态，最终达到颠覆社会主义的目的。例如，我国由于受经济条件和科技水平的限制，目前不可能完全消除这种渗透和影响，加上我国有2000多年的封建王朝统治的历史，根深蒂固的封建残余思想难以在短时内完全清除，这样就造成了我国意识形态领域的复杂多样。面对西方资本主义意识形态、古代封建意识形态的交汇与冲击的现实，我们不应逃避，而应适应多种意识形态相互激荡的形势，自主驾驭复杂的意识形态局面，潜心研究坚持社会主义意识形态主导地位的对策。总之，只有坚持社会主义意识形态主导性不动摇，才能朝着正确的方向前进。

其次，树立牢固的中国特色社会主义观，强化理想信念教育。强化理想信念教育，就要深入开展科学的世界观、人生观和价值观教育。理想是人的价值意识的最高形态，是人们在社会实践中形成的具有现实可能性的对未来价值目标的向往和追求；信念则是人们对某种观念和理想坚信不疑并身体力行的精神状态。理想信念是人们的世界观、人生观和价值观在奋斗目标上的集中体现，是建立在实践基础上具有神圣性和崇高性的价值追求。社会主义制度在我国的确立，决定了我国的意识形态必须以马克思主义为主导，坚持社会主义的性质和方向。因此，发展理想信念教育，就是要坚持社会主义的主导价值观，引导人们正确认识社会发展规律，树立牢

---

[1] 高平叔编：《蔡元培全集》第四卷，中华书局1984年版，第177页。
[2] 江泽民：《在庆祝中国共产党成立七十周年大会上的讲话》，《人民日报》1991年7月2日第1版。

固的中国特色社会主义观。首先必须让大学生搞清楚什么是社会主义、怎样建设社会主义这个基本理论问题。部分大学生之所以对社会主义信仰产生怀疑和动摇，也在于对这个问题没有完全搞清楚。高校思想政治教育工作者要引导大学生增强中国特色社会主义观，坚定社会主义理想信念。其次，还要让大学生认清当代中国的基本国情，搞清楚什么是中国特色社会主义和怎样建设中国特色社会主义。这是我们评价一切问题的前提和出发点。在过去的很长一段时间里，由于对我国仍处于社会主义初级阶段的这一现实没有科学的认识，我国的社会主义事业遭受到了巨大的挫折，走了很多弯路，也影响了人们对于社会主义的信念。最后，要引导大学生正确看待当前社会主义遇到的困难和挫折。任何一种新生事物在成长过程中，存在曲折和反复都是很正常的。社会主义作为一种新生的事物，在其前进的过程中需要不断的探索，遭遇到困难和挫折是在所难免的。社会主义运动的低潮是暂时的，它最终必将战胜资本主义。因世界社会主义运动所遭受的暂时挫折，而对社会主义丧失信心，是错误的。

三、坚持先进性原则

先进性是指进步性、超越性、榜样示范性。理想信念教育要求的先进性，就是理想信念教育要求的进步性、超越性和榜样示范性。理想信念教育要求的先进性，是针对高校师生中的先进层次、先进人物和先进表现所提出的要求。高校中的先进层次，一般指共产党员。共产党员在入党之前就是思想上积极要求上进、思想道德和觉悟水平都比较高的人；在加入党组织后，更要用党员的条件严格要求自己，体现出先进性。高校中的先进人物是指可以作为学习和效仿的榜样，在全体师生中具有示范作用的人物。高校中的先进表现是指在思想道德的某一方面表现突出，能对其他群体和个人产生示范作用。先进层次是师生中的少部分人，是相对于群体其他层次而言的；先进人物是群体中的个别或少数人，是相对于其他群体成员而言的；先进表现是思想道德某方面的突出表现，是相对于群体其他成员和有先进表现的集体或个人的其他方面表现而言的。

总之，先进总是相对于中间、落后而言的，它们的划分既有绝对性的一面，也有相对性的一面。一方面，在一定的时空背景下，先进的标准是固定的。先进往往是少数，不会是多数；即使某个群体的先进层次的人数较多，但在这个先进层次中又会出现不同的层次性。另一方面，在当时历史条件下具有先进性的人和事物，随着时代的发展变化也会逐渐失去其先进性。例如，封建阶级相对于奴隶阶级来说，是先进阶层，在推翻奴隶社会的进程中具有先进性；资产阶级出现后，封建阶级变成了落后阶层；资产阶级在推翻封建社会的过程中体现出先进性，但在无产阶级革命中它又变成了落后阶层。可见，先进阶层会发生变化，先进表现同样如此。当先进表现变成绝大部分人通过学习教育后的表现时，原来的先进表现便失去了先进性，具有了普遍性。

我国理想信念教育的先进性要求既与理想信念教育过程的具体规律有关，也与我国社会主义现代化建设的具体实践要求密切相连。这不仅是遵循理想信念教育过程适度张力的需要，而且也是充分发挥榜样示范作用的需要，更是全面建设和谐社会、实现社会主义现代化建设的需要，还是大力完善社会主义市场经济体制的需要。具体来说，理想信念教育要求的先进性主要表现在以下方面。

（一）体现最高的文明程度

文明是指人类在探索和改造自然和社会历史的进程中所取得的物质成果和精神成果的总和。文明总是同野蛮、愚昧和无知相对应，它是人类社会进步程度和开放状态的标志，也是人类文化的积淀成果。德育要求的先进性应该体现最高的文明程度，也就是要体现人类进步水平，实现先进文化要求。在现阶段就是要发展和繁荣有中国特色的社会主义先进文化。中国特色社会主义文化就是以马克思主义为指导，以培育有理想、有道德、有文化、有纪律的公民为目标，发展面向现代化、面向世界、面向未来的，民族的科学的大众的社会主义文化。只有发展和繁荣有中国特色的社会主义先进文化，才能满足人民群众日益增长的精神文化生活的需要，才能不断促进人民思想道德素质和科学文化素质的提高，也才能为经济发展和生产力的发展指引正确的方向，提供强大的智力支持。"发展和繁荣先进文化的一项极为重要的任务，就是要使我们的民族和人民在建设有中国特色社会主义事业的征程上，始终保持奋发有为、昂扬向上的精神状态。一个民族，没有振奋的民族精神，没有高尚的民族品格，没有坚定的民族志向，不可能自立于世界先进民族之林。"[1]

总之，理想信念教育要求的先进性要体现最高的文明程度，必须继承和发扬人类一切优秀的文化，并结合新的实践和时代要求，结合人民群众精神文化生活的需要，积极进行文化创新，积极繁荣先进文化，努力改造落后文化，坚决抵制腐朽文化。

（二）代表先进的理论水平

高校理想信念教育要弘扬主旋律，传播科学的理论和先进思想，把具有先进的理论水平作为理想信念教育的先进性要求的一个重要标尺。在现阶段，先进的理论就是不断发展的马克思主义理论。从毛泽东思想、邓小平理论、"三个代表"重要思想、科学发展观，到习近平新时代中国特色社会主义思想，这是丰富的科学体系，是我们认识和改造客观世界和主观世界的强大思想武器，是马克思主义在中国发展的最新理论成果。只有高举中国特色社会主义伟大旗帜，全面贯彻新时代中国特色社会主义思想，才能不断推进社会主义现代化建设的顺利进行。

---

[1] 《江泽民文选》第三卷，第400页。

当然，代表先进的理论水平，除了加强理论学习，掌握世界先进的思想理论外，还必须进行理论创新。理论创新就是"要使我们党的基本理论在继承的基础上不断吸取新的实践经验、新的思想而向前发展"①。理论创新是制度创新、科技创新、文化创新和其他各方面创新的先导和保证。理想信念教育的先进性要求必须体现先进的理论水平和良好的理论创新品质。

四、坚持主体性、实践性、系统性和开放性原则

（一）主体性原则

主体性原则是指理想信念教育应根据大学生主体的特点，因材施教，在尊重大学生个性自由、坚持民主平等的基础上培养大学生自我学习、理解、教育的能力。

事物的发展是内外因共同作用的结果，其中内因起决定作用。马克思主义理想信念教育必须符合大学生的内在需要，与其需要和利益相契合，才有可能被其认同和接受。唯有说到点子上，打动其内心，大学生才会自觉维护和捍卫理想信念。大学生的生活以校园生活为主，在此阶段，他们的知识体系尚未完全构建成型，价值观尚未最终定型，心理发展尚未成熟。学生的特点决定了教学方式。对教师来说，首先要解决的就是说话方式问题。要改变以往枯燥的说教，让大学生认同社会主义国家层面、社会层面和个人层面的价值取向，而不是被动地了解马克思主义理想信念。要调动他们学习马克思主义理想信念的兴趣，发挥其主观能动性，使他们理解为什么要爱国、怎么样才是爱国、不爱国的危害有哪些，做人为什么要坚持诚信原则，爱岗敬业的标准有哪些，怎样善待他人，等等。因此，教师在教学中应该将马克思主义理想信念与大学生的学习生活实际联系起来，通过具体案例评判价值观。只有跟上大学生生活变化的节奏，传递大学生生活变化的新信息，才能使马克思主义理想信念深入人心，在此基础上引导大学生认识自我价值，自觉规范价值观，使马克思主义理想信念内化为大学生的自觉活动。

传统的价值观教育受德国教育学家赫尔巴特的"三中心"（教师中心、课堂中心、书本中心）的影响，通常以直接的价值观课堂教学为中心进行价值观教育，过分注重和强调教师的主体地位，忽视教育对象在价值观形成和发展中的主体性。部分思政课教学脱离生活，存在过度学科化和知识化的倾向，只是把马克思主义理想信念的概念直接灌输给学生，要求学生弄清楚其字义并加以背诵，通过考试就算是完成了学习。这样的理想信念教育只是改变了大学生的认知结构，而不是进行整体精神构建，难以让他们真正自觉地认同和践行马克思主义理想信念。要提高马克思主义理想信念教育的实效，必须发挥作为教育对象的大学生的主体性，让他们通过

---

① 《江泽民文选》第三卷，第66页。

自己对马克思主义理想信念的分析、判断而加以吸收和改造，然后内化于心，外化为行。

一是要坚持以学生为本。以学生为本就是要把学生作为主体和目的，教师必须了解大学生的需要：他们需要什么，需要到什么程度，为什么需要。也就是说，应当联系大学生的生活实际，把握他们的内在需求，如求职就业、社会交往和体现人生价值等，帮助他们解决现实问题，让他们认识到马克思主义理想信念的意义，从情感上认同它并自觉外化成实际行动。

二是要做到实现师生之间的平等对话。传统理想信念教育中填鸭式灌输和被动式接受的教学模式已经不受学生待见，以往课室"教师讲、学生听，教师写、学生抄，教师问、学生答"的情景也大大减少，更多的是富有个性的学生与老师之间的热烈讨论——"为什么它是正确的，老师您可以证明吗？""这是哪里来的数据？我不这样看，因为我看到的现实不是这样的。"相比科学知识教育，理想信念教育在思想活跃、观念碰撞、文化流动变化的时代，共识的达成比以往更加艰难。在理想信念教育的过程中，教师应当理解学生的想法，倾听学生的心思，不要把他们看作被动的接受工具，而要视之为讨论共同话题的对象，实现师生之间的平等对话。教师和大学生作为相互交往、互动的教育主体，只有实现平等的对话和交流，才能提高大学生对教师传递的内容的接受程度，才能更好地引导大学生认同和践行马克思主义理想信念。

（二）实践性原则

实践性原则是指理想信念教育应该坚持理论联系实际，理论与实践相结合。只有坚持知行统一，才能将马克思主义理想信念升华到内化于心、外化于行的境界。马克思主义认为，实践是认识的重要来源，也是检验真理的唯一标准。实践有利于学生发现问题，也有利于学生积极思考，提高思想认识。人的正确思想来自人的理性认识，它经历实践—认识—再实践—再认识的过程。当前，新一代信息技术和人工智能的发展是一个重大机遇，同时也给大学生日常生活带来挑战，过度依赖电子产品导致相当一部分大学生动手能力出现"退化"。在思政课中，通过实践锻炼，可以增进大学生对马克思主义理想信念的认同感。

一是要选择合适的实践锻炼方法。可以开展素质拓展等活动，注意引导大学生融入实践活动中，在活动中亲身感受和体验马克思主义理想信念。可以引导大学生结合本专业技能开展符合本专业特色的研练课等。如设置理想信念专题，课堂连线抗疫英雄，分享抗疫事迹，展示英雄人物，引导大学生结合本专业技能，通过微视频、情景剧、演讲、讲课等方式呈现，在原创性、时代性、专业性上下功夫。这样的课堂实践会大大提高教学效果，培养学生的创新能力和实践动手能力。

二是实践教学要持之以恒。偶尔一两次的实践教学活动对学生的思想观念和行为的影响是有限的。所以，应该将实践教学法作为思政课的一项长期、经常的活动列入教学大纲,使大学生在长期的教学活动中将马克思主义理想信念内化为信念,外化为自觉行为,从而完成大学生对马克思主义理想信念的践行。

（三）系统性原则

理想信念教育是一个复杂的系统工程。从系统的角度来看,理想信念教育是一个由若干子系统组成的、相互连接的网状系统。高校各党政部门、二级院系和教师、干部、学生等各个群体,都是理想信念教育系统的诸多要素。要做好理想信念教育工作,就必须按照系统性原则,关照到各个方面、各个要素,充分调动各个部门、群体的积极性,协调一致整体推进。在这个过程中,要做到以下两个方面：

一是教师要有理想信念教育的整体规划,明确教学目标,使"思想道德与法治"课的教学工作有计划、有组织、有层次地有序开展。

二是充分调动广大师生参与理想信念教育工作的积极性,针对不同学生群体做出不同要求,制定不同的鼓励、考核、评价办法,促使广大师生最大限度地参与教学工作,形成"众人拾柴火焰高"的教学局面,使马克思主义理想信念深入广大师生的思想认识和实践行动中。

（四）开放性原则

当今世界经济文化交流日益密切,越来越开放是当今世界的发展趋势。马克思主义理想信念作为中国共产党新世纪以来马克思主义中国化的理论成果,其本身就具有很大的开放性特质,因此理想信念教育要遵循开放性原则。

一是要坚持"一元指导,多元并存"的准则,既要坚持马克思主义统领高校课堂建设的价值灵魂,旗帜鲜明地确立马克思主义理想信念的主体地位,又要坚持多元文化观念的和谐并存,承认现代文化的多样性、丰富性,尊重各类健康文化的存在和影响。

二是要通过校园有利渠道对外开放,争取政府、社会和校友的支持、帮助,充分利用各种资源促进马克思主义理想信念教育的持续开展；要借鉴世界知名高校思想教育、道德教育、公民教育等方面的先进经验,辩证消化吸收为课堂所用,更好地进行马克思主义理想信念教育。

第二节　新时代大学生理想信念教育的理念

理想信念教育是指导人们对未来的向往和追求的教育。大学生的理想信念教育主要是中国特色社会主义、共产主义的理想信念教育。在以经济建设为中心、经济价值观凸显的情况下,在扩大对外开放、各种思想文化相互激荡的情况下,在国际共产主义遭受挫折、社会主义处于低潮的情况下,大学生理想信念的形成、发展面临许多新情况、新问题,出现许多新特点。大学生理想信念教育的方式,应该坚持科学性与价值性的统一、理性与感性的统一、灌输性与启发性的统一、理想信念教育与纪律教育的统一，在继承和发扬优秀传统文化和中国革命传统中进行理想信念教育。

一、坚持科学性与价值性的统一

社会主义、共产主义理想是科学的理想。因为这一理想是建立在马克思主义科学理论基础上的，马克思主义理论又是经过理论与实践的论证和检验的理论，它揭示了社会发展的客观规律，具有真理性。我们对大学生进行马克思主义理论教育，使大学生学习、掌握马克思主义的一系列理论、观点，并确信它是正确的、科学的，这是形成社会主义、共产主义理想的基础，也是理想信念教育最重要的任务。

但光讲社会主义、共产主义理想的科学性还不够，还要强调它的价值性。因为不是凡具有科学性的东西都能为人们所接受，人们还要从价值的角度对它进行审视和取舍。相反，有些不科学的东西，人们如果觉得它有用，也可能会相信它、接受它，如宗教就体现了一种价值观。在市场经济条件下，有的人难以认识到社会主义、共产主义理想对经济发展、个人发展的作用而忽视它的价值，往往用经济发展和个人发展的具体目标作为价值追求。以至于有人提出在大学生的思想道德教育中要弱化意识形态功能，认为这些是"虚"的东西，对大学生的人生发展用处不大，要"务实"地贴近市场经济，用实用的知识性的教学代替理想信念教育。于是有些大学生思想迷茫、精神动力不足而陷于苦闷。有的人甚至认为社会主义、共产主义理想没有用，转而信奉鬼神、命运，相信金钱的力量。这就是在社会转折过程中，一些人产生的信仰危机。信仰危机也叫道德危机，是指人缺乏内在精神支撑的表现。面对复杂多变的现代社会，有信仰危机的人不知所措，容易导致道德失范、行为失控。这种道德失范、行为失控现象往往具有多端性，即有可能在多个端口上打开缺口；具有隐蔽性，即失范、失控现象容易被掩盖；具有突发性，即失范、失控败露得始料不及。这些情况告诉我们，面对纷繁复杂、发展迅速、竞争激烈的现代社会，更需要有正确精神的主宰，科学的理想对社会，对个人成长、成功的价值显得更加突出和重要。因此，我们不仅要讲社会主义、共产主义理想的政治价值，而且要讲它的道德价值；不仅要讲它对无产阶级的整体价值，而且要讲它对个人发展的价值。

人的一切活动，包括教育活动，都要贯彻科学性原则和价值性原则。科学性原则是指人们在认识世界和改造世界的过程中，处理客体和主体反映之间相互关系的由客体内容所决定的原则；价值性原则是指人们在认识世界和改造世界过程中，处理客体和主体需要之间相互关系的由主体内容所决定的原则。二者在同一过程中确立，具有内在统一性，即科学的理论和理想必定是有价值的；但是，二者是有区别的，科学性原则回答的是真与不真或真的程度的问题，价值性原则回答的是善与恶、尊与卑的问题；科学的东西可能有人认为没有价值而拒绝接受，不科学的东西也可能有人认为有价值而盲目接受。如果我们只讲社会主义、共产主义理想的科学性，不讲它的价值性，包括它对个人发展的价值性，那么，人们很难产生理想需求，也很难认识和理解理想对社会和个人的作用，势必会形成真理归真理，理想归理想，对我没有用的思想。所以，现代社会条件下，大学生的理想信念教育一定要坚持科学性与价值性的统一。

二、坚持理性与感性的统一

理想作为一种高层次、深层次的观念，它的形成与发展是客观条件和主观因素综合作用的结果。从客观条件来看，理论教育是重要的，实践锻炼、体验也必不可少；从主观条件来看，认识是重要的，情感、意志也必不可少。在现代社会条件下，理想信念教育，特别是大学生理想信念教育，往往比较重视理论教育、理性认知，而忽视情感教育和实际体验。

马克思主义认识论告诉我们，人的认识要经历感性认识与理性认识两个阶段。理性认识必须以感性认识为基础，感性认识必须以理性认识为指导；理性认识离开感性认识无法形成，感性认识离开理性认识无法升华。理想，作为一种理性认识，同样要以感性认识为基础。新时代大学生和过去的大学生，其理想形成的路径是不同的。新时代大学生接受理论教育、进行理论学习的机会和掌握的理论比过去的大学生多得多。但是，理论教育、理论学习只是为大学生理想的形成提供了认知条件，而大学生理想的确立还取决于其感性认识和自身的思考。因此，理想信念教育不仅要传播理论观点、思想体系，进行理性教育，而且要激发情感、提高热情，进行感性教育。

首先，教育要使大学生相信，而不是记忆。只有相信，才能把知、情、意的内在因素组合起来，形成统一的心态，形成一种确认而不怀疑的态度，这是走向信仰的前提，是理想形成的核心。记忆只是把名词、概念记住，是一种纯认知过程。记住的概念，人们不一定相信它，不运用或不再记忆，就会忘记它。而相信的观点、理论，人们会自觉地去理解它、确认它，有一种追求感而不易忘记。相信是以理论的真理性、价值性为基础的，记忆则是以逻辑性为前提的。要使大学生相信社会主义、共产主义，教师不仅要以理服人，讲清理想的真理性，还要以情感人，力求把抽象的道理讲得生动具体，把深奥的理论讲得通俗易懂，把教师自身相信的真情实感与理论观点结合渗透，传授给大学生。如果教师只讲知识、理论、概念，大学生认识不到它的真理性，不理解它的价值性，就只会把它当作一般的知识和概念来对待，难以上升到信仰的程度。

其次，教育要善于激发人们的情感。在理想信念教育方面，要使人们对社会主义、共产主义理想有一种信仰情感，首先要培养人们向往、追求的情感，而向往、追求的情感是与爱憎情感、责任情感、神圣情感紧密相连的。有爱憎情感，才能激发一种向往或憎恶的趋向。我们应当以党的基本路线所确立的建设富强、民主、文明、和谐、美丽的社会主义现代化国家为目标，通过典型事例，不断营造激发爱憎情感的环境。只有这样，才能激发人们向往现代化的热情。如果只讲正面理论、目标，回避反面的东西，就难以形成驱动力。责任情感是建立在责任关系上的一种驱动，是通过个人对集体、国家应尽责任、义务的激发，促使人们认可、接受集体、国家的发展目标和理想，帮助人们在社会发展中找到归宿。如果不讲责任感，人们就难以超越个人的狭隘范围。神圣情感是人们对远大理想的一种珍惜、信奉、神往的情感，它激发人们向往崇高、追求远大，是人们确立远大理想的感情基础。这几方面的情感激发，是理想信念教育应当兼顾的；否则，理想信念教育就会无神乏力。

最后，正确引导大学生思考和实践。理想信念教育所传授的观点、理论要为大学生相信，就要启发他们思考；大学生思考的动力需要感情的激发。大学生的思考，是大学生把外在观念、理论内化为自身思想的必要环节，是他们相信、接受的必经过程。没有思考，理论、观念在大学生头脑中只是一种概念的存在，只有通过思考，才能把理论、观念转化为大学生思想的存在。提问、讨论、争辩、探索、比较、鉴别等方法，是启发思考的有效方法。同时，理想信念教育的目的，最终是实践，是改造客观世界。实践是大学生把理想付诸实施的过程，是理想外化为行动的环节。实践不仅能使大学生体验到理想的真理性与价值性，使理想更坚定，而且能检验大学生理想的正确和坚定程度。

三、坚持灌输性与启发性的统一

灌输是一种有目的、有计划地对被教育者进行社会主义道德体系和马克思主义理论体系教育的方法。坚持灌输是社会发展的客观要求。近年来，一些人总把高校思想道德教育的实效性欠缺归罪于灌输的教育方法，其实不然。在高校大学生理想信念教育的实践中，灌输作为理论和方法，不仅没有过时，而且更应该予以重视。

这是由青年大学生思想发展的内在需要决定的。一个人的思想、观念和各种素质不是与生俱来、自发形成的，而是在外界一定思想文化信息的作用下形成、变化和发展的。青年大学生正处于世界观、人生观、价值观形成与确立的关键时期，身处高科技、广信息、大文化的社会环境，有机会接触各种思想理论和社会思潮。这一方面可以使他们开阔视野、增长见识；另一方面又会使他们因社会阅历浅、思想不够成熟而产生困惑，不会取舍或盲目追从。因此，对大学生进行理想信念教育，将社会主义、共产主义理想灌输给他们，让这些信息在其头脑中占据主导地位，使其形成科学的"三观"，朝着党的教育方针指引的、教育者期望的、社会需求的目标发展。否则，放松或者忽视对大学生的正面灌输，让他们在各种思想信息中"自主沉浮",那么,错误和反面的思想信息就会乘虚而入,在其头脑中产生"首因效应",扎下根来,这时再来纠正就更为困难,所花的时间和精力就会更长、更多。这方面我们曾有过惨痛的教训。

另外,这是由市场经济的发展规律决定的。我国正在全面推行社会主义市场经济,这一重大的经济变革以及由此引起的社会各领域的相应变革,无疑在推动经济发展、促进观念更新、提高综合国力等方面起到了积极的作用。但是必须承认,在这个过程中,不可避免地会出现这样那样的问题,产生一些黑白不分、本末倒置的丑恶现象,会对涉世未深的青年大学生产生极大的消极影响。因此,对大学生的正面灌输教育更是必不可少。

目前,由于人们对灌输存在不少误读,质疑灌输论的合理性和必要性,以至于灌输论在大学生理想信念教育的应用中存在不少问题。

首先,在灌输主体和灌输方法方面。有些教师作为灌输主体,由于没有全面深入理解灌输理论的科学内涵,在灌输方法的具体运用方面存在不少误区:要么是拒绝使用灌输方法,对学生放任自流,或一味迎合学生,没有起到主导和引领作用;要么是生硬地或错误地使用灌输方法,只从外部填鸭式硬性灌输,只注重经典理论的说教,没有注意外部灌输与内在消化相结合,没有注重理论与实践相结合,没有注重与学生的交流互动。

其次,在灌输客体方面。互联网技术的发展带来了各种新的传播媒体,作为灌输客体的学生通过手机、电脑可以随时随地接收各种信息,自主选择各种微课。新的思潮和新的媒体往往比传统的经典理论和生硬的理论说教更能吸引学生,以至于学生要么逃课,要么上课时人在心不在。

为此,要坚持外部灌输与内在消化相统一的基本灌输方法,同时也要适应互联网时代新媒体的新特点,更新和完善灌输方法。新媒体的出现增强了学生学习的自主性和选择性,给理想信念教育带来了新的挑战,但也带来了新的机遇。新媒体可以用来作为理想信念教育灌输的新手段。例如在思政课的教学中,可以利用互联网技术,建立网络教学平台、微信公众平台。建设思政课精品网络公开课,通过形象生动的电影、歌曲、照片、漫画等资源向学生灌输先进的思想理论,让学生在观看、学习的同时受到感染和启发。在网络平台和微信平台中建设交流互动的区域,让学生与学生之间、学生与教师之间、教师与教师之间可以相互了解,交流互动。在具体的热点讨论互动中,激荡思想,分辨是非,培养学生的辩证思维能力和理性批判能力。

习近平总书记指出:"让学生接受马克思主义,离不开必要的灌输,但这不等于搞填鸭式的'硬灌输'。要注重启发式教育,引导大学生发现问题、分析问题、思考问题,在不断启发中让学生水到渠成得出结论。"[①] 传统灌输性教育以教师为

[①] 习近平:《思政课是落实立德树人根本任务的关键课程》,《求是》2020年第17期,第14页。

主导，要求教师完整准确地讲授理论知识；启发性教育以学生为教学主体，强调开展师生互动、双边教学活动，通过教师的引导，培养学生内化认同、外化实践的能力。

大学生理想信念教育要求教师会讲故事、讲好故事，以故事教育的形式，用事实去阐明新时代中国、国际社会面临的突出问题，从根本上让学生掌握并运用马克思主义历史观去认识、解释世界。教师的课堂讲授要做到吃透教材，关注社会发展，结合当前国内外的重大事件，通过讲授鲜活故事的形式启发学生，充分调动学生的积极性，在反思中加深学生的认知，进而调动课堂气氛。因此，理想信念教育要坚持灌输性与启发性相统一，在灌输历史故事的同时抓住教育时机，启发学生以史为鉴守初心、以史为镜担使命，避免历史虚无主义，增强学生对于国家、民族的认同感、责任感，牢记使命，坚定理想信念。

四、坚持理想信念教育与纪律教育的统一

理想信念教育是指导人们对未来的向往和追求的教育。理想信念教育的目的是用共同理想动员和团结全国各族人民，明确努力方向和奋斗目标，形成强大的精神动力和凝聚力。理想信念教育是一种正面的说服教育，它既强调以理服人，坚持用马克思主义的真理性、科学性、价值性教育、引导群众，又强调从实际出发，注重用社会主义革命和建设的事实说服人。纪律教育是指导人们规范、约束自己行为的教育。纪律教育的目的是用制度、规章、法律等来明确高尚与卑鄙、正确与错误、罪与非罪的界限，从而为社会和人们提供一种合理的秩序，使人们养成遵守纪律的习惯，自觉规范、约束自己的行为。纪律教育是一种具有约束性的规范教育、法制教育，它强调执行制度、采取行政手段和法律手段的必要性与重要性。

理想信念教育与纪律教育的结合，是由理想与纪律不可分割的关系决定的。理想所标示的是一种方向、目标，这种方向、目标是有性质规定的，这种规定叫原则规范。纪律、制度、法律所界定的规范，也是一种有方向性的、目的性的规范，它必须以原则规范为指导而制定，并保证原则规范的贯彻落实。所以，理想的方向性界定着规范性，纪律的规范性蕴含着方向性；理想为纪律提供思想、方向上的导引，纪律为理想的实施、实现提供行动、制度上的保证。理想离开了纪律，其形成、实施、实现就会落空，就会成为抽象空洞的概念而不起作用；纪律离开了理想，就会失去思想基础和信仰支撑，成为盲目的外在约束力量，不可能有效执行。任何一个社会和国家的思想体系，即意识形态，都包含着理想和纪律两个方面的内容，缺一不可，这是保持社会运行方向和运行秩序的两个最重要的条件。所以邓小平说："我们这么大一个国家，怎样才能团结起来、组织起来呢？一靠理想，二靠

纪律。""理想和纪律特别重要。"① 在现代社会条件下，我们一方面要继续发扬我国的文化传统和革命传统，讲理想，用理想来教育人、团结人、激励人；另一方面，也要根据现代社会发展的要求，讲纪律，用纪律来规范人们的行为，保证理想的形成和实现。现代社会是一个复杂多变、取向多元的社会，是一个思想和行为开放的社会。在这样的社会条件下，为了保证人们行为的合理性、取向的基本一致性，以及社会运行的秩序性，必须根据社会主义、共产主义理想的要求，制定适应于各个领域的制度、规章、法律，必须把这些制度、规章、法律以及它们产生的原因和基础教给人们，也就是要进行纪律教育，让人们自觉接受、遵守。在现代社会，光有理想的导引，缺乏纪律的规范，是难以维持其正常秩序的。同时，面对现代社会多种文化的相互激荡、多种思想观念的冲击，在坚持以说服教育为主方向的同时，也需要一定的制度。纪律对正确的理想给予保护，对错误的思想给予排解。正如邓小平所强调的，对封建主义在党内外思想政治方面的种种残余，既要批判和反对，又要制定和完善各种符合社会主义的制度和法律来清除其影响，从制度上保证整个社会生活的民主化；对有资产阶级自由化倾向的人，虽重在教育，但必要时也应采取一些行政手段和法律手段；在解决群众思想问题时，也要执行组织制度和工作制度，执行纪律。只有坚持用制度、纪律规范、约束人们的行为，才能锻炼人们坚持社会主义、共产主义理想的意志，才能排除错误思想对社会主义、共产主义理想的冲击。所以，理想信念教育与纪律教育的结合既是宝贵的历史经验，又是现代社会的迫切需要。所以邓小平说："历史经验证明，用大搞群众运动的办法，而不是用透彻说理、从容讨论的办法，去解决群众性的思想教育问题，而不是用扎扎实实、稳步前进的办法，去解决现行制度的改革和新制度的建立问题，从来都是不成功的。"②

五、在继承和发扬优秀传统文化和中国革命传统中进行理想信念教育

（一）继承和发扬优秀传统文化，坚定大学生崇高的理想信念

中华民族悠久绵长的历史造就了伟大的民族精神、深入骨髓的民族情感和优秀的传统文化。要挖掘中华优秀传统文化中的理想信念教育资源和价值，充分发挥中华优秀传统文化对大学生理想信念教育的价值。

第一，继承和发扬中国传统文化倡导的家国情怀，塑造大学生的爱国主义精神。中国传统文化中的最高社会理想是实现大同社会，集中体现了中国人对美好社会的憧憬和意愿，是中华优秀传统文化的精华所在。今天，为推动世界的和平与发

---

① 《邓小平文选》第 3 卷，第 110、111 页。
② 《邓小平文选》第 2 卷，人民出版社 1994 年版，第 336 页。

展，解决各国之间的贫富差距问题，实现真正的全人类利益，习近平总书记提出了人类命运共同体理念，在实现自身发展的同时给世界各国人民带来福祉，与世界人民共同发展，主动担负起一个大国的国际责任。习近平总书记的"大同观"突出在世界范围内实现"大同"，是大同思想的创新升华和创造发展，体现了中华优秀传统文化的时代价值，彰显了中华民族历来崇尚的"为万世开太平"的博大胸襟和担当精神。中国传统文化中的最高个人理想是成为至善的圣人，一般个人理想是成为君子，从个人的角度为我们设定了"内圣外王"的理想信念。将这些传统文化中的家国情怀融入大学生理想信念教育之中，能够激发大学生的民族自信心和自豪感，激发大学生的爱国主义情怀。

第二，继承和发扬中国传统文化重义轻利的价值取向，引导大学生树立正确的利益观。中国传统文化强调重义轻利是义利观的主流价值导向，孔子提出"见利思义"（《论语·宪问》）、"见得思义"（《论语·子张》）、"不义而富且贵，于我如浮云"（《论语·述而》），强调为人处世要注重道义；孟子提出"生，我所欲也；义，亦我所欲也。二者不可得兼，舍生而取义者也"（《孟子·告子上》），强调正义比生命更重要，主张舍生取义；荀子主张以义利区分荣辱，提出义高于利的观点。正义轻利的义利观对加强民族凝聚力、发展社会生产起到了巨大而不可替代的作用。在社会极速变革的新时代，正视大学生义利观的现实取向和价值选择，继承和发扬中国传统文化重义轻利的义利观，引导大学生正确处理义与利的关系，在"义"的影响下开拓进取，在"利"的审视中艰苦奋斗，培养大学生自强不息的进取精神。引导大学生把国家和集体利益放在第一位，全面看待错综复杂的社会现象，避免个人主义、享乐主义等将个人利益凌驾于集体利益之上的不良风气的侵蚀，树立正确的义利观和高尚的人格修养。

第三，继承和发扬中国传统文化中的责任意识，培养大学生的责任感。中国传统文化中的责任意识主要体现为参与意识、忧患意识和自强意识。首先，参与意识是中国传统文化中关于道德责任感不可缺少的一部分，"修身、齐家、治国、平天下"，"天将降大任于是人也，必先空乏其身，劳其筋骨，饿其体肤"，表明大学生不仅要注重自身修养，还要有关心国家大事、勇于投身改革、敢于担当的精神。其次，忧患意识是中国传统文化中弥足珍贵的一部分，"长太息以掩涕兮，哀民生之多艰""先天下之忧而忧，后天下之乐而乐""天下兴亡，匹夫有责"等，这些重视国家、社会和民族利益的忧患意识，展现了崇高的理想信念和追求。最后，自强意识是中国传统文化中的重要组成部分。"天行健，君子以自强不息""路漫漫其修远兮，吾将上下而求索""老骥伏枥，志在千里；烈士暮年，壮心不已"等，显示着中华民族自强不息的奋斗精神和锲而不舍的执着精神，推动着中华民族的发展。中国传统文化中的责任意识为新时代大学生培育责任感树立了模范作用，大学生要继承和发扬中国传统文化中的责任意识，对自己、对家庭、对社会负责。

(二) 继承和发扬中国革命传统，筑牢大学生崇高的理想信念

中国共产党在带领中国人民进行长期的斗争实践中，形成了自己宝贵的革命传统，凝结了我国人民的优良品质和优秀作风。要挖掘中国革命传统中蕴含的理想信念教育资源和价值，充分发挥革命传统对大学生理想信念教育的价值。

第一，坚定的共产主义理想信念是中国革命传统的灵魂。坚定理想信念，坚守共产党人精神追求，始终是共产党人安身立命的根本。对马克思主义的信仰，对社会主义和共产主义的信念，是共产党人的政治灵魂，是共产党人经受住任何考验的精神支柱。正是因为中国共产党人坚定的理想信念，我们党战胜了前进道路上的各种风险挑战，创造了彪炳史册的人间奇迹，书写了中华民族伟大复兴的壮丽篇章。新时代大学生只有树立共产主义的崇高理想信念，才能激发为国家富强、民族振兴和人民幸福而发奋学习的强烈责任感与使命感，把个人理想和追求融入国家和民族的事业中，把个人奋斗志向同国家的前途命运紧密联系在一起，勇做走在时代前列的奋进者和开拓者。

第二，全心全意为人民服务是中国革命传统的核心。中国共产党自成立以来就紧紧依靠人民群众，全心全意服务于人民群众，在中国革命、建设和改革的各个时期，涌现出一批又一批将为人民服务作为人生追求的光辉典范。今天，中国特色社会主义进入新时代，经过全党全国各族人民的持续奋斗，第一个百年奋斗目标已经顺利完成，正朝着全面建成社会主义现代化强国的第二个百年奋斗目标迈进。新时代大学生要牢记为人民服务的优良传统，树立为人民服务的理想信念，把全心全意为人民服务作为终身的价值追求和自觉行动，投入中国特色社会主义伟大实践中，实现自己价值的最大化。

第三，艰苦奋斗是中国革命传统的政治优势。艰苦奋斗是中华民族的传统美德，是中国共产党长期倡导、大力培育的优良工作作风和思想作风，是中国共产党的政治本色和政治品格，是党带领全国人民直面各种风险挑战，以大无畏的英雄气概战胜各种艰难险阻、不断走向胜利的显著政治优势，是中国共产党坚持初心使命百折不挠、越战越勇的强大前进动力，是党和国家无比珍贵的精神财富和传家宝，也是今天最值得我们珍视、利用的无形资产和无价之宝。新时代大学生发扬艰苦奋斗的革命传统，把敢于吃苦、勇于奋斗的精神落实到日常的学习、生活和工作中，让艰苦奋斗成为大学生不畏艰难、开拓进取的精神力量。

第四，革命英雄主义是中国革命传统中的"法宝"。革命英雄主义精神是"中国共产党人为了党和人民的革命利益，为了实现无产阶级奋斗目标和崇高理想的革命实践过程中培育形成的伟大精神"[①]。其实质是为了国家、民族和人民的利益，为了和平幸福的新生活、稳定和谐的新社会而无私奉献。习近平总书记指出："一

---

① 吴潜涛等著：《中国精神教育读本》，人民出版社2014年版，第80页。

个有希望的民族不能没有英雄,一个有前途的国家不能没有先锋。……今天中国正在发生日新月异的变化,我们比历史上任何时期都更接近实现中华民族伟大复兴的目标。实现我们的目标,需要英雄,需要英雄精神。"① 在新的历史交汇点,弘扬革命英雄主义精神,讲好革命英雄主义故事,有助于大学生将个人命运与国家命运紧密联系在一起,担当党和人民赋予的历史重任,在提升自己、奉献社会的进程中书写无愧于时代的华丽篇章。

---

① 习近平:《在颁发"中国人民抗日战争胜利70周年"纪念章仪式上的讲话》,《人民日报》2015年9月3日第2版。

第七章　新时代大学生理想信念教育的基本途径

我们看到，在新时代，大学生理想信念教育依然面临严峻的挑战。因此，做好大学生理想信念教育，要通过丰富教育途径，拓展教育的深度和广度，提高吸引力，增加实效性。

第一节　发挥课程教学的作用

课程教学是大学生理想信念教育最主要的教育途径。加强理想信念教育的针对性，提高吸引力，增加实效性，必须充分发挥好各类课程教学的作用和功能。为了达到提高大学生理想信念教育的针对性和实效性的目标，高校课程教学可尝试运用以下对策来开展相关工作。

一、发挥思政课主渠道作用

大学生理想信念教育真正有效的前提，是受教育主体——大学生首先要对理想信念的概念和内容具有清晰、全面、深刻的认知。对于高校来说，引导大学生认知理想信念的最主要的平台和载体就是思政课。为此，大力加强师资建设，切实提高思政课教学的实效性，是提高大学生理想信念教育实效性的重要基础。因此，某种程度上讲，思政课教学的实效性会直接影响大学生对于理想信念的认知程度。那么，如何提高思政课教学的实效性，就成了大学生理想信念教育必须面对的问题。我们认为应从两个方面入手：其一，大力加强师资建设，以高水平的师资助推教学实效性的提高。这正如习近平总书记在学校思政课教师座谈会上所强调的："办好思政课关键在教师，关键在发挥教师的积极性、主动性、创造性。"[1] 思政课教师要给学生心灵埋下真善美的种子，引导大学生扣好人生第一粒扣子。高水平的师资从何而来？应该重点做好引进与培养两个方面的工作。引进方面，真正下大力气引进名家、优秀青年博士等来充实专职思政课教师的队伍；培养方面，鼓励和支持青年思政课教师攻读博士学位，真正提高教师队伍存量的业务水平和能力。当然，要确保这两个方面工作的顺利开展，高校必须切实提高思政课教师的待遇和地位，以制度和规章的形式保证思政课教师在收入、职务聘任、职称评聘、评先评优等方面

---

[1] 习近平：《思政课是落实立德树人根本任务的关键课程》，《求是》2020年第17期，第8页。

与其他专业老师至少处于一个水平线上，以吸引更多优秀的教师进入思政课教师队伍并长期潜心教书育人工作。其二，着力进行"内容为王"的思政课教学改革。所谓"内容为王"，就是思政课教学改革的重点应该关注课程内容本身，对课程涉及的核心理论、思想和重大战略决策等，给予全面、科学、深入的分析和阐释，以真理的力量、魅力来说服学生，全面提升课堂教学的理论说服力，进而切实提高学生的认知水平。显然，真正彻底的理论必定能征服学生。而彻底的理论就是运用基本原理，结合时代环境和实际，对现实世界具有强大解释功能和回应能力的理论。这些理论的构建，要求思政课教师深度把握教材内容、理解基本原理，并结合实际做出创造性的转化才可能达成。需要特别说明的是，这种彻底的理论的构建，对于高校的理想信念教育来说尤为重要和必要。

理想信念教育要探索和构建"课堂+网络+实践"的"三位一体"协同育人模式，注重从三个方面开展理想信念教育工作：夯实课堂理论教学，增强马克思主义理论的吸引力；运用新媒体教学，构建理想信念教育网络平台；加强实践历练，培养理想信念的韧劲。

第一，基础：夯实理论教学，增强马克思主义理论的吸引力。理想信念教育应该引导大学生学习马克思主义基本理论，运用辩证唯物主义和历史唯物主义的方法分析和解决日常生活中所遇到的问题，做到理论与实践相结合，不断增强马克思主义理论的吸引力和感召力。习近平总书记指出：马克思主义奠定了共产党人坚定理想信念的理论基础。① 但是，目前一些党员干部信奉宗教，搞迷信活动，理想信念不坚定，党性原则不强，他们的宗教信仰、迷信活动与马克思主义世界观相背离、相冲突。大学生是国家未来重要的储备人才，必须引导他们坚定马克思主义信仰。例如，为大学生搭建综合展示的锻炼平台，开展经典朗诵活动，让学生诵读《共产党宣言》《坚定文化自信，传播中国文化》《努力开创中国特色社会主义事业更加广阔的前景》等。一方面，提高了学生讲述中国故事、传递中国声音、推广中华文化的责任感、使命感，更加坚定理想信念，勇于扛起时代所赋予的使命；另一方面，激发学生学习马克思主义理论的兴趣和动力，进一步深化对马克思主义的认识，让经典的真理力量入脑入心，增强马克思主义理论的吸引力、感染力。

第二，重点：运用新媒体构建理想信念教育网络平台。目前，互联网已经成为理想信念教育的重要平台。"95 后""00 后"作为新媒体时代的"原住民"，是同互联网一起长大的一代人，早已习惯将网络运用于学习和生活中。教师应顺应时代发展的要求，善于利用微信、"学习通"、"中国慕课"等新媒体平台，打造网络理想信念教育新阵地。作为大学生理想信念教育的重要渠道，高校思政课要牢牢把握和占领网络这一重要阵地。一方面，挖掘利用理想信念教育网站，如马克思主义研究网、人民网、学习强国等，充分利用这些网站的图片、视频、数据，给学生提供

---

① 参见习近平《在纪念马克思诞辰二百周年大会上的讲话》，《人民日报》2018 年 5 月 5 日第 2 版。

视觉、听觉的多维感官盛宴，调动学生的积极性和好奇心。另一方面，开展线上互动交流。针对"思想道德与法治"课程中理想信念教育的重点、难点，展开师生和生生之间的交流活动。教师精心设置问题，通过"学习通""中国慕课"等平台发起话题讨论，引导大学生积极参与线上交流、讨论。同时，学生对自己不理解的观点，特别是对理想信念教育过程中可能产生负面影响的不良言论、违法行为进行提问。最后教师总结评价，答疑解惑，引导大学生坚定理想信念。

第三，关键：加强实践历练，培养理想信念的韧劲。马克思主义是在实践中形成并不断发展的，要"高度重视思政课的实践性，把思政小课堂同社会大课堂结合起来"①，在理论和实践的结合中，教育引导大学生把人生抱负落实到脚踏实地的实际行动中来，把学习奋斗的具体目标同民族复兴的伟大目标结合起来，"立鸿鹄志，做奋斗者"②。坚持理论性与实践性相统一正成为当下高校思政课教学的重要课题。应积极展开校内外相结合的理想信念教育实践活动，立足校园，又要走出校园。一方面，在开展校内实践活动中，教师可以组织学生观看理想信念教育相关纪录片、进行理想信念教育PPT展示比赛、举办理想信念主题微视频评选大赛，以及邀请抗击新冠疫情、扶贫攻坚一线工作者进行理想信念宣讲等。另一方面，挖掘校外实践资源，如参观理想信念教育基地、实地采访理想信念教育典型人物、进行理想信念主题的社会调查等。要把组织开展校内外实践活动与课堂教学讲授摆在同等重要的位置。在开展理想信念主题实践活动中，教师可以引导大学生关注重大时政热点事件、重大民生问题，以此为契机，广泛开展特色鲜明的主题实践活动。这有利于培养大学生理想信念的韧劲，让大学生在理想信念的实践教学过程中排除异化思潮的影响和干扰，练就理想信念"金刚不坏之身"，激发大学生崇高理想信念的认同感、使命感，为实现中华民族伟大复兴添砖加瓦。

此外，还要推进教师队伍建设，巩固引路人角色。教师队伍建设是推进立德树人、提高理想信念教育实效的关键。思政课教师是马克思主义理论和党的路线、方针、政策的宣讲者，社会主义意识形态和精神文明的传播者，是大学生健康成长的指导者和引路人。

第一，思政课教师要具备坚定的理想信念和正确的政治追求。教师的理想信念状况和政治追求会映射到教学的各个环节，潜移默化地影响学生心怀家国、心怀时代，真正做到政治强、情怀深、思维新、视野广、自律严、人格正，打造有情怀的思政课堂。

第二，思政课教师要具有深厚的人文情怀。教师要以学生为中心，充分尊重学生，激发学生学习兴趣，用符合大学生群体的方式为他们答疑解惑，鼓励他们与祖国共奋进、与时代同发展，激发他们对学习、工作和生活的热诚，对国家、民族和人民的大爱，心怀国之大者，争做国之大才。

---

① 习近平：《思政课是落实立德树人根本任务的关键课程》，《求是》2020年第17期，第13页。
② 习近平：《思政课是落实立德树人根本任务的关键课程》，《求是》2020年第17期，第13页。

第三，思政课教师要有深厚的家国情怀。家国情怀意味着教师能意识到自身肩负着国家繁荣、民族复兴的责任和使命。家国情怀是一个人对自己国家和人民所表现出来的深情大爱，是对国家富强、人民幸福所展现出来的理想追求，是对自己国家高度的认同感和归属感、责任感和使命感。一个人只有对家园故土怀有深厚感情，将个人的发展与国家、民族联系起来，才能在更广阔的世界中实现人生价值。家国情怀是思政课课堂的灵魂，新时代思政课教师要厚植学生的爱国主义情怀。在课程内容的把握上，要挖掘中华民族优秀传统文化、革命文化和社会主义先进文化，只有"感人于脏腑，动人于心弦"，才能更好地唤醒学生与祖国命运与共的爱国之情、"天下兴亡、匹夫有责"的使命感与勇毅担当，使其树立起鲜明的价值坐标，从而培养出一批又一批胸怀深厚家国情怀的新时代大学生。

第四，思政课教师要具备高尚的道德情操和人格魅力。思政课教师不但要具备深厚的理论功底，还需要有高尚的道德素养和人格魅力，通过言传身教、行为示范影响学生、带动学生。

二、发挥课程思政协同教育作用

我国高等教育肩负着培养德智体美劳全面发展的社会主义事业建设者和接班人的重大任务，理想信念教育在"培养什么人、为谁培养人"问题上具有重要的战略意义。在推进大学生理想信念教育常态化、制度化方面，思政课应该发挥引领作用，其他各门课程也应与思政课同向同行，形成协同效应。以课程思政建设为契机，树立全课程育人理念，挖掘各类课程中的思政元素，实现知识传授与价值引领的融合促进、双向互动，充分发挥课程思政协同教育的作用，把各类课程视为教育共同体，共同担负起以理想信念教育为重点的立德树人重大使命。

（一）高等学校课程思政协同推进理想信念教育的必要性

2020年4月，教育部等八部门共同颁布了《关于加快构建高校思想政治工作体系的意见》，要求以理想信念教育为核心建立完善全员、全程、全方位育人体制机制；5月，教育部《高等学校课程思政建设指导纲要》（教高〔2020〕3号）中强调，"课程思政建设内容要紧紧围绕坚定学生理想信念，以爱党、爱国、爱社会主义、爱人民、爱集体为主线"。2021年3月6日，习近平总书记在看望参加全国政协会议的医药卫生界教育界委员时发表重要讲话，再次提到教育要"把立德树人融入思想道德教育、文化知识教育、社会实践教育各环节，贯穿基础教育、职业教育、高等教育各领域，体现到学科体系、教学体系、教材体系、管理体系建设各方面"[1]。高等学校作为人才培养、思想文化碰撞、意识形态交锋的阵地，各种理想

---

[1] 《习近平在看望参加政协会议的医药卫生界教育界委员时强调把保障人民健康放在优先发展的战略位置 着力构建优质均衡的基本公共教育服务体系》，《人民日报》2021年3月7日第1版。

信念教育的话语、不同种类的论调在这里集聚，若不能正确诠释、合理引导，将会导致理想信念教育"失声""失真""失效"。

然而，一些专业课教师并不重视理想信念教育，他们本身也受到非马克思主义社会思潮影响，理想信念不科学不坚定，有时会在课堂上发表不当言辞，甚至轻视或者否定共产主义理想信念。部分高校的理想信念教育机制整体运转不畅，存在相互矛盾、内容冲突、效果抵消等现象。因此，以课程思政建设为引领，以各类课程教师为抓手，有序推进大学生理想信念教育势在必行。

高校思政课程与课程思政协同的理论依据有三：

第一，育人与育才辩证统一理论。育人与育才是教育环节中不可分割的两个部分。最初对于二者并没有明确的区分，很多教育主体简单以等同思维看待二者，很容易导致目标混淆，评价时也就会出现忽视个体价值、标准整齐划一的弊端。实际上，育人与育才是同一事物的两个方面，具有辩证统一的关系特征。育人在培养目标上更注重主观体验，倡导通过教育使人实现理想追求，建立正确的价值观念，提升幸福感，在培养方式层面也更加关注影响、熏陶的作用，对教育者提出了"身正为范"的要求。育才则更倾向于能力的培养，知识、技能是其关注重点，语言指导、实践示范是其主要的培育方式，倡导"学高为师"。但不论如何区分，二者之间始终存在千丝万缕的联系，正确的价值观念可以规范人才职业道路，扎实的能力素养又能为价值观培育创造良好条件。协同育人模式是站在终身发展视域之下的，有着极高的推行价值。

第二，课程整体性与协同性理论。整体论是对认知方式的一种引导、规范，在此观念下，事物系统性、关联性特征被放大，非线性研究的优越性充分凸显。作为我国教育行业的有机组成部分，高校课程设计同样融入了整体性思维，即课程之间相互独立，但又遵循同一培养目标，共同组成了整体性、全局性的培育方案。协同论则认为，事物存在多个子系统，虽然系统之间属性、运作方式不尽相同，但始终存在着相互影响、合作的关系。当子系统之间配合良好，协作运行，那么事物就会取得良好的结果，产生"1+1>2"的效果。这一理论在高校系统育人模式中有着较高的适用性。公共课、思政课、专业课以及管理制度、校园文化都可以被视为协同育人模式的子系统，当这些元素通力配合、协调统一时，就会取得较好的育人效果，使大学生实现思想政治教育与专业技术的双重提升。

第三，显性教育与隐性教育理论。从教育功能角度划分，可以将教育活动分为显性、隐性两个部分。显性教育对知识技能的呈现较为直观，有明确的教学目标、规划作为支撑，课堂教学、讲座等是较为常见的显性教育模式。隐性教育则具有非正式的属性，并不会直接表明教育的目的，而是将之蕴藏在周围环境、细节之中，以潜移默化的方式发挥作用。相较于显性教育，隐性教育具有以下较为明显的特征：一是弥散性、普遍性。对于学生主体来说，校舍环境、同伴关系等均会成为隐性教育的源头。二是持久性。由于隐性课程多在主体无意识状态下渗透、发展，因此多集中在心理、情感层面，并且一旦成型，将会在较长时间内产生影响。三是双面性。由于周围环境存在较多不可控因素，大学生受到的影响既有可能是正面的，也有可能是负面的。思想政治教育恰巧具有理论性和思想性的双重特征，以协同育人模式加强思想政治教育，可以充分发挥隐性教育价值，通过营造积极的教育氛围，使之对大学生产生持久、稳定的影响。

（二）基于课程思政的理想信念教育现状

1. 资讯时代，海量信息唾手可得，社会环境日益复杂，学生理想信念选择多元化

近年来，国际国内社会环境日益复杂，网络上更是众声喧哗，西方不良的社会思潮、价值观念等意识形态的渗透无处不在。例如，一些自媒体话语制造者通过文字、声色、光影将这种充满敌意的意识形态渗透包上美丽的糖衣，将其实际意图隐藏在自媒体公众号的推文中，诱导大学生陷入他们的话语陷阱。我国社会体制转型和经济发展过程中的一些负面新闻在网络上持续发酵，甚或是恶意造谣传谣，攻击诋毁党和政府形象等现象也屡见不鲜、屡禁不止。大学生具有旺盛的好奇心，关注社会发展，内心敏感细腻，自我意识强烈，诸多社会政治问题和思想理论问题会引发他们的思考。但部分大学生理论学习不深入，缺乏明辨是非的能力，因此，在种种因素误导之下，他们的理想信念可能会动摇、弱化，有着功利化、自由主义、重视个人利益、金钱至上等多元的不当选择倾向。

2. 理想信念教育宏观抽象，教育目标单一、内容陈旧，浅层次、形式化

很多理想信念教育侧重于宏观的抽象的概念分析、基本理论的讲解，教育目标比较单一，教学内容相对陈旧，并没有考虑到作为网络原住民的新时代大学生所处的时代背景、实际需要，对大学生目前的理想信念现状、为什么会这样、深层逻辑是什么、应如何引导等问题的挖掘不够，教育方式也以说教为主，未能将理论与现实社会相结合，浮于大学生认知水平的表面，忽视了对大学生兴趣特点、接受能力的考量，以及在此基础上的教育制度的设计和大众话语构建。

3. 教师的课程责任意识不明确，各司其职，理想信念教育割裂化

一直以来，不少高校存在知识传授、技能教育与价值引领、理想信念教育分离的局面，使大家认为专业课、通识课与思政课各行其道、各司其职、互不干扰，这种理想信念教育、价值观教育"于己无关"的观念，使打算尝试进行课程思政改革的专业课、通识课教师对诸如政治认同、家国情怀、理想信念等思政元素的课程融入无从下手。如果只靠自行摸索，没有思政课教师从旁指引，其思政元素的融入也只能是有限的、随机的、无序的、碎片化的，缺乏系统性、计划性和方向性。

（三）课程思政协同推进理想信念教育的路径

1. 理清设计思路，做好双渠道育人规划

课程思政是高校思政协同育人思路的重要内涵，要重点区分其与思政课程之间的差异，为"责任田"的划分奠定扎实基础。当前对于二者概念的认知主要存在几个误区，如取代思维、等同思维等，或是认为将思政元素贯穿到专业课程之后，就可以完全替代思政课程，或是认为课程思政只是原有课程的升级、变形，并没有本质区别。实践规划时应当注意规避这些误区。实际上，思政课程拥有独特的政治属性，能够在马克思主义理论基础之上，将人类社会发展规律、社会主义建设方向准确描述出来，在大学生脑海中构建起系统化的知识体系，从而筑牢主流政治思想观念，避免不良思想的侵蚀。思政课程的系统性、完整性是课程思政所不能体现和比拟的，因此绝不能用片面的取代思维来看待，而是要尊重其在协同育人中的主导地位，通过教学策略优化、课程组织升级等方式，来提升思政课程的有效性，促进高校学生思想政治素养的升华。与此同时，也要正视课程思政的内在价值，立足专业课程，挖掘有效的连接点，拉近思政元素与学生之间的距离，以渗透、熏陶的方式普及正确的思政理念，达成德技双修的教育目标。例如在汽修、冶炼等专业课程中，就可以引入航天精神、大庆精神等典故，让学生直观感受到革命先辈们在岗位上无私奉献、钻研攻坚的精神内涵，并以之为榜样勉励自己奋勇前行，以双管齐下的方式达成思想政治教育目标，鼓励学生赓续优秀精神血脉。

2. 革新教育理念，运用多元化育人手段

教师、学生以及教育影响是高校教育环节中主要的三大要素，其中教育影响涵盖内容较多，教材、课程内容等都包含在其中，作为灵活性较强的影响形式，教学手段的革新实现难度相对较小，推进速度相对较快。由于思想政治教育内容具有较强的理论性，在协同育人模式推进的当下，枯燥、刻板的传授方式显然已经不能适应需求。教师首先可以尝试使用案例教学法。《大国工匠》电视节目、学习强国App等都是不错的案例搜集渠道，教师可以将之积累起来，重新整合、升华，并带入自己的教学当中，让学生在饱满的情绪体验中，积累爱国情感，激发创作热情。其次可以采用实践教学法。实训是高校常见的教学方式，能够让学生在动手操作的过程中，加深理论知识记忆；在顶岗实习的过程中，还能以企业优秀员工为榜样，明确职业目标，习得正确的职业道德观念。除专业技能实训外，思政课程教师还可以组织志愿服务、社会实践等，让学生在公益活动中树立起良好的基层服务意识，践行社会主义核心价值观。最后还可以考虑小组合作探究法。呈现思政元素时，改变单向灌输的教学思路，以问题为导向，将学生最关注的焦点、热点问题搬进课堂，让学生在合作探究中发掘真知，树立正确的价值观。

3. 筑牢教学基础，打造复合型育人队伍

协同育人背景下，思政课、专业课程的教学方式、手段都会发生一定变化：前者需要在纯理论基础之上引入更多专业知识，以消除学生的陌生感与疏离感，明确职业道德具体指向；后者则需要以专业课为基点，挖掘更多具有关联性的思政元素，为工匠精神的培育打下基础。该模式下两种课程的内容被拓宽，对教师的专业素养也提出了更高要求。高校应当正视这一状况，以制度为依托组建"帮带"机

制，在思政课程与专业课程教师群体之间建立起连接纽带，定期开展联席教研会议，通过试讲、点评发现不足，反思改进。同时借助网络平台的力量，打通远程交流渠道，当教师在思想政治理论或专业技术学习中产生困惑、不解时，可以实时进行探讨沟通，互帮共赢，建成齐抓共管、通力合作的协同育人模式。在此背景下，各科教师也应当积极作为，主动提升自身技能，对于思政课教师来说，不仅要能够娴熟掌握思想政治教育理论，更要借助技术、书籍、网络平台等主动充实专业知识库，自如地将相关技术理论、案例等穿插到课程组织当中去，稳抓重点、难点，使思想政治理论具象化，加强课程说服力。以土建专业为例，教师在讲解法律板块时，完全可以引入土建安全事故案例，让学生明白规范操作、严谨验收的重要意义。

4. 挖掘教育资源，构建浸润式育人平台

从上述探讨中可以发现，隐性教育在思想政治教育中取得的效果更加持久，同时教育影响范围更大，实现起来也更加容易。因此，在协同育人模式中，必须重视隐性教育资源的供应和营造。首先是要做好校训的宣传。对于高校来说，校训中蕴含着办学历程、培育理念，是一个学校办学精神、价值观念的集中体现，设计时应当融入社会主义核心价值观，同时突出本校优势与特色，让教师与学生在校训的浸润下，潜移默化地接受思想政治教育。其次是要优化校园环境。校园是大学生学习、生活的主要场所，其硬件设施、景观设计等会直接制约大学生的使用体验及文艺审美。高校要正视这一要素的教育价值，用美观、大方的建筑、装饰设计提升大学生审美水平，用行业楷模雕像为其树立榜样。可以此为契机组织开展校园美化活动，让大学生参与设计、构建过程，提升其参与度和自豪感，从而深化隐性教育的影响。再次，丰富多彩、趣味十足的文体活动也是隐性教育的关键手段。高校可以以社团为基点，组织开展知识竞答、文艺表演等活动，在活动中传播主流价值，提升思想素养。最后，伴随时代变迁，科技与信息已成为时代主导，高校也要与时俱进，借助互联网平台推动协同育人模式的落地实行，在专业课学习网站上设计理想信念教育宣传板块，用潜移默化的方式加深学生对理想信念的认知。

5. 各类课程教师首先应坚定科学的理想信念，树立正确的课程责任意识

各类课程教师均应首先树立起科学的理想信念。理想信念教育是一个系统工程，不仅需要思政课发挥重要作用，其他课程也应发挥作用，协同发力。要让有信仰的人讲信仰。自身坚定理想信念、优化知识结构、提升人格魅力，教师在课堂上才能有的放矢、言传身教，展现出坚定、自信、热情、爱生、崇教的整体状态；教师的教学话语充满正能量，激发与学生的共情，才能产生课堂教学的感染力和吸引力。

专业课、通识课教师应树立正确的课程责任意识。为了实现立德树人的根本目标，发挥各类课程的教育价值，在全面理解自己所教授课程的基础上，创造性地进行以理想信念为核心的价值引导层面的课程构建，成为专业课、通识课教师应该担

负的重要课程责任之一。学校应引导教师树立正确的课程责任意识，积极鼓励思政课教师与专业课、通识课教师互助合作：思政课教师发挥思政元素融入性转化的引领作用，指导专业课、通识课教师如何将思政元素、价值引导适时、适度、有机地融入专业课、通识课的授课内容及学生顶岗实习、校企合作、志愿服务的各项活动中；期间，思政课教师也能进一步深入了解专业发展、社会需要、国情民意，提高教学针对性，积累教学素材，实现双方共赢。

6. 全面深入推进课程思政建设改革，完善制度设计，课程转化逻辑清晰、精细具体

构建"一体化设计、专业化运行、协同化育人"的课程思想政治教育体制机制，进行全面深入的课程思政建设改革。其中，课程转化是课程改革进程中各阶段顺畅对接的纽带，是确保课程思政改革理念落实的关键。

美国著名教育学家古德莱德将课程实施分为五个层级：理念课程、正式课程、知觉课程、运作课程和经验课程。美国教育家布罗菲认为，在课程转化中会存在课程落差。所谓课程落差，即官方的课程在不同的课程实施层级间转化过程中不断地被增加、删减或曲解，产生课程的缺口。

课程转化以古德莱德的课程层级理论和布罗菲课程的落差理论作为基本理论框架。其一，在理念课程向正式课程转化的过程中，课程思政文件要求中应然的理念、育人目标向教科书实然呈现的转化。围绕文件精神，专家学者进行课程思政的系统化设计探索，对与文件思想相关的教科书内容进行重新设计、编排，将思政元素系统、有机地融入通识课、专业课的授课教材。这一过程所存在的课程落差多是因专家学者对文件理解的差异、思想表达的局限所引起的。其二，在正式课程向知觉课程转化的过程中，在各高校教务处的统筹部署下，学校公布各专业课程计划、课程标准、使用的教材，各类课程教师理解正式课程的相关要求。这一过程所存在的课程落差多是由缺少顶层设计、推进力度不足、实施未能落地、教师专业能力的差异、文字理解的不同等原因所引起的。其三，在知觉课程向运作课程转化的过程中，以各类课程教师为参与人，是教师将他们所理解的课程转化为实际教学活动的课程的过程。此时，思政课与专业课、通识课教师应通力合作。这一过程存在的课程落差多是因为思政课与专业课、通识课教师沟通不足，彼此了解不够，改革行动不合拍、反思深度不一致所引起的。其四，在运作课程向经验课程转化过程中，学生为主要参与人，是学生将教师在课堂传授的教学内容，转化为自己理解的内涵的过程，以内化于心、外化于行的学习转化方式进行。

在学科体系建设方面，应根据高校本身的学科发展情况，将相应的学科体系建设、制度改革与课程思政改革一体化设计，思政课可助力学科集群建设；在教材体系向教学体系转化方面，思政课教师应起到引领作用，与专业课、通识课教师进行常态化沟通交流，建章立制、制定规划，形成制度保障，可以成立课程思政工作领导小组，提供正式课程→运作课程、运作课程→经验课程的转化支持；在管理体系上，则应将运作课程的实施与教学监督反馈制度相衔接，巩固齐抓共管的工作格局，形成多维度育人合力。

7. 创新理想信念教育方式方法，更新教育内容，使教育贴近学生实际需要

推进理想信念教育常态化。理想信念教育不需要喊口号，应弱化其外在的功利性，潜移默化、润物无声，让其融入思想政治教育、文化知识教育和社会实践教育各环节。发掘各类课程教学内容中与理想信念相关的元素，通过对话、体验等方式进行微观表达，开展直接有效的理想信念教育。

重视大众话语的构建，更新教育内容，提高教学实效。应根据社会发展需要不断更新理想信念课堂教育内容，在这方面集中体现为将社会热点和难点问题与教育主题相结合来引领价值取向。重视理想信念大众话语的构建，从个体性、个性化、微观化的世界切入，使马克思主义、共产主义、共同理想、远大理想等宏大概念落实为学生可以感知、可以感动、可以学习的身边榜样、平凡力量。例如，新冠疫情防控中涌现了许多可歌可泣、值得称颂的人物榜样，在生动故事的讲解中让大学生认识到理想信念并非高不可攀、遥不可及，它就在我们身边，就在这些医生、护士、方舱建筑工人等的身上，平凡岗位上的每个人都可能蕴含着理想信念光辉照耀下的非凡力量。用大学生能够听得懂、看得明的通俗易懂的方式将理想信念教育表达出来，使其"走下神坛"，融入大众日常生活、学习和工作中。

重视第二课堂和网络课堂，创新教育渠道。从书本上接收来的理论，必须同社会实际结合，同实践结合，经受生活实践的检验。这样确立起来的理想信念才是坚定的、可靠的。通过对大学生社团活动、社会实践、志愿服务等的科学设计、组织实施，在他们朋辈交往的活动中及时发现并消除存在于大学生群体中的有所偏差的理想信念、错误的价值观、不良的行为倾向等；通过网络自媒体运营、新媒体互动等，围绕大学生的关注点、兴趣点打造关于理想信念的形式多样、内容丰富、方式灵活的交流互动平台……多种渠道创新理想信念教育方式方法，帮助大学生在对国情社情民情认识不断深化的过程中坚定科学的理想信念，明确正确的人生方向。通过各类社会实践活动，拓展教育渠道，检验教育成效，反思教育不足，促进理想信念教育理论水平的进一步提高，从而进一步深化、完善对学生的马克思主义理论教育，使学生学懂弄通、真学真用，知信行相统一。

8. 与专业相结合，坚持以大学生理想信念教育为核心

高校教师需要充分考虑大学生理想信念的专业性特点，从教育目标、教育内容、教育方法、具体实施、教育考核等多方面综合设计，把专业人才培养方案和理想信念教育结合起来，并融入理想信念教育的完整体系中。在教育目标上，教师应结合不同院校的发展特色和专业特点，尤其是结合社会对各类专业人才的具体要求，专门设计理想信念教育的具体目标。在教育内容上，教师应结合不同专业的学习内容，尤其是要注意提炼专业内容中的理想信念教育成分，实施融合教育。其实，任何专业技术的发展都不是孤立的，都与时代背景、个人或团队努力分不开。

专业技术的形成是一个历史过程。教师应主动发掘专业技术的发展史，将之融入理想信念教育的内容中。在教育方法上，教师应积极学习并借鉴专业教育的方法（如项目教学法、行动导向教学法、任务驱动法等），探索将其融入理想信念教育的具体途径，结合不同的教育内容，采取合适的教学方法。在具体实施上，教师应有意识地发挥教育合力，将理想信念教育和专业教育结合起来。例如，将理想信念教育融入大学生的专业实习、实训中，融入专业技能竞赛、社会实践活动中，充分发挥专业教师和辅导员及相关管理者的教育作用，等等。在教育考核上，教师应对教育效果进行综合考核，尤其是注重对大学生在专业发展中所表现出来的理想信念状况进行考核，注重按国家对各类专业性人才的综合要求进行考核。总之，教师需要主动适应大学生理想信念的专业性特点，结合专业教育任务，才能使大学生理想信念教育具有生机和活力，避免其在各类专业教育中被边缘化。

同时，教师应坚持理想信念教育的核心地位，从大学生的精神成长着力，以坚定大学生的理想信念为首要任务。理想信念关乎大学生的全面健康成长，其价值不应被低估，更不能被消解。大学生理想信念教育不是专业教育可有可无的装饰。教师必须具有教育定力，深入理解并牢牢把握理想信念教育这一高校思想政治工作的核心，帮助大学生进行精神"补钙"，引导其树立远大的理想、坚定的信念，具有强大的精神支柱，最终成为中国特色社会主义事业的合格建设者和接班人。如果只着眼于眼前的专业学习，只追求个人的职业理想和生活理想的实现，急功近利，而缺乏更大的格局和更广的视野，不仅会导致学习动力不足，学习效果也会大打折扣，更会影响其未来的人生发展。高校专业教育的确是以专业技能培养为核心，以提高大学生的专业知识、技能为主要目标，但其培养的专业知识、技能应该以正确的价值观为引领，专业知识与价值引领在专业教育中均不可缺失。只有这样，大学生才能成长为具备现代公民品格的专业技术人员，而非无责任担当的专业人士。因此，大学的专业教育，最终目标应是培养具有社会主义核心价值观念的专业人员，而非具有错误价值观念的专业人员；应是服务于国家和人民的专业人员，而非站在国家和人民对立面的专业人员；应是具有民族情怀和关心人类命运的专业人员，而非唯技术论的专业人员。在当前，高校普遍以培养具有高超专业能力的专业人员为己任。如果没有坚定的理想信念，大学生难以成长为堪当重任的专业人员。理想信念在高校教育中具有不可估量的重要价值，尤其是在培养大学生的价值立场、视野格局及其精神发展等方面具有现实意义。教师应具有足够的教育自信，在围绕高等教育中心任务的基础上，适应大学生理想信念的特点，纠正其理想信念形成过程中出现的不良倾向，保持理想信念的价值性和超越性，切实发挥理想信念教育对大学生的精神成长的提振作用，坚定大学生的理想信念，将其培养成为既有过硬专业能力又有理想担当的优秀人才。

高校需要树立大思政教育理念，强化课程思政建设，紧跟时代发展步伐和政策变化要求，引导各专业课程教师挖掘课程思政元素，把握好思政元素与专业课教学内容融合的切入点、动情点,在专业知识传授中巧妙地融入思政元素,让思政元素与专业课程内容相互融合,专业知识与思政知识相得益彰,课程实效与育人成效双向提升,形成各类课程与思政课协同育人的课程思政建设格局。

第一,有机整合课程思政元素。针对专业课程思政元素含量不一、分布不均的问题,一方面,高校应积极整合课程思政资源,着力打造学科育人共同体。课程是高校育人的主载体。思政课是理想信念教育的主渠道;专业课程虽然不以理想信念为主要内容和育人目标,但是在学生的理想信念培育过程中也起到了重要的引导和推进作用。"其他各门课都要守好一段渠、种好责任田,使各类课程与思想政治理论课同向同行,形成协同效应"[1],建设好课程思政教学资源库,"解决好各类课程和思政课相互配合的问题"[2],发挥各学科协同育人效应。另一方面,高校要整合各类实践教育资源,着力打造立德树人共同体。高校应按照应地制宜、因时制宜的原则,把思政小课堂同社会大课堂结合起来,积极探索、挖掘、整合、利用地方或企业的实践教育资源,帮助大学生在实践中厚植情怀、增长智慧和才干,加深对现实国情和马克思主义科学理论的理解,充分感悟马克思主义作为科学真理的理论魅力、现实解释力和实践指导力,从而对马克思主义理论由感性认识上升到理性认识。

第二,聚焦提炼课程思政元素。教师要依据各专业群的教学大纲和教学要求,结合课程思政建设目标,提炼课程思政元素并精准巧妙地融入专业课的教学内容,在教学设计、元素提炼、实施路径等方面下功夫,以优化课程内容设置。

第三,灵活运用课程思政元素。高校应根据不同专业课程的特点和目标,深挖与各专业知识点相对应的思政元素,在运用好各专业课中蕴含的思政元素的同时,还应积极吸收和借鉴其他学科中与之相契合的思政元素,以打破学科分野,做到课程互动、专业互促、学科互启。

三、发挥实践教学的育人功能

高校教师应把具体的理想信念教育活动和学生实践结合起来,广泛发掘并设计实践活动,夯实大学生理想信念教育的实践基础。大学生的实践活动主要包括课堂实践活动、校园文化活动和社会实践活动等。在课堂实践活动方面,教师应结合课堂教学内容,进行全面设计,既要设计一些小活动、常规活动,也要设计一些专门的较为大型的活动。小型活动主要用于营造课堂氛围、增强学生的参与意识和相关体验;常规活动主要用于激发学生学习的积极性,加强思想碰撞;大型活动主要用于提升学生的行动能力,在增加情感体验的基础上获得经验升华。在校园文化活动方面,教师应把理想信念教育和高校校园文化建设联系起来,进行统筹发展。例

---

[1] 《习近平谈治国理政》第二卷,第378页。
[2] 《习近平谈治国理政》第三卷,第332页。

如，教师应做好和学校相关职能部门的沟通，实现多部门联动，将管理力量转化融合为教育影响；应做好和学校发展规划的联动，尤其是结合学校要开展的重大活动，如国庆文艺汇演、学生军训、辩论竞赛等，共同发挥教育作用；应做好和学生社团的联系，指导社团活动，或直接和社团联合举办相关活动；等等。在社会实践方面，教师应有意识地参与学生的社会实践活动。例如，教师可以积极指导和参与大学生的暑期"三下乡"活动、社会调查活动、主题服务活动等。

大学生理想信念教育应以马克思主义理论为指导，马克思主义理论教育是坚定大学生理想信念的关键环节。要引导大学生坚定理想信念，重在引领学生思想升华、精神发展，为未来长远发展奠定坚实基础。因此，必须加强对大学生的马克思主义理论教育，提升其理论水平。不能把马克思主义理论教育边缘化，更不能把马克思主义理论教育庸俗化。要促使大学生提升其理想层次，增加其理想的丰富性，将基本的专业理想和生活理想推进到政治理想和社会理想，摆脱理想的功利化、庸俗化、碎片化。教师除了要利用好课堂教学这一传统主渠道之外，既要把马克思主义理论教育融入大学生的各种实践活动中，又要进行系统化的理论整合。

具体的课堂内外的实践活动是牵引学生思想和精神发展的具体方式，并非理想信念教育想要达到的最终目的。因此，大学生理想信念教育要避免为活动而活动的现象。这就需要教师在设计并组织实践活动时，全面谨慎，注意理论细节和活动细节的结合；在指导实践活动的具体过程中，不断自我警醒，保持初心，也要不断提点学生，进行活动纠偏；在实践活动结束后，要及时指导学生进行活动总结，并注意引导大学生将活动经验和马克思主义理论联系起来，实现思想理论升华。并且，教师应高度重视将理想信念教育与学生的专业、知识的学习有效融合，建立全面融合学习的共同体。2021年3月6日，习近平总书记在参加医药卫生界、教育界联组会时强调，"思政课不仅应该在课堂上讲，也应该在社会生活中来讲"①。对新时代大学生来说，理论化的理想信念教育显得相对抽象。教师需要注意结合广阔的火热的社会生活和中国特色社会主义的成功实践对理想信念教育进行提炼和转化，并且要注意理论表达的时代化、生活化，实现抽象理论和大学生成长发展实际的结合。

集中与分散相结合，切实拓展实践教育的形式与平台。实践教育是增强大学生对理想信念切身体验的重要环节，是大学生直接触摸理想信念的必要路径。为突破传统实践教育形式和手段较为单一的困境，真正发挥实践教育的功能和作用，高校可尝试通过集中与分散相结合的方式，不断拓展教育的形式和平台。其一，集中教育方面。应该以现代新技术为主要依托，大规模组织学生参加体验学习活动。具体地说，即通过网络异地现场传输（直播）的形式，让学生无须走出校门就能领略革命遗址、改革开放地标的真实风貌，如在课堂上接入井冈山、延安等革命圣地和深圳特区、上海浦东等改革开放前沿阵地的现场讲解；通过创设体验馆、还原革命场

---

① 《习近平在看望参加政协会议的医药卫生界教育界委员时强调把保障人民健康放在优先发展的战略位置 着力构建优质均衡的基本公共教育服务体系》，《人民日报》2021年3月7日第1版。

景或故事情景的形式,让学生在特定的空间体验历史事件的真实温度,如模拟红军长征的爬雪山过草地、建设大庆油田的挖钻井、抗洪救灾的冲锋陷阵等。通过这样的集中教育,确保绝大多数的大学生都可以"亲身"经历历史,体验革命先辈、先进人物的艰辛创业历程,真切感受理想信念的强大精神力量。其二,分散教育方面。以布置作业和开展主题竞赛为依托,促使学生自主参加各种学习、考察和调研活动。恩格斯曾经说过:"马克思的历史理论是任何坚定不移和始终一贯的革命策略的基本条件;为了找到这种策略,需要的只是把这一理论应用于本国的经济条件和政治条件。"[1] 也就是说,"高大上"的科学理论是实践的指南,而要正确地实践,就必须将科学理论和实际环境结合起来,用理论"照亮"实际环境。对于大学生而言,要真切地体验崇高、宏大的理想信念,就必须深入体察他们身处的时代、环境等,只有这样,才能在真实的、具体的境遇中"反身省察"理想信念的科学性、合理性。因此,这就需要大学生深入社会、时代、生活,进而理解世情党情国情。具体地说,一方面,可以通过全覆盖的方式,高校系部、学工部门或马克思主义学院将社会调研的任务分给学生,要求大学生以"轻骑兵"小分队的形式深入基层调研,获取第一手资料并做出分析,最终提交小组调研报告。这是学生在读期间必须完成的实践报告,并赋予一定的必修学分。另一方面,高校通过组织开展主题竞赛,如微视频、情景剧、辩论赛等,促使学生自主自觉去收集和查阅相关资料,组织资料,进而形成相关作品。这种分散教育的形式可以切实拓展学生体验理想信念的平台。

大思政协同推进,切实提升日常教育的质量与水平。提高大学生理想信念教育的实效性,除了加强理论性的认知教育和实践性的体验教育之外,还应该特别注重日常性的熏陶教育作用的发挥,切实提高日常教育的质量和水平。对于高校来说,应特别注意大思政工作的协同推进工作,真正提高"三全育人"(全员育人、全程育人、全方位育人)的针对性和有效性。首先,是日常教育部门之间的协调。学工处、团委、教务处、院系党支部等在开展学生大型主题活动时,应该事先沟通协调,确保活动的创新性、趣味性和思想性,绝不举办低水平的重复活动,而需合力举办高水平的精品活动,形成主打品牌,最大限度地调动学生参与活动的积极性,通过各种活动载体,创造机会让学生多角度、全方位接受理想信念的熏陶。其次,职能部门在开展日常管理工作时,则应该关注大学生的实际诉求。正如邓小平所言:"群众关心的实际生活问题和时事政策问题,各级领导一定要经常据实讲解,告诉大家客观的情况以及党和政府所作的努力,并且对群众所反映的不合理现象及时纠正。群众从事实上感觉到党和社会主义好,这样,理想纪律教育,共产主义思想教育和爱国主义教育,才会有效。"[2] 为此,日常管理工作应从细微处着手,真正关心学生的成长与困惑,急学生所急、想学生所想,并且尽可能满足学生提出的

---

[1] 《马克思恩格斯选集》第4卷,人民出版社2012年版,第574页。
[2] 《邓小平文选》第三卷,第144~145页。

各种合情合理的诉求，不断改善学生的待遇和学习生活环境，真正提高学生在校学习的获得感和存在感，让学生真正体会到党和政府的关怀，树立对党和政府的信任，建立对党和政府的情感，最终构建起自己对中国特色社会主义的坚实信仰。最后，教学院系与职能部门应该加强沟通协作，同行同向。学生的日常教育包括两个部分，一是学生在课堂上接受日常的专业教育部分，二是学生在课余接受职能部门的管理教育部分。要提高理想信念的日常教育实效性，教学院系的专业教师理应发挥应有的作用，不单要杜绝与党和国家大政方针相左的任何言论，还应充分发挥"课程思政"的作用，在专业课中实施自然的、恰到好处的理想信念教育。为此，教学院系应该和职能管理部门特别是院系党支部、学工处沟通协调，加强对近期中央精神的理解，对党和国家重大理论、战略的把握，进而要求专业教师将这些思政元素及时融入教学当中，做到专业教学与党政同行同向，提高"润物细无声"的理想信念熏陶教育功能。

理想信念实现的桥梁是实践，任何理想信念都必须经过实践，才能得以实现。微观上，个人的理想信念需要经过各种实践方面的努力得以实现；中观上，中华民族伟大复兴中国梦的实现，需要每一个个体投入中国特色社会主义的伟大实践中并持续努力得以实现；宏观上，党和人民对共产主义远大理想信念的构想，必须经过几代甚至几十代的人民不断实践，不断为之奋斗才能实现。可见，大学生同样需要经过亲身实践以及实际行动才能够树立和坚定理想信念。

因此，大学生理想信念教育不只是思想认识问题，更是实践问题。习近平总书记强调："不论是学习还是工作，都要面向实际、深入实践，实践出真知。"[①] 新时代大学生由于长期生活在学校，缺乏实践的锻炼，对国情、社会、生产活动等还缺乏实际的了解，他们的理想信念大多数还停留在思想认识层面。因此，大学生要了解国情、获得最真实的感受，必须通过实践，在实践中胸怀理想信念，将"小我"融入"大我"；在实践中了解人民，增进与人民的感情。具体来说，一方面，大学生可以利用假期，参加志愿者活动，如山区支教、抗疫志愿者活动等，大学生只有在亲自参与的实践中，才能够理解到个人价值的实现在于奉献；另一方面，大学生要在参与调研的实践中，亲身感受在党的路线方针政策的指导下，家乡所产生的变化以及人民生活水平的改善和提高，从而坚定大学生拥护党的决心。总之，理想信念的实现容不得半点好高骛远和纸上谈兵，大学生要主动担当社会责任，练就过硬本领，使自己的青春年华在新时代的奋斗和奉献中度过。

深入挖掘优秀革命传统，提高思政课理想信念的教育功能，就要重视红色文化与社会实践充分结合，将课堂教学延伸到实践教学，将所学应用到现实当中去。高校应制定相关制度，加强红色文化的社会实践教育平台建设，使红色文化实践教育活动顺利开展，提高课程教学的趣味性和感染力，充分发挥学校教育主渠道教育力

[①] 习近平：《习近平在北京大学师生座谈会上的讲话》，《光明日报》2018年5月3日第2版。

量的作用，实现知识的外化。马克思主义哲学实践的观点要求从实践到理论，再由理论到实践，对应在教学中，实践教学是大学生对理论教育升华最直接的途径。高校应当努力与红色爱国主义教育基地、历史博物馆等相关单位建立长期稳定的合作关系，组织大学生参观红色革命基地，进行榜样教育。教师有计划地带领大学生参观红色革命场所，如党史教育基地，鼓励大学生争当使馆讲解员，使他们在讲解党史过程中，能够主动接受党史教育，继承并发扬革命前辈的优良传统，引起情感共鸣。同时，可以组织大学生通过重走长征路、重游革命地等，使得大学生通过直观的视角、丰富的情感体验，去亲眼见证中国共产党的百年历程，这能够增强党史的感染力和说服力，增强大学生对党的认同感，鼓励大学生要学习模范人物的精神和事迹，并在学习和生活中以此为榜样，不断促进自身的发展。此外，以庆祝建党、长征胜利、抗战胜利、改革开放等重要纪念日为契机，使得大学生在浓厚的气氛中缅怀英雄，激发大学生的爱国主义精神。

习近平总书记在早年间基层实践的工作经历以及在中国特色社会主义的伟大实践中，总结出了"只有见诸行动才有说服力"的"实干"思想。他强调："学到的东西，不能只停留在书本上，不能只装在脑袋里，而应该落实到行动上，做到知行合一、以知促行、以行求知。"[①] 习近平总书记多次鼓励和告诫青年，中国梦的实现不是嘴上说的，而是"干"出来的，不是纸上谈兵，而需要千万青年脚踏实地，在实践中为之不懈努力和奋斗，只有如此，中国梦才能得以实现。此外，他还鼓励广大青年要练就真本领，勇于投身社会实践，成为对祖国建设的有用之人。因此，教师应鼓励大学生深入大社会，通过政策宣讲、公益志愿者服务等方式，帮助大学生解决在理论学习中的疑点和难点，在实践中感知和外化理论。通过组织大学生进入社区、企事业单位、政府机关等方式，让大学生能够亲眼见证在党的领导下，脱贫攻坚工作取得的重大胜利、人民生活水平的提高等。通过这些成就和变化，能够培养大学生爱国爱党之情，进而在实践中坚定为国家建设贡献个人聪明才干的理想信念。同时，教师在教育过程中也要着重以理论为依据，不断丰富实践教育方法，促进大学生将理论外化为具体的行动，以更好地促进理想信念教育实效性的提升。

四、发挥红色文化的育人功能

党的十九大报告指出，"青年一代有理想、有本领、有担当，国家就有前途，民族就有希望。"[②] 大学生理想信念教育的根本目标，就是要引导大学生在学习生活中逐渐认同中国特色社会主义共同理想，继而树立为实现共产主义崇高理想而坚持不懈努力奋斗的坚定信念。帮助大学生在当前复杂的各种社会思潮影响下树立正确而坚定的理想信念，对我国未来的发展将起到重要作用。当今大学生的思想和心

---

① 习近平：《习近平在北京大学师生座谈会上的讲话》，《光明日报》2018年5月3日第2版。
② 《习近平谈治国理政》第三卷，第54页。

理在转型期社会文化、社会意识的震荡和重建中受到很大的冲击，呈现出复杂、多元、易变的特点和积极与消极共生的现象。在思想多元化相互交融的背景下，以习近平同志为核心的党中央高度重视大学生的思想政治理论教育，尤其重视当前高校在加强大学生思想政治理论教育过程中不断提升大学生理想信念教育。红色文化资源所蕴含的崇高的理想信念以及爱国主义精神、革命英雄主义精神等，是理想信念教育的活教材。利用红色文化探索大学生思想政治理论教育的实践路径，有助于增强大学生理想信念的坚定性，对新时代大学生思想政治教育、树立共产主义远大理想、坚定理想信念具有深远意义。

（一）利用红色文化加强大学生理想信念教育的意义

党的十九大报告指出，中国特色社会主义文化"熔铸于党领导人民在革命、建设、改革中创造的革命文化和社会主义先进文化"[①]。这一论述强调了红色文化具有重要的时代价值。本质上讲，红色文化因其形成于马克思主义无产阶级意识形态指导之下，其中包含了马克思主义理论体系中的相关内容，同时也涵盖了马克思主义中的世界观、方法论等方面，因此具有意识形态性。而理想信念是人类社会实践的精神支柱和动力源泉，是一个人"三观"的集中体现。在精神层面二者具有高度的统一性。因此，将红色文化与大学生理想信念教育相融合，提升大学生的思想道德修养，培育大学生的爱国主义情怀，增强大学生为实现中华民族伟大复兴中国梦而努力奋斗的决心具有重要的现实意义。

1. 指明大学生理想信念教育的政治方向

红色文化的性质决定了红色文化本身就是爱国主义文化，其中爱国主义精神是红色文化的核心与精髓。从内容上来讲，红色文化主要讲述的是中国共产党领导人民群众为实现共产主义理想和奋斗目标，为了让人民群众早日摆脱剥削和压迫，而进行英勇无畏、艰苦卓绝斗争的奋斗历程，以及他们在斗争过程中所体现出的革命英雄主义精神。红色文化是产生于革命年代的一种极具中国特色的先进文化，具有重视精神信仰和革命理想的鲜明特征，其内涵和大学生的理想信念教育的内容非常契合。红色文化是中国共产党人将马克思主义中国化，在革命实践中逐步发展起来的，具有马克思主义的科学性和真理性，能够通过对大学生进行科学有效的思想引导，让大学生坚持正确的政治立场，树立正确的理想信念，追求正确的奋斗目标。大学生必须坚信马克思主义理论，坚定马克思主义信仰，在政治方向上保持与我党的治国理念一致。因此，理想信念的价值导向功能是红色文化与生俱有的。在对大学生进行理想信念教育的过程中，要充分发挥红色文化的导向功能和作用。教师可以运用红色文化自身具有的无产阶级文化属性，以及社会主义的发展方向、政治要求和道德规范，让大学生在了解、学习和感受红色文化后，受红色文化精神的感

[①] 《习近平谈治国理政》第三卷，第32页。

染,严格规范自己的思想和言行,在面临关键问题的大是大非选择面前能够形成自己的政治定力,从而坚定理想信念,做出正确选择。

2. 丰富大学生理想信念教育的教育资源

红色文化对大学生来说,是非常丰富的理想信念教育精神资源。红色文化中有很多讲述革命志士为了维护国家利益、民族气节而英勇献身的感人故事,体现了在革命战争年代共产党人和先进分子舍生忘死的精神,对于人的内心有很大的触动性和感染性。革命先辈的革命精神为大学生树立崇高理想提供了极佳的榜样力量。红色文化的思想灵魂就是精神资源,这是现代理想信念教育的根源所在。在现实的思想政治教育过程中,红色文化具有文化性、事实性、情节性、说理性等特点,其物质资源和精神资源都有着丰富多彩的表现形式,如关于歌颂革命英烈的红色歌曲、关于英雄事迹的影像资料等。将红色文化融入大学生理想信念教育,丰富了教学内容及教学手段,实现以学生为中心的教学理念,通过红色文化理论学习和社会实践活动,让学生在感人的革命人物和事迹中深刻领会红色文化的精神,从内心深处检讨自己的思想和行为,增强大学生群体对红色精神的价值认同,真正树立起共产主义和社会主义理想信念。

(二) 利用红色文化辅助大学生理想信念教育面临的挑战

在高速发展的信息化时代,人们的思维方式、价值取向和精神追求都表现出多元性、多变性和多样性的特点。因此,应当明确意识形态不可多元化,必须坚持将马克思主义作为立党立国的根本指导思想,才能为人们在实践领域提供科学的理论指导。正如邓小平所说,"我们的信念理想就是要搞共产主义"[1],坚持马克思主义在意识形态领域的指导地位,是保障国家团结统一、长治久安,社会和谐公正的前提和基础,这样形成的主流意识形态才能具有强大的生命力、凝聚力和创造力。高校肩负着学习、研究、宣传马克思主义,培养中国特色社会主义事业建设者和接班人的重大任务。红色文化对于加强大学生理想信念教育有着不可替代的作用。分析新时代大学生理想信念教育的现状与问题,才能充分发挥红色文化的育人功能,强化大学生的责任感和使命感,为利用红色文化加强新时代大学生理想信念教育的内在逻辑和实践路径提供正确思路,为增强新时代大学生理想信念教育效果提供科学路径。

1. 红色文化与理想信念教育结合缺乏系统性

对于新时代大学生理想信念教育来说,红色文化要充分发挥其理想信念教育的功能,应当对红色文化的宣传教育进行系统性的安排。目前,高校对红色文化与新时代大学生理想信念教育结合的教学效果并不十分理想,突出问题就是红色文化融入的系统性不够,主要体现在以下几个方面:一是红色文化与大学生理想信念教育

---

[1] 《邓小平文选》第三卷,第137页。

结合的教学目标缺乏融入性。由于红色文化在思政课中的教学目标、任务分工尚未有明确的工作方案，以至于利用红色文化加强理想信念教育的系统目标难以实现，使大学生在理想信念学习的过程中，未能整体而连续地进行红色文化熏陶。二是红色文化与大学生理想信念教育结合的教学内容缺乏整体性。尤其是对于红色物质文化、红色制度文化与高校思想政治教育的结合程度不够，会导致红色文化课堂教育与实践成果存在脱轨现象。例如，多数高校的第二课堂红色文化教育和红色文化社会实践未与思政课协调统一发挥整体功效。三是红色文化与大学生理想信念教育结合的教学活动缺乏引领性。高校的红色文化活动活动目的太过单一，缺乏对新时代大学生思想价值的引领，未能兼顾大学生理想信念教育的整体高度和新时代大学生的思想发展的现实需要，导致红色文化活动难以充分发挥其理想信念教育的价值功效。以"思想道德与法治"课程为例，整个课程体系中多数章节都渗透了红色文化思想，但却没有针对红色文化独立设置一个模块，使得学生对于红色文化内容仅能从思想层面理解，未能形成系统化、体系化的红色文化理论框架，同时缺乏对红色文化的深入挖掘，导致红色文化与理想信念教育相结合的学习效果不佳。

2. 高校对红色文化与理想信念教育结合缺乏实效性

红色文化作为一种育人资源，对于大学生理想信念教育而言，其本质上仍是一种十分重要的教育手段。判断这一教育手段得失成败的标准则是它的效果。目前，高校在大学生理想信念教育中，已将红色文化融合进来，取得了一定的成效；但是，缺乏用实践教育方法让大学生在红色文化实践活动中接受理想信念教育，其实效性并不十分理想，主要体现在以下几个方面：一是理想信念教育方法单一导致红色文化融入的实践性不强。在教学中，将红色文化融入大学生理想信念教育往往依靠理论灌输等传统方法，鲜有综合运用实践锻炼、自我教育以及比较鉴别等多样化的教育方法，缺乏利用红色文化进行身临其境的实践教学，导致红色文化内涵教育局限于书本中，加上大学生对红色文化的认知范围本身极为有限，造成大学生对红色文化以及理想信念教育缺乏吸引力和获得感，产生抵触情绪，使得红色文化融入大学生理想信念教育的学习效果欠佳。二是红色文化融入理想信念教育缺乏明确的价值导向。一些高校在开展红色文化活动时，虽然频率很高且形式多样，但多是组织宣讲、朗诵、歌舞等表演性质的活动，活动的学科实践功能和娱乐功能要远远大于其价值引导功能，对形式意义的追求往往大于其本质意义，红色文化的价值引导性特性没有得到充分发挥。三是红色文化融入新时代大学生理想信念教育的机械化使学生的主动性不强。一些高校在开展红色文化活动时，往往以任务式、命令式的形式进行，并没有进行充分的宣传动员，学生并没有理解活动的意义，使得学生参与的主动性、创造性、主体性没有得到充分发挥，进而影响了学生对红色文化的认知与认同。四是红色文化教学理论与实践方式单一。教师开展的红色文化内涵教育，一般都是依赖于思政课传统理论教学向学生灌输内容这一单方面形式。这一形式将红色文化教学局限于教材中，无法充分与当前经济发展和社会教育形势相结合，缺乏利用红色文化的体验式教学和实践教学，使得学生没有现实体验感与互动，形式主义较为明显。高校学生对红色文化的认知范围本身极为有限，生活在和平年代的学生无法深刻领会革命时期的红色精神及红色文化，只能依靠理论与实践相结合的方式加深其印象与理解程度。但受经费等条件限制，实际情况为高校教师组织少部分学生干部或党员学生赴校外红色文化基或景点参观学习，并且校外红色文化基地的活动范围也十分有限，极大制约了学生对革命历史的深入挖掘，削弱了学生对红色文化的学习热情，难以通过接受红色文化实地教育的方式了解革命先烈的理想信念。五是红色文化融入思政课教学内容结合不充分。高校在利用红色文化对大学生开展理想信念教育的过程中，所使用的教育内容往往是一些浅层次的红色文化和知识，既缺乏系统讲述全国性红色文化的专门课程，又缺少对高校所在地的红色文化进行深入细致讲述的专门课程，甚至也很少有高校聘请当地的专家对高校所在地的红色文化进行系统讲述。另外，许多高校对思政教学内容和红色文化的融合度不高，在如何开展红色文化教育上还未形成整体规划，只是笼统地将红色文化内容安排到思政课堂中，缺乏体系性和层次性，也缺乏对红色文化的深入挖掘。这一教学方式虽然与思政课教学内容搭建了内在联系，但却与学生整体需求脱节，导致高校思政课中的红色文化教育难以吸引学生眼球，更难以使学生产生精神共鸣。

3. 大学生在理想信念教育中缺乏对红色文化的认同感

新时代大学生都是"00后"，他们没有经历过革命时期的苦难和奋斗，没有体验过革命时期的红色精神及红色文化，因此，客观条件导致他们很难深刻领会革命时期的红色精神及红色文化，进而坚定共产主义理想信念。随着"互联网+"时代的到来，不同价值观会在社会中不断碰撞，而且愈发复杂多变，大学生价值观的形成受到越来越多的因素影响，直接影响了理想信念教育的实际效果，使得理想信念教育缺乏说服力和足够的吸引力。由于年龄、阅历等因素的影响，大学生的判断、辨别能力有所欠缺。一些大学生并不认同红色文化的价值理念，认为红色文化已经落后，艰苦奋斗、无私奉献、舍己为人的精神已经过时。现今高校的理想信念教育并不能很好地切合新时代大学生思想的实际需求，即使通过学习，让大学生在思想上得到了升华，从理论上武装了自己，可是由于社会实践以及实地开展相关理想信念教育活动的缺乏，使得他们难以真正地认识到人与理想、人与信念的关系，很难从思想上真正接受理想信念教育。有调研显示，高校相关教育实践活动开展越好，大学生参与的积极性越高，其理想信念和文化素养状况也越好。[①] 但是，受经费等诸多条件所限，最终只有少部分大学生干部或党员大学生能够参加教师组织的校外红色文化实践基地或红色文化景点实践学习。再者，一般校外红色文化基地规模小，活动范围有限，极大制约了学生对革命历史的亲身体验及深入探究，导致教育内容不能贴近学生的现实生活，削弱了大学生通过红色文化实践教育的方式了解革

[①] 参见沈壮海、王培刚、王迎迎等著《中国大学生思想政治教育发展报告2016》，北京师范大学出版社2017年版，第174页。

命先烈的理想信念并产生认同感,从而影响大学生社会主义理想信念的形成。

4. 红色文化融入理想信念教育缺乏有效平台

高校营造良好的校园文化氛围能够"润物细无声"地对大学生产生思想上的影响,在文化氛围浓厚的环境中,使大学生在潜移默化中领悟红色文化的内涵与精髓。然而,在高校,普遍存在红色文化融入理想信念教育缺乏有效平台,导致许多大学生对红色文化了解不够透彻。这主要体现在以下方面:一是高校校园缺乏红色文化氛围。校园文化具有强大的育人功能,但高校开展的红色文化运动往往是针对大学生党员,并未覆盖整个大学生群体,并且红色文化教育活动多是主题征文、辩论、唱歌比赛等形式,缺乏新意;同时,除了马克思主义学院和各个党组织活动室红色文化氛围较为浓厚之外,其他学院走廊、宣传栏、横幅上宣传的多是本专业的相关知识,这也造成了大学生以红色文化加强自身理想信念教育的差异性;另外,学生社团作为大学生接触社会、体验课外生活、锻炼能力的重要窗口,对大学生的身心发展有着重要作用,但这些平台在高校红色文化的弘扬和传承方面却没有发挥应有的作用。二是缺乏本土红色文化资源理想信念教育实践平台。红色教育资源具有很强的地域性,在红色文化资源较少的地方,因为受客观条件限制,难以开展红色文化的实践教学;红色文化资源较为丰富的地方,因为资源开发利用效率的低下而导致红色文化资源的浪费,或因为资源管理者、开发者和高校之间没有达成协调一致的使用意见而影响了红色文化资源教育作用的发挥。三是高校红色文化网络平台的教育作用缺乏有效性。虽然国内部分高校已经建立了一些知名的红色文化网络平台,但其普及度还处于一个比较低的水平,没有形成有利于红色文化传播和大学生理想信念教育的网络舆论环境。

(三) 利用红色文化加强大学生理想信念教育的实践路径

通过前面的分析,我们已经认识到红色文化的传承与发展离不开大学生,应深入挖掘红色文化的实质内容,尤其是红色文化中关于理想信念教育的内容,坚持两者的实践指向,实现高效的融合,对大学生的理想信念教育有着极其重要的作用。习近平总书记在党的十九大报告中提出要"广泛开展理想信念教育,深化中国特色社会主义和中国梦宣传教育"①。加强对大学生的思想引导和教育,确保社会主义和共产主义理想信念始终占据高校思想的主流。为了对马克思主义有更深刻的领悟,为了对共产主义有更坚定的信仰,为了对中国特色社会主义有更大的信心,都必须加强红色文化在大学生理想信念教育中的作用。因此,在新的形势下,我们更应充分挖掘红色文化的教育资源,切实加强新时代大学生理想信念教育,这既是我们的历史使命,也是现实要求。

1. 深度挖掘红色文化内涵,发挥思政课的主渠道作用

(1) 把红色文化融入思政课课堂教学中。

---

① 《习近平谈治国理政》第三卷,第33页。

思政课是大学生理想信念教育的主渠道、主阵地，肩负着对大学生进行系统化的马克思主义、爱国主义教育的使命。利用红色文化开展大学生理想信念教育应当有大局观念，整体考虑、相互协调，努力实现整体性和系统性，深刻把握红色文化的精髓本质，得到全局性的效果。因此，将红色文化渗透到思政课堂教学，必须以学生发展为中心，兼顾学生的不同专业和学情，有针对性地设计教学内容，创新教学策略，采取大学生喜闻乐见的形式，合理选择红色文化相关内容并与思政课教学内容有机结合，激发学生的兴趣，提升学生的认同感，以达到深入理解、领会红色文化内涵和精髓的目的。

红色文化蕴含着中国共产党人的初心与使命，是新时代大学生学习理想信念教育优秀的教科书。红色文化的精髓、核心思想都应该在教师有目的的阐述中潜移默化地与具体的思政课内容相结合。具体可以从以下方面改进：第一，改变传统灌输式教学，充分发挥大学生的主体作用，组织他们讲好中国故事，自主表达对历史和现实的看法；引导他们深入了解中国成就，增强民族自豪感，培育中国精神；通过革命历史、革命故事激发大学生的学习兴趣，通过对历史与现实相结合的讨论调动其学习积极性，实现知识的内化。第二，利用多种信息化手段增强教学的沉浸式体验，如播放红色文化的影像教学资料，增强画面感和感知力，让学生通过对红色历史的间接体验增强认知能力，坚定理想信念。第三，组织理论宣讲活动。让大学生在理论宣讲平台上宣讲红色文化，可以提高其积极性以及对红色文化的认知度。同时，大学生能够展示自我能力，与他人实现思想交流，进而增强自身的红色文化理论水平，更加坚定理想信念。

（2）把红色文化融入思政课实践教学中。

第一，打卡红色地标。开展红色之旅，组织大学生参观革命旧址，让他们与老一辈革命家"对话"，设身处地地感受先烈的红色精神，回首革命历史的点点滴滴。号召高校大学生通过查阅文献资料、上互联网搜索革命故事、访谈老红军后人、实地参观红军纪念馆等形式，收集红色文化素材，学习红色文化知识，使他们主动了解革命历史，感受红色精神，接受红色教育。要努力为高校思想政治教育课外实践活动的开展创造便利条件，使高校思想政治教育、理想信念教育拥有一个可靠的、可用的实践基地，有一个坚实的平台。

第二，组织红色文化学术交流研讨。高校可以组织各种形式的学术论坛、学术交流会，促进对红色文化的学术研究、教育方式、教育成果的全链条式的互动，同时以此为契机，加强对红色文化的学习。

第三，组织社会服务活动。部分课程的教师可以协同校团委、学生社团组织，通过开展主题鲜明的假期社会服务活动，促进大学生参与红色文化实践，增强红色文化的实用性和有效性。很多高校每年的寒暑假组织学生深入农村、走进基层等社会实践活动，以及组织学生到革命老区学习革命传统、为革命老区的群众服务。大学生的社会实践活动应该是应用所学的科学技术知识与帮助困难群体的有机统一。

促进大学生在实践中得到红色文化的社会教育,从认知到实践,再由实践到认知,从而不断深化认识。

(3) 加强校园红色文化建设,凝聚理想信念教育氛围。

高校校园红色文化是以马克思主义为指导,集中体现爱国主义精神和时代精神,契合高校的特色理念,以物质文化和精神文化为表现形式的高校校园文化,是高校校园文化与红色文化的结合体,是红色文化的重要组成部分。习近平总书记指出:"好的思想政治工作应该像盐,但不能光吃盐,最好的方式是将盐溶解到各种食物中,自然而然吸收。"① 这说明教育不只是单向的灌输,亦发生在无形的文化熏陶之中。高校是大学生学习、生活的主要场所,校园文化氛围对大学生树立坚定的理想信念有着至关重要的作用。校园文化活动具有很强的趣味性和教育意义,能够在给大学生带来欢乐的同时,使他们接受教育。加强高校校园红色文化建设,能使大学生从红色文化所体现的马克思主义理念与精神中受到潜移默化的教育,从而树立坚定的理想信念,自觉投身于中华民族伟大复兴的事业中,贡献自己的力量。

第一,打造校园红色景观,在校园物质文化建设中融入红色文化。高校可以打造红色文化宣传廊、红色纪念墙、英雄人物塑像等,将革命时期或建设时期与红色文化有关的标语、画像、塑像等张贴或放置到走廊与校园的适当位置,使师生随处都可感受到红色文化,育人于无形之中;可以利用学校的橱窗、显示屏等,结合时间节点宣传红色文化,随着时间变化适时更新内容;在大学生的生活区域也要积极宣传红色文化,如张贴相关海报等,在日常生活中渲染红色文化。

第二,开展校园红色文化活动,深化大学生对校园红色文化的认知与感情。高校可以开展各种不同的校园红色文化活动。例如,排演红色舞台剧、红色舞蹈和演唱红色歌曲等,大学生在演绎红色故事的同时,再现当年先烈们的勇敢与无畏,真切体悟到前辈们的牺牲精神与革命情怀,加深了对红色文化的理解与认同;也可以举办红色微视频大赛、红色微电影大赛、红色摄影比赛、红色漫画设计比赛、微党课比赛等,鼓励大学生创作红色文化作品,赛后对优秀红色文化作品进行展览或展映,深化红色校园文化在大学生之间的影响力。这种既能体现校园红色文化精神内涵又能展现大学生才华的活动会最大化地吸引与感染大学生。

第三,拓展红色文化实践活动。高校在清明节、抗日战争胜利纪念日等具有特殊意义的时间,组织大学生前往烈士陵园、革命纪念馆等红色场馆进行祭扫或参观;利用寒暑假组织大学生前往革命老区开展红色研学、采访革命先烈后人、了解英雄事迹等,亲身体验先辈们生活中的点点滴滴,并要求大学生完成调研报告或访谈报告。在大众创业、万众创新的背景下,鼓励大学生开展以红色文化为主题的创新创业项目,既提高学生将校园红色文化转化为文化产品与文化项目的可能性,更凝聚大学生敢为人先的优秀品质、植根于内心的家国情怀和坚定的理想信念。

---

① 习近平:《在全国高校思想政治工作会议上的讲话》,《人民日报》2016年12月9日第1版。

（4）发挥红色场馆育人功能，赋能理想信念教育。

红色场馆指的是承载红色文化、体现革命精神以及改革发展成果的场馆，展现了中国共产党在革命斗争和社会主义建设实践过程中涌现出的英雄儿女的鲜活事迹，以及革命前辈对民族独立与解放的深切愿望和为国奉献的崇高精神。充分运用红色场馆资源，讲好中国故事，传承红色基因，开展形式多样的理想信念教育，筑牢信仰之基，补足精神之钙。

结合新时代大学生特点，以红色场馆为载体，探索形式多样的理想信念教育形式。例如，依托红色场馆制作反映重大历史事件或表现历史人物的音乐剧、校本教材，开展教学、表演，增强红色文化的生动性与感染性；举办红色故事报告会、红色歌曲演唱、红色专题展览等，提高学生对红色文化的学习兴趣；开展红色征文、党史知识竞赛等活动，激励学生更好地继承和发扬红色传统；根据学生专业特点，前往红色场馆开展实践体验活动，开辟红色文化"第二课堂"等，帮助学生树立崇高坚定的理想信念，将个人梦想与中华民族伟大复兴的中国梦结合起来，切实肩负起时代赋予的光荣职责与使命。

2. 大学生应积极参与红色文化建设，提高自身认知能力

（1）大学生应积极促成自我教育。

马克思主义哲学告诉我们，外部因素是矛盾发展的次要因素，内部原因才是矛盾发展的决定性因素。因此，作为理想信念教育的主要对象的大学生，在红色文化教育过程中起着决定性因素。青年马克思曾说："如果我们选择了最能为人类而工作的职业，那么，重担就不能把我们压倒，因为这是为大家做出的牺牲；那时我们所享受的就不是可怜的、有限的、自私的乐趣，我们的幸福将属于千百万人，我们的事业将悄然无声地存在下去，但是它会永远发挥作用，而面对我们的骨灰，高尚的人们将洒下热泪。"① 马克思崇高的理想和坚定的信念早在中学时代就已经打下基础。因此，大学生应该向全世界无产阶级的革命导师学习，树立远大的理想信念，为共产主义事业奋斗终生，有追求真理的勇气，在为国家和社会做出贡献的同时，实现自己有意义、有价值的人生。

自我教育模式是加强大学生对红色文化的认知度与认同感，从而进一步坚定理想信念的重要方式。新时代大学生越来越多地强调文化个性和自我概念，更渴望受到人们的重视，实现自我价值。社会主义市场经济条件下，不仅需要发挥个人的积极性和能动性，更需要创造机会，发展人的个性并促进个人的自我形成和完善。必须清楚地看到，独立发展的道路不是背离共产主义方向的道路，而是越来越靠近共产主义社会的道路，这是一个必要的过程。要让学生接受理想信念教育，必须坚持接近实际、源于生活、贴近学生的原则，必须尊重青年的主体地位，坚持强调教育，重在引领，动员大学生的热情，紧密地结合正面教育，重点在于教育和自我教

---

① 《马克思恩格斯全集》第1卷，人民出版社1995年版，第33页。

育。理想和信念教育过程中最重要的方式之一是学生的自我教育，这是关键的方式，也是基础性的方式。

（2）大学生应积极参与红色文化建设。

学生在开放性的社会环境中，其文化活动显示出视觉、选择多维的趋势变化。红色文化中蕴含的优良革命传统和不朽的革命精神传家宝，是中华民族立于民族之林的精神武器。红色文化这一名词的深厚内涵，具有意义深远的政治影响的时代内涵，对建设社会主义核心价值体系，进一步加强党的执政地位有着不可或缺的意义。

新时代大学生应该积极参与到红色文化的建设之中。学生的主导地位决定了什么是理想信念教育的最终落脚点。高校应努力激发学生的参与意愿，在培育出积极性的情况下，由学生反客为主，主动地丰富红色文化，参与红色文化建设。高校应给予大学生充分发挥的机会，让大学生社团多组织红色文化的相关活动，使大学生成为红色文化活动的策划者和实践者，更加直观地受到红色文化教育的熏陶，自觉成为红色文化建设中的参与者与传承者，从而树立正确的理想信念。

3. 培育优秀教风和良好学风，加强理想信念教育的实效性

高校要把培育优秀教风和良好学风作为运用红色文化引导大学生理想信念教育的首要前提，增强软实力的感染作用，推进大学生的理想信念教育。

一是传承红色文化，形成优秀教风。教风是教师的行为准则，是教师的师德、学识、素质的重要体现。教风影响着教师的教学使命感，良好的教风对利用红色文化开展大学生理想信念教育有着深远的意义。教师在对大学生进行红色文化教育的同时，也应该加强自身的红色文化教育，用红色文化中的典型事例、革命精神激励自己，塑造高尚的师德和严谨的教学精神，在用红色文化武装大学生的同时，树立良好的教师形象。

二是加强价值引导，培养良好学风。作为行为是否规范、思想是否合格的重要评判指标，学风是以一种精神风貌的形式出现在大学生的生活学习中。大学作为进行理想信念教育的重要阵地，大学生是教育的对象，他们学习的动机是否端正、目标是否清晰、理想信念是否崇高，都直接影响到他们学习的主动性和立志成才的紧迫感。然而，由于受到西方社会思潮的侵蚀，部分大学生对学习目标产生盲目的心理，有的甚至产生厌学情绪，学习动机受到影响。红色文化中所蕴含的坚持不懈、不畏艰难的革命精神，有利于大学生塑造正确的"三观"，树立理想信念，从而艰苦奋斗、努力学习，为中华之崛起而读书。

第二节　形成社会和家庭教育合力

大学生理想信念教育中存在的诸多问题是一种客观存在，直接影响到我国高等教育培养社会主义建设者和接班人的发展大计。为此，大学生理想信念教育必须充

分发挥各方力量、形成整体合力，才能更好地实现教育目标。

一、强化社会教育

大学生与社会处于互动之中，社会的方方面面更影响着大学生价值观的生成。正如马克思恩格斯指出的，"人们的观念、观点和概念，一句话，人们的意识，随着人们的生活条件、人们的社会关系、人们的社会存在的改变而改变"①。大学生的理想信念是在一定的社会环境影响下形成的，特别是当今大学生的思想比以往更为活跃和敏感，对新事物的接受能力更加强，社会对大学生的影响是全方位、深度渗透的。因此，强化社会教育是大学生理想信念教育的一种重要路径。

（一）发挥政府和公益组织的引领作用

加强大学生理想信念教育必须引起各级政府和社会公益组织的高度重视，共同引领大学生理想信念的形成。

一方面，政府要注重政策引导、制度建设，为大学生理想信念教育提供规则范本，推行理想信念养成教育。政府可以从大学生日常生活中的具体行为着手，将理想信念具体化、明确化、规范化，从餐饮、言谈、待人、行走、观赏、游览、仪式等七个方面引导大学生崇德向善，让他们明白人与人、人与社会、人与自然相处时应该遵守的价值准则。在餐饮方面，要求大学生做到讲究卫生、爱惜粮食、节俭用餐、食相文雅；在言谈方面，要求大学生做到用语文明、心平气和、耐心倾听、诚恳友善；在待人方面，要求大学生做到尊敬师长、友爱伙伴、宽容礼让、诚信待人；在行走方面，要求大学生做到遵守交规、礼让三分、扶老助弱、主动让座；在观赏方面，做到遵守秩序、爱护环境、尊重表演、礼貌喝彩；在游览方面，要求大学生做到善待景观、爱护文物、尊重民俗、恪守公德；在礼仪方面，做到按规行礼、心存敬畏、严肃庄重、尊重礼俗。政府以政策引导的方式，将理想信念的价值取向生活化、具体化和可操作化，不仅可以避免抽象的理论灌输，找到与大学生学习、生活的结合点，还可以体现对中华民族优秀传统的坚守和传承，发扬崇尚真善美的理念。

另一方面，社会公益组织要深入开展公益活动，通过支援型、救济型、保障型的社会公益活动，大力弘扬助人为乐、无私奉献的理念，增强社会成员的责任感，培育利他精神，形成团结互助、平等友爱的社会风气。首先，社会公益组织应该加强公益平台的建设，通过在各大网站发布信息，吸引大学生报名参加各种社会公益活动；社会公益组织还应该加强与高校的社团联系，加强交流、协调，形成长效机制，搭建大学生参与社会公益活动的平台。其次，社会公益组织应该在公益活动开

---

① 《马克思恩格斯选集》第 1 卷，第 419～420 页。

展之前对大学生进行公益知识技能的培训，既可以让他们学习"奉献、友爱、互助、关心"的志愿者精神，又可以反复强化他们助人的意识，使他们体验到关心爱护他人的满足感和愉悦感，有助于培育他们的理想信念。最后，社会公益组织要科学记录大学生在参与社会公益活动过程中的表现，发掘他们的闪光点，通过表彰他们的高尚行为，深化他们对践行理想信念的认同感。

（二）运用传播媒体传播理想信念的独特优势

传播媒体具有速度快、范围广、影响大的特点，不仅能够广泛地作用于每一位社会成员，最大限度地扩大教育信息的覆盖面，还可以增强教育信息的时效性。因此，大学生理想信念教育应该利用传播媒体这一独特优势，提升理想信念的传播力，为理想信念教育营造浓郁的气氛。

一方面，充分发挥新闻媒体传播理想信念的主渠道作用。新闻媒体要发挥宣传理想信念的主渠道作用，必须做到四点：首先，要紧握正确的舆论导向，强化传播媒体的管理，以正面宣传为主，将理想信念贯穿到日常形势宣传、主题宣传、典型宣传、成就宣传、热点话题和舆论监督中，弘扬待人宽厚、乐于奉献的友善精神；其次，电台、电视台、党报党刊等要把理想信念作为重要版面和时段的专题，出版社要推出理想信念系列的专项丛书，换而言之，就是要运用访谈节目、新闻报道、专题节目、言论点评和出版物等形式传播理想信念。再次，行业类、都市类媒体也要肩负起传播理想信念的责任，发挥自身的最大优势，通过多联系社会的好人好事，以通俗易懂的语言引导大学生主动践行理想信念。最后，要运用公益广告传播理想信念，引领文明风尚，通过在黄金时段、显著位置和重要版面，持续刊播以中华民族传统美德、现代道德为主题的公益广告，丰富大学生的精神文化生活，使他们在潜移默化中受到理想信念的熏陶和教育。

另一方面，利用互联网和自媒体推进理想信念。互联网不仅具有匿名性、开放性、高效性等特点，还可以发挥主体普泛化、过程互动化和监督主动化的优势，为社会成员参与热点事件的讨论和保障自由沟通交流提供了条件。首先，鼓励社会工作者开通论坛、博客、微博、微信等自媒体的渠道，与社会大众就理想信念等进行交流和沟通，向他们传播理想信念的正能量；其次，通过地方公安在线、天气预报提醒、新闻信息推送等贴心服务，及时回应社会热点问题、向大众传递社会关爱，引导民众对社会的正面思考，加强他们对理想信念的认同感。最后，要加强网络信息管理和道德建设，对于某些企图引起社会成员的不安和焦虑、将个别负面的道德案件渲染成社会普遍现象的网络推手，要及时揭露，以营造健康向善的网络环境，积极传播正能量。

（三）增强企事业单位和社区的支持功能

在大学生理想信念教育过程中，要关注大学生的利益诉求和价值愿望，通过调动企事业单位和社区的力量，为大学生提供更多的帮助，使他们感受来自社会的善意，有助于培育他们的理想信念。

一方面，为大学生提供更多优质的社会实践平台，促使大学生在实践中感悟与他人相处之道，培养他们合作互助的能力。企事业单位和社区要配合学校的发展需要，尽可能为学校组织开展社会实践活动提供支持和方便，为大学生的社会实践提供更好的条件、更广阔的平台，包括见习实习、顶岗锻炼、积极接纳大学生参观考察、为大学生未来就业提供培训机会等。这不但可以贴合学生的需求，减缓他们面临就业时的压力，减少对社会的不满和抱怨，而且有助于他们认可社会主义社会所提倡的价值观，坚定理想信念。

另一方面，为家庭经济困难的学生和品学兼优的学生提供更多的关爱、资助和奖励，弘扬人文关怀的社会主义核心理念。首先，企业要负担起一部分捐资助学和奖学的社会责任，开展阳光助学活动，对这些学生进行经济资助和生活关怀，帮助他们走出困境，不仅可以为他们创造平等的受教育机会，而且可以涵养其理想信念，为他们践行理想信念奠定基础；与此同时，还要对品学兼优的学生给予一定的鼓励，表彰他们优秀的品质和学业，使他们更有动力起表率作用，继而影响身边的人，为大学生理想信念教育输送正能量。其次，企事业单位和社区要为这些学生创造更多的勤工俭学的岗位，在维护他们自尊心的同时，又不会让他们习惯性地接受他人的帮助而产生依赖心理。这一过程可以让他们感悟责任，将从他人那里得到的善意继续传达出去，以实际行动践行理想信念。最后，社会成员也要在捐资助学上有所担当，不仅要积极、持续为这种举动点赞，而且要力所能及地践行理想信念，力所能及地对这些学生给予帮助，共同创建互帮互助的氛围，为大学生理想信念教育提供良好的文化环境。

二、优化家庭教育

家长是青少年的第一任教师，家庭是每个人的第一所学校。家庭对青少年的文化教育具有启蒙作用。家庭是青少年理想信念萌芽的起始地，其亲情关系对青少年的理想信念教育有着无法替代的优势。家庭教育是一种生活教育，是渗透到日常家庭生活中的、结合生活内容对子女进行的随时随地的教育。家庭教育与家庭生活密切结合在一起。而家庭生活又是丰富多彩、灵活多变的，家长对子女的教育往往是在生活中潜移默化的。所以，家庭教育很少像学校教育一样有固定的"轨迹"与计划，其主要方式是"就事论事"，在生活中遇到什么，就教什么方面的内容。因此，家庭教育的感染和影响作用也就更加突出。不同的家庭结构、家庭环境所采取的教育方式各有区别，得到的教育结果也大大不同。教育专家指出，家庭环境是影响学生成长的重要因素之一，同时也是难得的教育资源，家长应充分利用这一资源，扬长避短，给子女科学、合理的家庭教育。家庭教育对学生价值观念的形成有着重要且深刻的影响，家庭成员的思想观念、行为方式在学生的成长过程中留下了深深的印记，会潜移默化地影响学生对待理想信念的态度和立场。

（一）发挥家长榜样作用

一方面，家长在思想上要认同社会主义先进文化。如通过阅读相关书刊资料，增加自身对社会主义先进文化知识的摄入；又如合理安排时间观看宣传先进文化的影视作品，提高自身的认知水平。家长不断加强对文化知识的学习，发自内心地认同社会主义先进文化，并将强烈的认同感表现在日常生活中，为子女做好表率。

另一方面，家长在行为上要积极践行社会主义先进文化。在日常生活中，家长要营造良好的理想信念教育氛围，积极体现自身的文化素养，将家庭生活和工作安排好，夫妻之间要相互尊重，使青少年在耳濡目染的过程中接受先进文化教育。

（二）发挥家庭教育引导作用

家庭教育是一个全方位的、综合性的教育，家庭教育当然应该从多方面路径展开。

1. 开展互动活动，密切学校与学生家庭之间的联系

中小学生一般不是完全行为能力人。大学生一般都是十八九岁到二十来岁，在年龄上，他们的确是完全行为能力人。但是，由于各种原因，他们还处于自我意识发展过程中，他们的世界观、人生观和价值观还在形成发展中。不管是家长还是高校，都有必要与他们加强沟通交流，形成教育合力，帮助大学生成长成才。当然，高校与家长的沟通互动不可能像中小学那样有"家校通"事事联系、样样通报。但高校也可以因地制宜地通过各种活动来密切学校和家长之间的联系。一是抓好入学前的宣传活动，可以在新生入学时，做好准备召开家长会，一方面宣传学校的办学思想理念；另一方面，让家长了解学校的有关情况，并让家长介绍自己孩子的有关情况，特别是兴趣特点、对新学校新专业的期待，并留下学校和家长的联系方式。二是做好学期、学年的总结告知工作，以各种方式向家长报告学生在校的学习成绩以及其他表现。同时，也要在新学期开学时，请家长介绍学生在假期里的情况。三是定期开展学校开放日等活动，让家长走进校园，走进课堂，特别是发挥部分家长的积极性，成立家长委员会，让他们在家校沟通中起到桥梁作用，对学校的建设建言献策。四是通过有关网站，专门介绍学校有关活动开展的情况，让家长了解学校。五是发挥辅导员的作用，组织一些有意义的活动，密切学校与家长之间的联系。这样，使得学校的思想工作有活力、有深度，更有针对性和有效性。

2. 家庭教育的内容既要重视知识的教育，更要重视思想的引导

大学生正处于人格形成的自律性发展阶段初期，在这一阶段对他们进行思想上的正确引导非常关键。我们常说，家长是孩子的第一任老师。父母本身良好的思想素质、积极上进的人生态度、诚实做人的处世原则等对子女的影响是非常大的。家

长要重视对大学生子女的思想教育，引导大学生树立正确的人生观、价值观。

3. 提高家庭成员的思想认识，更新家庭教育观念

第一，家长营造宽松和谐的家庭教育氛围。这对于一个孩子的成长来说是非常重要的。面对竞争激烈的社会，作为家长都有望女成凤、望子成龙的心理。这种心理有可能对子女造成一定的心理压力。现在，时常挂在家长嘴上的一句话是："你瞧，谁谁家的孩子怎么怎么样"，把羡慕毫不掩饰地写在了脸上，这会让自己的子女产生自卑心理。家长对子女的教育应赋予尊重、理解和宽容，把握时机进行形式多样、科学合理的引导。

第二，提高自身社会化程度。"欲治其家者，先修其身"，作为家庭教育的执行者，家长必须提高自身素养，不断提升自己的社会化程度，做一个积极进取的社会人。"00后"的父母一般也就50岁左右，正是年富力强，在自己的事业中大显身手的时候，应主动地学习，树立终身学习观念，与子女同成长、共进步，做朋友、当知音，在潜移默化中培养孩子的责任心、进取心，实现家庭教育的目标。

第三，学校要积极引导家长转变思想，掌握正确的教育方法。大学不是"保险箱"，不是把孩子送进去就万事大吉了；大学现在也不是象牙塔，它越来越普通，完成大学学业就是人生的一个重要历程而已。大学就是众多的孩子走到一起共同学习、共同成长的地方，是以一种宽松的开放式教育来培养学生，老师再也不是"婆婆嘴""妈妈心"，对学生只是宏观上的指导和监督，难以具体到各方面细节。而在某种程度上，这种自由氛围是受到学生欢迎的。他们希望自由地成长，他们逃脱了高考下的重压，可以自由地学习，锻炼自己的能力。但同时，相当一部分学生缺乏自律，因而会出现各种各样的问题。学校固然要想办法引导他们适应角色转变、环境变化，家长也不能"一送了之"，全由孩子做主，全凭学校处理。家长要发挥自己的优势，与孩子保持主动联系，对孩子进行教育引导，引导孩子在学校既重视专业学习，又要注重自己的思想政治教育素质提升。

（三）发挥家风熏陶作用

营造富有文化气息的家庭环境。譬如，在传承南粤崇文重教家风方面，广东省委宣传部、省妇联、省文明办、广东家庭文化研究会联合举办"十大优秀书香之家"评选活动，至2021年已经连续评选16届。受表彰的书香家庭积极参与全省开展的家庭读书活动，是新时代广东学习型家庭的缩影。他们都有爱书藏书的高雅品味，有读书学习的家庭氛围，在家风建设方面发挥了很好的示范作用。

父母要做好家风的引领者。家风是长辈们在长期的共同生活中形成的，得到家庭全体成员的一致认同并共同遵循的行为规范。有什么样的父母，就有什么样的家风，孩子的许多行为都是模仿家长的。要想孩子讲文明、有礼貌、有修养，家长就不能出口脏话连篇，举止粗俗野蛮；要想孩子热爱读书有见识，家长就要多看书，不能成为"手机控""电视党"，更不能有其他低俗爱好。总之，家长要从自身做

起，为孩子树立一个好榜样。

优化传承家风的载体。家风的传承离不开多种多样的载体，除了民居、族谱等外，也可以通过楹联、牌匾、家规、家训、碑刻等形式对家风进行阐述。在此，以广东省为例，考察传承南粤家风的载体。可以以祠堂堂号、宗谱家乘传承和彰显优良家风，以童谣传颂家风，以婚丧嫁娶的生命仪式传播家风，还可以以宗族活动深化家风教育。南粤各大姓氏通过深入挖掘宗族文化、名人文化、姓氏文化等开展系列宗族文化活动。如珠澳邝氏宗亲联谊会每年都对考上大学的珠海邝氏子弟进行奖励，以勉励他们努力学习、刻苦锻炼，学成之后为家乡、为祖国建设发展做贡献。

第三节　积极开辟网络教育平台

当今信息化时代，信息技术迅猛发展，为中华民族的发展带来了千载难逢的机遇。为此，需要大力加强中国特色社会主义网络文化建设，充分发挥互联网在大学生理想信念教育方面的积极作用。

一、发挥好网络媒体平台的理想信念教育功能

随着互联网和移动通信技术的发展，互联网成为大学生沟通、交流的主要途径之一。因此，应该不断完善和丰富网络理想信念教育的方式，以促进教育效果的提升。互联网的传播速度快、传播范围广，为红色文化影响力和吸引力的提高创造了良好的条件。抓住网络空间大学生理想信念教育的主动权，加强网络教育交流平台建设，利用互联网平台为学生呈现红色文化，既能打破空间、时间的限制，又能与时俱进，时刻关注大学生的思想动态和兴趣爱好。

现代社会是互联网时代，网络技术的飞速发展颠覆了各行各业的发展模式，特别是各种媒体平台的出现，对大学生理想信念教育产生非常明显的社会性影响。利用网络平台进行大学生理想信念教育，具体可从如下三个方面着手：一是建设理想信念教育主题网站，将网站打造成专项展开理想信念教育的基地。二是创建理想信念教育微媒体平台。将微信、微博等作为有利的宣传平台，打造符合现代大学生理想信念教育要求的模式。三是以网络课程为理想信念教育的工具，充分利用网络课程灵活性、广泛性的特征，突破理想信念教育受时空限制的问题。通过"互联网+"理想信念教育平台与学生建立起友好互动的良性关系，激发学生接受理想信念教育的积极性。

此外，互联网时代的信息真假难辨，一些鱼龙混杂、良莠不齐甚至触碰法律红线的信息对大学生的理想信念教育造成了严重冲击。所以，高校要加强对校园网络的管理，从源头上防止大学生接收有害信息和负面信息，使得大学生在风清气正的网络环境中树立起科学的理想信念。

二、发挥好新媒体的理想信念教育功能

（一）新媒体特征与大学生理想信念常态化教育要求相耦合

一是常态化教育依托新媒体传播的先进性。和传统媒体相比，新媒体具有无可替代的先进性。在数字化技术引领下，大学生在网络上可以随时随地接收、发布信息，广泛利用移动通信设备来分享资讯、传播信息、进行娱乐休闲等，打破了空间、时间、圈层的各种限制，实现对所有人的信息传播。新媒体传播的这一特征能够满足大学生理想信念教育常态化的要求。运用大学生喜爱的新媒体载体，能够在引起大学生学习兴趣的前提下，经常性地向他们传递理想信念教育内容，强化大学生理想信念教育常态化的作用力。

二是常态化教育依托新媒体传播的便捷性。新媒体的便捷性主要体现在它的即时即刻上。通过智能手机和笔记本电脑等移动终端，大学生可以在任何地方、任何时间获取来自世界各地的最新资讯和各类知识信息。在这种形势下，便捷的新媒体为大学生理想信念教育常态化活动提供了良好的空间和即时联动平台。

三是常态化教育依托新媒体传播的碎片化。网络上各种信息纷繁复杂，且处于开放、广泛传播的状态。新媒体平台使得碎片化传播这一现象更为普遍，也让信息搜索、信息传播更加方便、快捷。从整体上分析，碎片化传播方式可以最大限度地满足不同社会群体自身的信息需求。新时代大学生已经习惯了在移动终端上阅读文本，在网络上获取信息，在不同网页之间随意切换，在超文本链接中查阅数据信息。虽然这种碎片化的传播方式会有一定的负面影响，但是教师要善于运用其有利的方面。例如，短小、精练的传播内容会给予大学生新鲜感和吸引力，在很短的时间内对其产生较强影响，在其头脑中形成占据主导地位的观念。这也有利于常态化教育资源的开发与运用。

四是常态化教育依托新媒体传播的大众化。在新媒体时代下，信息共享成为常态，各式各样的社交媒体都在发挥着自身的传播作用，每个人都可以在媒体端口的支持下成为信息的发布者和传播者。在这种大众化趋势下，新媒体上的所有个体都是平等的。在大学生活中，新媒体成为师生沟通的有效桥梁，促进了和谐、平等师生关系的建设。在这种经常性的交流互动中，教师能够从多方面了解大学生的思想动态，发现理想信念教育常态化方面存在的问题，及时对常态化教育策略进行动态调整，采取恰当的方式加强思想引导，从而提高了大学生理想信念教育常态化的针对性。

（二）依托新媒体实现大学生理想信念教育常态化的策略

在信息技术迅速发展的今天，传播媒介日趋多元化、多样化。大学生理想信念教育常态化要着眼新形势，应用新技术，不断更新、优化和完善工作举措。在教育教学领域可以利用的新媒体主要包括展示型新媒体、社群新媒体、公众号、App、

VR 等，这些新媒体对大学生的影响与日俱增。理想信念教育常态化的实现必须高度重视这些新媒体，巩固马克思主义在网络阵地中的指导地位，拓宽原有的理论宣传载体，普及马克思主义中国化的最新成果，不断提升马克思主义在各种新媒体中的传播力和影响力。从大学生认为可以用于经常性开展理想信念教育的新媒体平台来看，选择微信公众号的最多，其次是短视频平台。根据学生的喜好，在强化对新媒体平台分析研究的基础上，可以采取如下大学生理想信念教育常态化策略。

一是借助新媒体技术，增强理想信念教育效能。理想信念教育要善于借助新媒体生动性的优势，把深奥的马克思主义理论通过形象生动的画面、声像同步的情境等生动有趣的方式展现，激活大学生对马克思主义理论的认知模式和情感体验，更加直观、深刻地感悟马克思主义理想信念的魅力，让马克思主义理想信念教育更具亲和力和吸引力。"00 后"大学生成长于网络时代，网络新媒体是其获取信息的主要渠道。理想信念教育应充分借助互联网新媒体技术，发挥网络媒体受众广泛、时效性快、影响面广的优势，强化理想信念的宣传和培育力度。借助新媒体技术，将马克思主义理想信念教育的理论和观点及时推送到微博、公众号等平台，可以充分利用碎片化时间，让大学生可以随时随地在方便的时候阅读、学习。这样，拓展了理想信念教育的时间和空间，扩大了理想信念教育的影响力和影响面。同时注意对网络环境的监督和净化，坚决杜绝攻击抹黑马克思主义的言论和行为，增强大学生的辨别能力和理性思考能力，坚定捍卫马克思主义的科学性和真理性。

二是强化新媒体符号的运用。新媒体囊括并超越了书刊、报纸、广播、电视等传统媒体的表现符号，汇集了文字、图片、音频、视频、动画和其他动态元素，给我们呈现了五彩缤纷、动静相宜的符号世界。在大学生理想信念教育常态化中，可以采取"图文+""短视频+""音频+""动画+"等形式，融入大学生日常生活学习当中。第一，图文并茂的信息吸引力强，能够在学生中进行裂变式传播，提高传播效率，使大学生浸润在理想信念教育常态化氛围中。第二，当前短视频深受大学生喜爱。可以将一些经典原著或理论思想以短视频的形式进行独特阐释，遵循不戏说、不歪说、不臆说的原则，确保内容健康、形式新潮，能够强烈激发大学生关注的热情，让学生感受到学习理论知识不再枯燥。第三，充分利用各种微电台，通过声音传播理想信念教育常态化内容，让大学生吃饭、睡前、运动、休闲时都可以选择收听，使理想信念教育的声音随时随地传递到大学生耳中，入耳入脑入心，促进大学生坚定马克思主义信仰。第四，将新媒体动画应用于大学生理想信念教育常态化会给大学生带来耳目一新的感觉，印象将是深刻的、全方位的。由于动画制作需要专业技术支撑，高校可以借助专业公司的力量或校企联合开发"动画+"理想信念教育常态化作品，让大学生有更加直观和身临其境的感觉，对于理想信念教育常态化具有较强的促进作用。

三是强化新媒体平台的搭建。高校要深刻认识网络文化已深入大学生日常生活，充分认识新媒体特征，遵循新媒体发展规律，认真研究新媒体与大学生理想信念教育常态化之间的关系，打造新媒体时代大学生理想信念教育常态化的"网红"平台，巧妙借助互联网技术搭建师生沟通桥梁，进一步了解大学生的思想动态、学习情况及感兴趣的内容等。大学生理想信念教育常态化通过利用不断发展的新媒体形态，来拓展理论学习和实践锻炼平台。高校可以建立或完善思想政治教育相关网站，突出理想信念教育核心地位，建立资源共享型马克思主义理论网络学习平台，如慕课、云课堂等，师生可以分享优秀教育资源，交流心得体会。有专业背景的高校教师可以在微信群、朋友圈、QQ 群、网络社区等与大学生平等交流，对时事热点等进行分析评论，对一些敏感度较高、不易辨别是非的问题进行正面引导，传递正能量，进行日常渗透，强化思想引领。高校可以通过微信公众号、小程序及开发手机 App 等，以新颖的方式，经常开展理想信念教育活动。特别是随着 VR 技术的发展，以虚拟现实相结合的方式，深入开展线上红色教育基地参观体验活动等，真正让大学生理想信念教育常态化活起来，让大学生拥有更多的体验机会。新媒体时代理想信念教育常态化内容和形式都要随着时代发展，根据现实需要而进行转变。由于得到了 5G、大数据等技术的支撑，信息传播的速度更快、范围更广、对象更精准。大学生理想信念教育归根结底是做人的工作，这里所强调的"人"是"现实的人"，需要从现实社会中考量教育对象的需求，从促进其成长发展的角度，利用多种媒介平台帮助他们解决实际困难，通过多渠道全方位的渗透，引导大学生形成符合社会发展需要的远大理想和坚定信念。这个塑造过程要对现实生活内容进行观照，适当调整话语表达形式，以学生易于接受的方式和内容，营造生活化的理想信念教育氛围，拓展常态化教育空间。要合理运用资源，着力构建校园网络新媒体阵营，发挥新媒体在传播速度和广度方面的优势，提高大学生理想信念教育的频率和效率，扩大学生参与度，调动学生的积极性、主动性，推动理想信念教育常态化，保持线上线下同频共振。

第八章 新时代大学生理想信念教育的方法与机制

理想信念是思想行动的总指挥，是大学生的精神之"钙"，也是大学生成为新时代高素质人才的根本和灵魂。大学生树立正确的理想信念，不仅是大学生个人成长成才的需要，也关系到新时代民族复兴和中国梦的实现。习近平总书记高度重视新时代大学生理想信念教育，强调实现中华民族伟大复兴中国梦需要新时代大学生坚定理想信念。当今世界正经历百年未有之大变局，中国特色社会主义的发展和中华民族伟大复兴中国梦的实现，都需要理想信念坚定的大学生贡献智慧和力量。培育大学生树立坚定的、正确的理想信念，必须始终坚持马克思主义的根本宗旨，把握好理想信念教育的主旋律。习近平总书记指出："坚定的理想信念，必须建立在对马克思主义的深刻理解之上，建立在对历史规律的深刻把握之上。"[①] 要用马克思主义理论武装大学生的头脑，用理想信念坚定大学生的信仰。

第一节 新时代大学生理想信念教育的方法

"工欲善其事，必先利其器。"科学的方法是有效开展大学生理想信念教育的重要保障。面对新形势、新情况、新特点进行大学生理想信念教育，应该灵活运用理论灌输法、情感体验法，坚持他教与自教、显性教育与隐性教育结合，运用好疏导教育法和比较教育法等，提高教育的针对性和实效性。

一、贴近大学生实际，深化理论灌输法

理想信念教育中的理论灌输法主要是指为了使大学生逐步树立科学的理想信念，教师根据理想信念的内容向大学生有目的、有计划地论证和讲解的一种方法，以其科学性与逻辑性令人信服，在改造思想、强化引领、塑造灵魂上发挥着极其重要的作用。

理论灌输法在理想信念教育中具有悠久的历史。在中国特色社会主义新时代，理论灌输法仍然发挥着重要的作用。因为理想信念教育是解决人的思想认识问题，需要用一种比较先进的思想去改变原有的认识，而这种思想并不是大学生自身能够认识到或者自发产生的，只能从外部进行灌输引导；另外，对大学生的教育不仅要

[①]《习近平谈治国理政》第二卷，第35页。

与其思想政治基础和发展要求一致，又要超越其原有基础，体现社会理想信念的客观要求。因此，对大学生实施理想信念教育，既要遵循理论灌输的基本要求，讲清楚马克思主义理论的科学性和价值性，又要遵循大学生的内在需求，贴近大学生实际。

(一) 贴近大学生实际进行理论灌输

只有理想信念被大学生发自内心的认同，才能达到理想信念教育的目的。通过理论灌输法进行理想信念教育，关键在于解决大学生的思想困惑或实际问题，让大学生亲身体验到马克思主义可以切实解决生活中遇到的问题，他们就会自觉学习马克思主义、接受马克思主义、运用马克思主义，坚定地信仰马克思主义。所以，在马克思主义理想信念教育过程中，必须实事求是、因材施教，与新时代大学生的实际情况相结合。

第一，结合社会环境。我国现在正处于向"第二个百年"奋斗目标奋进的起步阶段，全面深化改革背景下的社会主义初级阶段，也是各种利益矛盾多发阶段；新冠疫情带给世界很多不确定性，尤其是世界经济遭受巨大影响，我们正处于百年未有之大变局时期。面对变化的社会环境，大学生马克思主义理想信念教育面临新的问题与挑战。高校教师应该游刃有余地运用马克思主义原理去分析社会环境出现的变化，积极引导大学生学会用马克思主义世界观和方法论来考量国情与世情，从而更加客观辩证地看待社会现象，理解社会主义发展，坚定走中国特色社会主义道路，增强"四个意识"，坚定"四个自信"，做到"两个维护"，树立正确的"三观"。

第二，结合大学生生活环境。大学生人生阅历较浅，人生体验和思考不深刻，是非判断和价值取向容易受外界影响；离开家庭独自在外生活，大学生还会遇到来自学习、感情、就业等多方面的困惑，高校教师要及时了解情况，将灌输内容与当前大学生面临的形势、任务紧密结合，运用马克思主义的立场、观点去分析问题，帮助大学生答疑解惑。能够解决大学生困惑的马克思主义是生动的、充满活力的，且易被大学生接受。

第三，贴近大学生的心灵。在大学生理想信念教育实施过程中，高校教师一方面应站在学生的角度，走进学生的内心，倾听学生的心声；另一方面又应该注重教育艺术，根据大学生的认知规律和特点，从传统的单向灌输转变为双向交流。为此，高校教师要淡化权威意识，与学生平等交流，真正贴近大学生心灵，使其自觉接受理论教育，进而引导大学生学会辩证地看问题，提高判断力和选择能力。

第四，与时俱进创新理论灌输。真正科学的思想理论体系既是时代的产物又是时代的指针。新时代大学生理论灌输教育必须既坚持马克思主义基本原理，又体现马克思主义与时俱进的理论品格。在大学生理想信念灌输教育实践活动中，要坚持以习近平新时代中国特色社会主义思想为指导，"对大学生进行世界观、政治观、人生观、法治观、道德观的基本教育，突出教育内容的针对性、可接受性和时代性"①。首先，灌输的内容要与时代相符，随着时代变化发展而丰富更新，根据变化的实际调整、增添新的内容，注重个人需要与社会需要的有机结合。其次，创新灌输教育载体。运用新媒体技术、信息技术等不断丰富理想信念教育的载体。最后，创新灌输教育方法。可以通过运用思政 VR 虚拟网络资源、比较教育法、案例教育法等多种方法来激发学生学习马克思主义信仰的兴趣，从而树立和坚定理想信念。

总之，理论灌输教育法具有其独特优势。高校教师应在大学生理想信念教育过程中善用之，力求做到在提高大学生马克思主义认知层次的同时，真正引导其树立马克思主义理想信念。

（二）营造良好的"灌输环境"，提升"灌输主体"和"灌输客体"的素质

首先，高校应注重营造良好的"灌输环境"。一方面，要加强校园文化建设，营造良好的文化氛围，树立优良的校风、教风和学风，使师生都受到潜移默化的教育，自觉内化和践行社会主义核心价值观；另一方面，要创新和优化校园制度建设，形成有效的激励机制和监控机制。通过激励机制的改革，激励教师不断优化自身素质，更好地发挥灌输主体的作用；通过监控机制的改革，及时了解学生思想动态的变化，并及时掌控舆论氛围，积极引导学生。

其次，作为灌输主体的教师，应不断优化自身素质，提高灌输能力。例如，作为概论课的教师，一方面要深入学习马列原著，准确理解先进的思想理论，同时要关注国内国际热点，准确解读党的路线方针政策，注重理论研究；另一方面，在教学实践中，教师要不断改革、不断积累，逐步提升课堂教学能力，还要不断提升计算机网络技术方面的运用能力，掌握建设网络平台、制作微课方面的技术。

最后，对于作为灌输客体的学生，应积极引导和激励他们提升自身素质。例如，对于概论课的学生，一方面要培养他们运用理论分析问题的能力，通过引导学生领略理论的魅力来培养学生自主学习理论的兴趣，提高理论水平；另一方面，要注重学生理论与实践相结合，引导他们积极参加课内与课外、校内与校外的各种公益实践活动，在实践中加深他们对先进理论的理解，提高运用理论解决问题的能力，从而提高灌输效果。

二、走进大学生内心，强化情感体验法

情感体验法是教育者根据理想信念教育的目标和内容，通过故事、图片、案例

---

① 陈万柏、张耀灿主编：《思想政治教育学原理》（第三版），高等教育出版社 2015 年版，第 174 页。

等多样化教育媒介，设置富有吸引力的情境，潜移默化地影响大学生，促使大学生对崇高的理想信念产生真切感受和情感共鸣，从提高认同，进而内化于心，最后外化于行，即在日常学习和工作中自觉践行理想信念。

马克思主义理想信念教育的接受过程包括知、情、意、行等层面，是理性与感性的统一。其中，知是理性层面，情和意属于感性层面，行是实践层面。大学生是否乐于接受马克思主义理想信念教育，很大程度取决于其有没有被情所感染。在理想信念教育过程中，思政课是理想信念教育的主阵地。但是，在当前以应试教育为主的教育模式下，思政课侧重的主要是马克思主义理论知识的教授，而情感体验不足。为此，在新时代理想信念教育过程中，通过话剧、小品、音乐、体育运动、VR虚拟仿真教学等多种方式，让大学生通过体验角色语言或行为，亲身经历角色所折射的人生抉择，感悟生命价值和人生意义，就显得尤为必要和重要。

依托仪式载体强化理想信念是情感体验法的一种重要方式。仪式教育主要是通过选定特定的空间，将人员在特定的时间汇集，并进行各种场景和器物的布置，营造出与仪式主题相符合的场景，这种场景就是仪式教育所营造的现实空间。个体在进入仪式场域之后，随着图像的展现、语言的宣示、声音的播放、仪式的操演，逐步深化仪式中的共同体角色。在这个过程中，仪式参与者会不自觉地将自身的感觉、经验、情感和意志代入仪式场景中，与仪式符号所蕴含的精神、情感相互交流，从而唤起对事件的记忆和想象，激发其内心深处的情感，调动其主观能动性，从而与仪式教育的情境达到思想相容、观念互通，提升自身的思想境界。个体认同仪式角色之后，对仪式进行中相关规范的遵守还体现在仪式结束之后，将仪式所传达的思想意识、价值观念和道德规范贯彻到底，对个体行为起着长久的影响作用。

对于大学生理想信念教育来说，通过科学的、积极向上的仪式激发大学生对马克思主义理论的认同感和体验感，是不可多得的途径。例如，通过神圣的入党宣誓仪式让大学生完成党员身份的转换和深刻认可，同时在思想上更加坚定马克思主义理想信念；通过建党节、建军节、国庆节、青年节、抗日战争胜利纪念日等特殊时间的庆祝或庆典活动，激发大学生用心去感受和铭记马克思主义鼓舞下的无产阶级战士为理想信念流血牺牲的精神，感受在马克思主义指导下中华民族取得的光辉成就，激发新时代大学生的使命感和责任感，为马克思主义理想信念的确立积淀力量；通过理想信念知识竞赛、党史知识竞赛、学模范竞赛等形式，以赛促学、以学促做，让有形的竞赛转化为无形的理想信念教育。通过这些仪式感染，增强大学生的情感体验，为培育马克思主义理想信念构建情感通道。

仪式教育与其他教育方式的不同之处在于其既有显而易见的价值观引导，又能将仪式主体置于特定的情境中，使其潜移默化地受到仪式情境的感染。仪式主体在仪式中所受到的强烈情感震撼，在群体效应的作用下迅速延伸，逐渐形成集体情感。集体情感对于凝聚社会共识、集结社会力量、引导社会团结有着关键作用。

总之，情感体验法对提高大学生理想信念教育实效具有重要价值，在把理想信念转化为大学生的认识、行为和信仰的过程中，情感体验法具有不可替代的作用。高校教师应当学会把知识教学和情感体验结合起来，情理交融，实现大学生情感共鸣和理想、道德、人格上的升华，达到切实提高大学生理想信念教育实效的目的。

三、他教与自教、显性教育与隐性教育结合

（一）他教与自教结合

他教就是他人教育，自教就是自我教育。大学生理想信念教育是由高校教师的他教与大学生的自教相结合进行的一种活动。他教与自教相互联系、相互促进、不可分割地联系在一起，他教是自教的条件，自教是他教的结果。他教与自教是思想政治教育学的结果性范畴，体现思想政治教育的特性，并包含着内化与外化、思想道德修养、自我学习、自我改造、自我批评等概念，具有存在与发展的普遍性。

任何一种教育都是一个双向运动的过程，离不开教育者（教师）和受教育者（学生）的共同参与。灌输时不能把受教育者简单地看成灌输的客体，而应该充分认识其主体地位。大学生的主体需要不能忽视，因为外因是通过内因而起作用的。理想信念教育的目的就是将社会主义、共产主义的思想和价值观输入大学生的头脑，使之在大学生的社会交往、社会实践的过程中逐步发展和完善。在这个过程中，社会对个体的影响和规范作用固然重要，但是个体的内在理想和需求反映了个体的能动性与主体性，是个体人格完善的基础，也是灌输内容得以内化的条件；忽视它就会使教育处于一种被动、消极的状态，就会使灌输出现"灌而不进""输而不入"的局面。教育实践中如果只注重灌输的强制性而忽略了其能动性，只强调了灌输的社会政治需要（客观性）而忽略了受教育者的个体需求（主体性），是毫无实效可言的。灌输应该在强调社会政治需要的同时注重学生的主体需要、尊重其主体意识，重视其时代特点、个性特点和年龄特点，将教师主导与大学生自我教育有机地结合起来，做到教能够从学生的思维特点、思想实际出发，学能够在积极主动、紧张活泼的气氛中进行，变单向灌输为双向交流，那么，在学生和教师的相互配合下，灌输的过程就会极为顺利，效果就会十分显著，目的也就不难达到。

当代社会对教育与自我教育提出了更新更高的要求。这种更新更高的要求既由现代社会客观条件所决定，也是现代人自身发展所必需。

首先，开放环境的适应性要求。在过去封闭环境条件下，大学生受不发达的交通、通信、传媒、信息等的制约，活动范围有限，视野、思维难免局限于比较偏狭的时空，加上意识形态领域在封闭状况下经过反复过滤显得相对单一，大学生对环境因素没有多少选择的余地，只能依赖封闭环境所提供的有限信息谋求发展。随着对内对外开放的扩大，大学生生活环境的时空领域不断扩充，环境因素和环境性质也发生了变化。一是现代交通、通信和传媒使大学生的活动范围和信息获取范围空前广泛，面对大量的、经常变化的人和事以及各种信息，大学生的视野、思维、心

理不断丰富的同时，也要主动按照正确的价值标准进行比较、评判和取舍，才能适应开放环境的要求。二是环境的开放改变了意识形态领域相对单一的状况，各种文化的相互激荡和思潮的涌动对每一个人都会产生各种影响，大学生必须自主面对复杂的思想文化环境进行分辨和选择。特别是在互联网的虚拟环境中，主导价值与错误价值交错，积极因素与消极因素交汇，激励因素与诱惑因素杂陈，更需要加强教育和培养自我教育能力，才能驾驭网络，把握自己，不被复杂所迷，不为诱因所动。

其次，市场体制的自主性要求。社会主义市场经济体制的建立扩大了大学生的联系与合作，加强了大学生的比较与竞争，提高了单位与个人的社会化和主体性程度，调动了大学生生产和工作的自主性和创造性，推动了社会进步和人的发展。与自然经济和计划经济时期的依附性相比较，市场经济条件下主体的自主性与独立性包含着主体的自我教育，即要求主体自觉遵循竞争的规范性和有序性，按照正确的价值取向，充分发挥自己的积极性与创造性，使自己成为竞争的强者。因此，市场经济体制下所要求的自主性、竞争性和创造性，决定了大学生提高自我教育水平的必要性与自觉性。

最后，终身教育的客观性要求。随着现代科学技术的迅速发展和知识经济、信息社会的到来，学习和教育正在由传统的一次性学校教育转向现代社会的终身教育，社会成了学习型、教育型社会，人成了终身学习和受教育的人。思想政治教育，特别是自我教育，也要朝着终身性趋势发展。为此，联合国教科文组织国际教育发展委员会早在1972年提出："未来的学校必须把教育的对象变成自己教育自己的主体。受教育的人必须成为教育他自己的人；别人的教育必须成为这个人自己的教育。"①

大学生理想信念教育不同于其他以物质或精神产品生产为直接对象的社会生产活动，它的对象是有意识的人。这就要求我们在教育方式的选择上，既要保证作为教育主体的高校教师主导作用的发挥，同时也要充分尊重作为教育客体的大学生的能动性、自主性和创造性。完善的教育应是他教与自教的有机统一。一方面，学生思想道德水平的提高要依靠学校、社会、家庭等的教育；另一方面，理想信念教育的效果最终还要通过学生的自教来实现。他教只是提高学生思想道德素质的外因，自教才是内因。在高校，有些理想信念教育活动往往先入为主地把学生置于被动受教的地位，过分强调组织者的他教权威。这不仅影响了学生参与的积极性，更重要的是不符合理想信念教育形成的规律，因而很难收到好的效果。志愿者行动是他教与自教紧密结合的典型范例。志愿者行动并没有放弃他教，它强调要加强志愿服务理念的培训，并注重开展志愿者组织内部的交流互促活动，以保证志愿者能准确把握志愿服务的本质和内涵，保证志愿服务的正确方向。同时，它坚持把教育融入实

---

① 联合国教科文组织国际教育发展委员会编著：《学会生存：教育世界的今天和明天》，华东师范大学比较教育研究所译，教育科学出版社1996年版，第196页。

践，设计开展了扶贫帮困、抢险救灾、支边支教、社区服务、环境保护、社会服务等一系列贴近社会生活的志愿服务活动，使志愿者在服务之中增进了对社情、民情和人生的体验，在体验中有所思考、有所提高，从而有效实现了志愿者的自我教育。

改革开放以来，我国社会主义市场经济体制逐步建立，改革不断深化，开放日益扩大，个人的自主权明显增强，改变了计划经济和封闭环境下人们存在的某些依赖性，自我教育以富有现代特色的面貌迅速发展，同时也出现了一些新问题，形成了我国由传统社会向现代社会转变过程中自我教育的特殊性，集中表现为个体自主性与个体对社会的依存性同时增加。这就彰显出个体与社会矛盾性的一面，个体自主性的增强使个体渴望摆脱社会的种种束缚，但由于个体的自主性其实是建立在对社会依存的前提下的，致使自主性越强反而越依赖社会。这无疑就更紧密了个体与社会的关系，要求个体通过不断的自我教育来提升自己，适应社会，促进社会的发展。这必然促进自我教育地位的提升、领域的扩展和方式的发展。

发展自我教育，要遵循主体原则，充分发挥大学生的主体性。主体原则是指在理想信念教育过程中，充分发挥教师、大学生乃至理想信念教育环境的主体性作用。通过创设和谐、宽松、民主的理想信念教育环境，有目的、有计划地规范、组织多种思想政治教育活动，使受教育者自主地、能动地形成社会发展所需要的思想道德素质。

（二）显性教育与隐性教育结合

显性理想信念教育方法，是指教育者有计划、有组织地利用各种公开的手段、公共场所，对受教育者进行直接教育的方法。隐性理想信念教育方法则是相对于显性理想信念教育方法而存在的理想信念教育实施方法，它是寓理想信念教育于学生的社会实践和日常活动（组织管理、职业活动、人际交往、文化娱乐等）中，使学生在不知不觉中接受教育的方法。

就大学生理想信念教育的形式而言，高校开设的思政课、形势政策教育课以及党团组织生活等，都是显性教育；校园文化建设、开展各种活动等则是隐性教育。从学习的角度看，在显性教育条件下的学习是一种目的性明确的学习，在隐性教育条件下的学习则是一种不知不觉的学习。

显性理想信念教育具有专门性、公开性、规范性等特征，显性理想信念教育方法在理想信念教育方法体系中处于主导地位，发挥着主导作用。随着社会的多样化、复杂化，带来大学生思想、行为的多样性、特色性，使得显性理想信念教育方法的主导作用面临挑战，隐性理想信念教育则逐渐受到学生青睐。隐性理想信念教育以其教育目的的潜隐性、教育方式的多样性和灵活性、教育内容的渗透性，容易贴近大学生生活，能够较好地消除大学生的逆反心理，将教育内容和要求渗透到显性理想信念教育无法达到的生活空间。

在学习活动中，存在一种学习主体对学习过程缺乏明显意识的内隐学习。这种学习亦即隐性教育，在一些相关的教育活动中以及某些特殊的学习环境下，往往比那种显性的、有目的的教育学习活动收效更好。理想信念教育与一般性的知识教育不同，它的最终目的是要帮助学生形成一定的政治思想信念、道德判断能力和良好的心理素质、行为习惯，这也是理想信念教育追求实效性的具体体现。大学生这种思想政治信念、道德判断能力和良好的心理素质、行为习惯的培养和形成，单靠课堂教学的方式是不够的，它需要通过在社会多方面因素的影响和作用下，由大学生自身的实践和感悟逐步实现。正是从这样的意义来说，高校理想信念教育需要而且应当特别注重隐性教育形式，因为这种教育符合理想信念教育的特点和大学生的特点，容易收到较好的效果。

显性理想信念教育主要是通过显性课程来实施的，隐性理想信念教育也要通过隐性课程进行。显性教育与隐性教育的综合，可以克服高校重显性理想信念教育、轻隐性理想信念教育的局限，是克服传统理想信念教育封闭、单一和"以教师为中心、以课堂为中心、以教材为中心"倾向的有效途径，是拓展理想信念教育空间、发挥理想信念教育主导作用的重要措施。在进行综合的过程中，要将显性教育的目的、内容渗透到隐性教育中，增强隐性教育的目的性、方向性；同时将隐性教育的方式、途径运用到显性教育中，增强显性教育的实效性。由此推动显隐两种方法互相依存，共同发展，进而坚固显性教育的主导性，促进隐性教育的多样发展，实现大学生理想信念教育一元主导与多样发展的结合。

四、疏导教育法和比较教育法

（一）疏导教育法

疏导包括疏通和引导。疏通就是广开言路，集思广益；引导就是循循善诱，说服教育。疏导教育法是指对受教育者的思想认识问题既不堵塞言路，又善于引导，帮助其提高思想认识。疏导教育法可分为分导（分而导之）、利导（因势利导）、引导（启发诱导）等基本方式。在现代社会条件下，高校理想信念教育要将分导、利导、引导等基本方式具体化，使其更具有针对性和可操作性，以适应不同大学生的特点。在此，尤为重要的是，应根据不同教育条件创造并使用不同的疏导方式：一是互动式疏导。突出教师与大学生之间的平等地位，使双方平等地交流思想、探讨问题，平等地进行心灵、情感沟通，进而形成良好的互动关系，使大学生能够敞开心扉，也让教师在准确把握大学生状况的基础上进行有针对性的引导。二是咨询式疏导。即面对大学生的一系列思想困惑甚至是心理障碍，借用心理学的咨询方法，在倾听、了解其真实思想与心理状况的基础上，对其进行启发引导。三是体验式疏导。即将疏导与社会活动、实践活动有效地结合起来，使疏导工作进一步深入并提高有效性。教师要重事实、讲道理，循循善诱，启发自觉，以理服人，并以身边的榜样教育大学生。2022年4月25日习近平总书记在中国人民大学考察时强调:"思政课的本质是讲道理,要注重方式方法,把道理讲深、讲透、讲活,老师要用心教,学生要用心悟,达到沟通心灵、启智润心、激扬斗志。"① 为此,应尊重学生的自尊心和积极向上的心理,以表扬、鼓励为主,鼓励他们上进;既要善于发现学生身上的优点,又要善于发现他们身上的缺点,引导大学生学会扬长避短。

(二) 比较教育法

比较教育法指的是教师在进行马克思主义理想信念教育过程中,有意识地将不同类型的理想信念集合到一起,通过引导大学生对不同类型的理想信念进行比较、鉴别和选择,最终确立马克思主义理想信念的教育方法。通过运用比较教育法开展理想信念教育,有利于增强大学生在理想信念选择方面的辨别能力,树立正确的、科学的理想信念。

对于高校教师来说,在开放环境、信息社会、多元文化条件下开展大学生理想信念教育,必须善于运用和重视发展比较教育法。有比较才有选择,有选择才有取向;不能正确比较,就会造成选择错误和取向偏差。所以,比较教育实际上是对多样化进行分析、鉴别,按照主导性目标与规范进行选择和取向的过程。在大学生理想信念教育过程中,比较教育法的运用应注意以下两个方面。

第一,在比较中对错误思潮、价值观念进行剖析与批判。高校要引导大学生认识各种社会思潮的本质,向大学生揭示拜金主义、享乐主义、个人主义等流行社会思潮的危害,同时通过摆事实、讲证据等方式,引导大学生深刻认知经受长期实践检验并发挥巨大作用的集体主义、艰苦奋斗、勤俭节约等优良传统的正确性和科学性,提高辨别力和判断力,引导其树立正确的价值观,确立科学的理想信念。

第二,在比较中对正确的理想信念进行阐述与宣扬。例如,在资本主义与社会主义两种意识形态比较中,首先要引导大学生分析双方的优势与不足,承认我国同西方资本主义国家的差距以及充分估量实现共产主义的艰巨性和长期性;同时也要向学生讲清楚人类社会发展规律,坚定资本主义必然灭亡、社会主义必然胜利的信心,最终坚定共产主义远大理想和中国特色社会主义共同理想。

第二节 新时代大学生理想信念教育的机制

理想信念是超越感性、现实与当下的趋向理性、长远的相对稳定的世界观,但其又包含有感性、现实的因素。在当代中国的语境中,我们提及的理想信念一般特指对于社会主义、中国特色社会主义和共产主义的坚定信仰。显然,这些理想信念同样是趋向理性、长远的社会性向往,但又明显地超越了个体对于自己的、短期的

---

① 《习近平在中国人民大学考察时强调 坚持党的领导传承红色基因扎根中国大地 走出一条建设中国特色世界一流大学新路》,《人民日报》2022年4月26日第2版。

利益的关切。前者属于宏观层次的社会群体性愿望，后者则属于微观层次的自然个体性愿望；前者侧重于宏大叙事，后者则侧重于微观叙事。由此，我们可以窥见，在新时代大学生理想信念的构建过程中，始终存在着社会群体性愿望与自然个体性愿望、宏大叙事与微观叙事之间的紧张与矛盾。同时，由前述可知，在内外因素的双重影响和夹击下，新时代大学生理想信念的构建可谓面临着前所未有的困难和挑战。为此，要使新时代大学生理想信念教育得以顺利开展、取得实效，必须首先科学、合理地分析该群体理想信念构建的基本机制、结构，进而以此为基础，才可能有针对性地解决问题。出于这种现实考虑，本章先分析新时代大学生理想信念构建的机制，再围绕这种机制提出大学生理想信念教育的针对性机制。

一、新时代大学生理想信念构建的机制

（一）微观层次和宏观层次机制

1. 微观层次机制：充盈个体性的意义世界

对于新时代的大学生来说，由于技术水平的飞速发展和物质生活水平的极大提高，以及自身精神诉求的个体化、微观化趋势和生活态度的无根化状态等复杂因素影响，他们对于内含宏大叙事特质的国家、社会、民族层次的理想信念具有天然的疏离感。因此，要将社会主义、中国特色社会主义、共产主义等关涉理想信念的概念图景深刻地嵌入他们的精神世界之中，并成为其长远奋斗目标，由此激发他们自身的斗志和潜能，并不容易。对此，要实现新时代大学生理想信念顺利构建的目标，就必须正视现实，具体地说，要正视与理想信念之宏大叙事相对的个体世界之微观叙事这个现实，从个体性、个性化、微观化的世界切入，不断充盈其中的意义世界。也就是说，只有个体的意义世界之充盈得到保证，个体的意义世界是明确的、积极的、上进的、饱满的，才可能促使个体去追寻自身之外更加宽广的意义世界——理想信念；反之，如果个体的意义世界是灰暗的、消极的、堕落的、空虚的，不可能祈求其还能去追寻自身之外更加宽广的意义世界。这是新时代大学生理想信念得以顺利构建的基础和前提，是微观层次的构建机制。至此，主要的问题在于：这种充盈是否可能？如何才能够充盈个体的意义世界呢？第一个问题的答案显而易见，这正如马克思恩格斯所言："在社会历史领域内进行活动的，是具有意识的、经过思虑或凭激情行动的、追求某种目的的人；任何事情的发生都不是没有自觉的意图，没有预期的目的的。"[①] 也就是说，每个社会个体都是有意识、有目的的主体性存在者，他们的一切活动（行动）都被赋予了主体性的尺度。因此，社会个体能够通过自身有意识、有目的的行动来不断充盈自己的、微观层次的意义世界。第二个问题的答案则并不十分明朗。因为每个个体的行动都会面临两种意图或

---

① 《马克思恩格斯选集》第4卷，第253页。

者目的的可能性选择，既可能选择真善美的意图或目的行动，也可能选择伪恶丑的意图或目的行动。如此一来，个体要选择真善美的行动意图或目的，就必须首先具备分辨真伪、善恶、美丑的比较甄别能力，并且愿意将真善美付诸行动。因此，新时代大学生理想信念构建的微观层次机制，就需要个体自身的体悟和教育、启发来支撑。通过自身的体悟，透析真善美的真谛，通过接受教育和启发，理解真善美的奥妙，最终以合力形式促使个体自觉行动，充盈自身的意义世界。

2. 宏观层次机制：认同群体性的意义世界

新时代大学生理想信念的最终构建，除了需要建立微观层次这个基础性、前提性的机制外，还必须在此基础上建立起宏观层次的机制：促使大学生认同具有群体性特点的意义世界——中国特指的理想信念本身——社会主义、中国特色社会主义、共产主义等，并自觉以这些理想信念作为自身生命和奋斗的动力源泉、目标指向和根本支撑。认同群体性的意义世界是党和国家培养新时代大学生的主要目标，也是国家和民族兴旺发达的根本保证。正如习近平总书记所言："人民有信仰，民族有希望，国家有力量。实现中华民族伟大复兴的中国梦，物质财富要极大丰富，精神财富也要极大丰富。"① 显然，其中的"信仰"和"精神财富"，其核心就是本书所言的群体性意义世界——社会主义、中国特色社会主义、共产主义等远大的理想信念。那么，主要的问题在于：这个宏观层次的理想信念构建机制是否可能？如果可能，又应该如何实现这种可能？对于第一个问题，答案十分明确，大学生认同群体性的意义世界是完全可能的。因为从根本上讲，社会主义、中国特色社会主义、共产主义等理想信念都是马克思主义的重要内容，而过去100多年的历史与实践已经充分表明，马克思主义是一门严谨的科学。对此，邓小平曾强调："我坚信，世界上赞成马克思主义的人会多起来的，因为马克思主义是科学。它运用历史唯物主义揭示了人类社会发展的规律。"② 对于新时代大学生来说，他们都具有相对丰富的知识基础，文化理论学习经历完整，认识和理解、接受和认同一门科学，这在理论上讲不成任何问题。但是，不成问题不等于没有问题。因为在技术条件飞速发展的今天，大学生受到外部各类思潮及话语的影响十分大，加之物质生活条件的极大提高及主体诉求和生活态度的变化等因素交错夹击，大学生认同群体性的意义世界可谓挑战重重。也因此，对于第二个问题的解决就显得十分必要和重要。对此，我们认为，其解决的路径和微观层次的机制一样，也要通过大学生个体自身的体悟、接受教育和启发等方式来达成。需要指出的是，在宏观层次机制中，促使大学生真正体悟群体性的意义世界，接受教育和启发真正理解并能自觉践行群体性的意义世界，则需要看个体的努力程度以及对其实施教育、启发的手段和方法等。由此可知，新时代大学生理想信念构建的宏观层次机制，所涉及的工作主要应该由高校来完成。

---

① 《习近平谈治国理政》第二卷，第323页。
② 《邓小平文选》第三卷，第382页。

（二）新时代大学生理想信念构建的逻辑

理想信念构建的机制主要是指理想信念构建的基本框架结构，可以说它是理想信念构建工程的"静态"的施工"图纸"。也就是说，新时代大学生理想信念的构建，应该从微观及宏观两个层次的具体结构"图纸"入手：既要充盈大学生个体性的意义世界，又要认同群体性的意义世界。那么，如果要最终达到构建起新时代大学生理想信念的育人目标（完成构建的工程），这个"静态"的施工"图纸"又该按照什么样的原则来付诸实践呢？这就是新时代大学生理想信念构建的逻辑，可以说它是理想信念构建工程的"动态"施工"路线"。具体而言，新时代大学生理想信念构建的逻辑应遵循以下三个原则。

1. 由微观到宏观

诚如前面所述，新时代大学生理想信念要得到顺利构建，必须关切微观和宏观双重机制，这是该群体理想信念构建的基本结构。在这个结构中，理想信念构建的路线应该遵守由微观到宏观的逻辑进程。也就是说，应该首先确保每个大学生自己建立起个体层面的意义世界，在此基础上，再嵌入群体性的意义世界，并确保其理解和认同之，最终实现大学生确立远大理想信念的目标。

因此，要以微观为契机，推动大学生理想信念实现宏观超越。理想信念教育应主动融入大学生的微观世界，实现日常化发展。尽管人的生活世界既包括微观世界也包括宏观世界，但是很多大学生日常关注的多是自己的微观世界；在理想信念方面，尽管也有一部分大学生会有意识地关注宏观世界，有其政治理想和社会理想，但不少大学生更加关注甚至只关注其微观世界，仅仅确立了生活理想。毫无疑问，微观世界更加具体而微，直接影响着大学生的现实生活，微观生活理想反映了大学生对生活质量的追求。衣食住行以及与之相关的经济活动，直接影响着大学生的物质生活质量；专业学习、实习实训以及与之相关的各种考证活动，可能会影响到大学生的毕业就业状况；社团活动、宿舍活动以及形形色色的校园交往和社会交往，直接影响着大学生人际交流和学习环境、生活环境的和谐状况；等等。高校校园是社会的一个缩影。大学生首先生活在一个具体的世界、物质的世界，生活在社会之中。与之相适应的微观理想具有更加具体的生活根基，更易于主导大学生理想信念的形成。教师不能居高临下地开展大学生理想信念教育工作。教师应充分关注大学生作为人的生活和生命成长需要，并把大学生理想信念教育置于这一现实之中。理想信念教育只有融入大学生的现实生活，深入理解大学生所面临的各种实际问题，能够满足其成长发展的需求，才能在其心中真正扎根，从而发挥教育影响作用。

教师应引导大学生理想信念实现从微观到宏观的超越性发展。尽管微观世界是大学生生活的基础，为生活理想和职业理想努力也无可厚非，但是，如果仅仅停留于生活理想和职业理想这类微观理想，无法将理想信念提升到更加宏观的层面，最终必将影响其基础性的微观理想，甚至会影响其现有的微观理想的实现。毕竟，人不是单一的抽象的个体，人无时无刻不生活在与他人密切联系的复杂世界里。正如马克思所言，人的本质"不是单个人所固有的抽象物，在其现实性上，它是一切社会关系的总和"①。由于人生经验较为缺乏、理论水平较低，微观世界充满各种碎片化的事实堆砌，大学生难以深入理解微观理想和宏观理想之间的紧密联系，较容易沉溺于微观理想，或仅仅从微观角度来认识理想信念问题。甚至一部分大学生完全被埋没于个人的微观世界，仅有一些零碎的微观目标支撑自己的发展，甚至无所作为。有相当一部分自认为头脑清醒的大学生所做的也只是按照微观世界的需求来调整自己的学习和生活，提升自己的相关素质，但总体上仍囿于功利性范畴，并且难以摆脱碎片化、工具化的窠臼。的确，技术、技能作为一种现代性存在，对于人的生产生活产生了革命性影响。人对技术、技能的依赖正变得越来越深。但是，人并没有因为技术、技能而变得更加幸福。大学生如果无法运用系统思维更加宏观地观照自身和世界，无法提升自己的理想格局，也就不可能获得真正意义上的解放和幸福。因此，教师必须重视引导学生注重理想信念的提升，注重从宏观视角审视自己和他人的微观世界，学会安排自己的微观生活和宏观生活，在微观和宏观相融合的基础上确立自己的理想信念，拓展更广阔的发展空间。当然，引导大学生提升理想信念的境界具有相当的难度。教师应从多方面着手，将理想信念教育与各种形式和内容的教育结合起来。总体上来说，教师可以从理论、思维、立场、价值观念、视野、格局等方面逐步引导大学生。教师应牢牢掌握理论教育的主渠道，以透彻的理论指导大学生，通过多种途径训练大学生的辩证思维，引导其站在人民的立场思考现实存在的各种问题，树立社会主义核心价值观并作为自己的行动准则；用人类思想精华熏染大学生，使之具有开阔的视野，扩展自己的人生格局；等等。总之，教师虽然应以大学生的微观理想为基础，但不能局限于这一基础，必须实现宏观超越，引领大学生实现理想境界的升华，成为立志高远的大写的人，才能从根本上发挥实效。

那么，如何才能确保由微观到宏观的理想信念构建过程顺利实施呢？我们认为，可以从两个方面着手。其一，对大学生来说，他们首先应该是一个热爱生活、充满好奇心和热情的个体，在现实中，他们应该保持积极上进的精神姿态，是一个全面发展、追求真善美的年轻人。要做到这一点，大学生自身的精神觉悟当然至关重要，这种觉悟主要依靠大学生自觉的阅读经典、参加实践、体察反省来完成。此外，家庭的教育也应该有所作为。对此，每个家庭都有责任和义务，通过营造和谐、民主、理性的家庭氛围，父辈身体力行地践行真善美，关注儿辈日常成长的精神动态等，来引导大学生从小热爱生活、端正情趣、崇尚奋斗，促使其构建起个体应有的丰盈的意义世界。由此，从某种程度上看，大学生自己和家庭教育是完成微观层次意义世界构建的主要承担者，宏观层次意义世界的构建则主要应该由高校来

---

① 《马克思恩格斯文集》第 1 卷，第 505 页。

承担。其二，对于高校来说，应该给大学生施予精当而有效的教育和启发。问题在于，高校对大学生的理想信念教育一直在进行着，思政课就是专门负责大学生理想信念教育的主渠道和主阵地，但是客观而言，效果一般。为此，高校也一直努力探索思政课的改革创新，以达到改善理想信念教育的实效性这个基本目的。从根本上讲，大学生理想信念教育的改善必须注重新时代大学生的个体特点和感受，也应从他们微观层次的机制出发，努力提高教育的亲和力，以达到提高大学生获得感为途径，最终达到教育的目的。具体地说，就是要正确教育、引导大学生构建起宏观层次的群体性的意义世界，高校教育也必须从关切大学生的个体意义世界做起，而不宜进行直接的、简单划一的理想信念教育说教和灌输。这就要求新时代大学生理想信念教育必须先从走近学生个体入手，思政课应该和学生日常管理、日常教育引导深度结合起来，形成教育合力。

2. 由体验到认知

如果说由微观到宏观是新时代大学生理想信念构建的战略性逻辑，关涉的是理想信念构建的总体性进路，那么还应该有具体的策略性逻辑，后者关涉的是理想信念构建的局部性进路。在策略性逻辑中，由体验到认知又应该是最为基础、最为常见的逻辑。在理想信念构建的过程中，由体验到认知主要是指首先通过为理想信念构建的主体利用或创设情境、平台，使之亲身体验理想信念结出的"果实"；或通过构建主体自觉参与某些主题、特定活动等，亲身体验理想信念散发出的"清香"；等等。其次是通过学习教育，充分认知理想信念的理论性、科学性等，最终确立起坚定的理想信念的过程。简言之，由体验到认知的进路，就是由实践到理论、由生活到知识的提炼和提升的进路。对于新时代大学生来说，他们由此进路理构建想信念十分必要和贴切，具有明显的针对性。因为他们是在科学技术飞速发展、生活水平极大提高的环境中成长起来的一代，即时性的信息流、生活的无期待感冲击着他们的个人世界，加上精神诉求的微观叙事倾向、生活态度的平面化等主体气质影响，大学生理想信念世界的构建必须从有效抵制这些内外干扰因素开始，从激活个体的生命体验切入，由个体充盈微观的生命体验开始，进而引导和启发其深刻体察宏观的理想信念，以达到认知和认同理想信念的结果。对于高校而言，一方面，要顺势而为和主动作为双管齐下，为学生营造体验环境和平台。顺势而为就是利用一些重大的事件，鼓励和引导大学生"置身其中"，切身体验宏观的、群体性的意义世界。例如，利用中美贸易摩擦事件和香港黑暴事件等，使大学生从中体验社会主义中国、中国特色社会主义的优越性，引导和激发大学生的爱国主义情感，由此构建起大学生的共同理想和远大理想，达到"变坏事为好事"的教育效果。主动作为就是在国家或地区举办的一些重大活动中，鼓励和支持大学生参与其中，切身体验宏观的、群体性的意义世界。例如，通过组织大学生以志愿者或表演者身份参加国庆庆典活动、大型体育赛事活动或其他重要庆典活动等，充分激发和唤醒大学生的爱国主义情感以及国家和民族的荣誉感、自豪感等，使其从中体验社会主义中国、中国特色社会主义取得的辉煌成就，由此构建起大学生的共同理想和远大理想，达到"好事更好"的教育效果。另一方面，要在大学生的认知教育上加大力度，全面提升认知教育的理论说服力和解释力。伟大的革命导师列宁曾指出："只有了解人类创造的一切财富以丰富自己的头脑，才能成为共产主义者。"① 问题在于，在和平时期，尤其是新时代，如何用革命理论、马克思主义等知识来解释今天中国的建设和改革实践、解释今天中国的行进道路等，从而提高大学生对于理想信念这个群体性意义世界的学理性认知。这就要求高校在马克思主义中国化、马克思主义理论创新等方面下大功夫、下苦功夫。

3. 由道德到审美

在新时代大学生理想信念构建的策略性逻辑中，还有一条经常被忽视而对于今天大学生来说又十分重要的进路，那就是由道德到审美的逻辑。

理想信念是一个人生命中最为崇高、最为纯粹的追求。在中国语境中，从根本上讲，理想信念关涉的是国家、民族、社会、人类历史等宏大的主题。因此，要构建起这种真正的理想信念，就必须克服常人难以克服的困难，承受常人难以承受的磨难，方可达至。这正如习近平总书记所言："人类的美好理想，都不可能唾手可得，都离不开筚路蓝缕、手胼足胝的艰苦奋斗。"② 显然，其中所述的美好理想所需要付出艰苦奋斗的过程，本身就是理想信念不断构建、牢固的真实进程。从这个角度看，理想信念的构建需要强烈的责任感和使命感来驱动，其中，需要个体道德来支撑；如果缺乏足够的道德担当，个体就很难长期坚持不懈地为崇高和纯粹的追求而奋斗。因此，从很大程度上讲，理想信念的构建始于道德。但是，在新时代社会主要矛盾发生转化的背景下，在超越温饱的基础上，人们追求美好生活的愿望愈发强烈，加上科学技术的飞速发展、生活水平的提高等外部影响因素，以及大学生主体的精神诉求的微观化倾向、生活态度的平面化症候等内部影响因素叠加，大学生对于单纯的道德规训具有天然的免疫能力，甚至可能带有一定的抵触情绪。

因为对于个体而言，道德的规训多少带有一定的强制性质，并非个体生存的最高状态。对此，我国哲学家冯友兰先生曾提出过著名的人生"境界说"，即"就大同方面看，人所可能有底境界，可以分为四种：自然境界，功利境界，道德境界，天地境界"③。也就是说，在道德境界之上，还有天地境界，后者才是个体生存的最高（最佳）状态。所谓"天地境界"，并非不要道德，而是要超越单纯的道德规训，用审美意识代替道德意识，将生命的状态提高到自觉、自由的高峰体验状态。按照张世英先生的说法："一个真正有审美意识的人，一个伟大的诗人，都是最真挚的人，他们中有的人虽然不谈论道德，……一句话，审美意识，使他们成为最高

---

① 《列宁选集》第 4 卷，人民出版社 2012 年版，第 285 页。
② 《习近平谈治国理政》第一卷，第 52 页。
③ 冯友兰著：《三松堂全集》第四卷，河南人民出版社 2000 年版，第 497 页。

尚、最正直、最道德、最自由的人。光讲德育，不讲或不重美育，则很难教人达到超远洒脱、胸次浩然的自由境界。"① 这种审美意识对于新时代大学生的理想信念构建来说，恰如其分。因为他们要有效抵抗技术条件带来的碎片化、即时化的信息流冲击，真正超越生活水平极大提高带来的"无期待"困惑，直面精神诉求的微观化、个体化趋势，勇敢面对生活态度的无根化、平面化状态，深刻体察、领悟、接受和认同理想信念，就必须对理想信念具有超越性的意识和姿态。这种超越性的意识和姿态，就是以审美的高峰状态来体验理想信念（超越以道德规训来接受理想信念所带来的强制）。具体地说，就是面对理想信念时，大学生个体要深刻体会到其中的宏伟、壮观、崇高与远大，自然而然接受并自觉遵循与践行之，而感受不到丝毫的强制；相反，他们感受到的是自由与洒脱。为了达到这个目的，对于大学生来说，应该学会以游戏的精神来践行理想信念，因为"只有当人是完整意义上的人时，他才会游戏；而只有当人在游戏时，他才是完整的人"②。对于高校特别是教师来说，则应该以美育来带动新时代的理想信念教育，因为"提高道德意识，不能就道德而论道德，不能单凭道德说服，我们需要多提倡一点审美意识的修养和崇高境界的培养，也就多提倡一点超主客关系的精神"③。当然，由道德到审美的理想信念构建的逻辑生成，其担当的主体必须首先是大学生个体，学校的教育和启发仅为其次。

总之，在新时代背景下，大学生面临的外部客观环境和内部主观环境都较之以往时代发生了很大变化。为确保顺利完成大学生理想信念构建的重大任务，高校必须科学分析大学生理想信念构建的机制、全面梳理大学生理想信念构建的逻辑，大学生则必须勇于担当主体的责任和义务。

二、新时代大学生理想信念教育机制的构建

大学生对理想信念的认识与行为有时是割裂的，他们可能在理论上认可和接受理想信念的内容，但是在其个体行为中却可能会忽略或抛弃理想信念所倡导的原则和规范，做出与理想信念相背离的行为。因此，大学生理想信念教育如果忽视外在机制的作用，仅仅依靠个体的自觉性，则难以促使他们将理想信念外化为实际行动的。只有当个体的自觉性与外在的推动力相结合时，大学生理想信念教育才可以取得显著的成效。

（一）构建情感引导机制

情感是在认知的基础上产生的，是指在对一事物有了深刻全面的了解的基础

---

① 张世英：《哲学导论》，北京大学出版社2004年版，第114页。
② 席勒：《审美教育书简》，张玉能译，译林出版社2009年版，第48页。
③ 张世英：《哲学导论》，第215页。

上，在情感上对其产生的诸如喜、怒、悲、恐、爱、憎等心理反应。个体对事物产生一定的情感，就会对认知产生很大的影响，起到调节认知的作用。同时，情感是人们对现实世界的感觉体验，为人类行为提供了或趋或避的最终驱动性力量。因此，要让理想信念进入大学生头脑，必须让大学生获得情感认同。良好的形象是从情感上吸引大学生的基础，而实践活动中情感传递是重要桥梁。情感引导机制主要是形象塑造机制与情感传递机制。

第一，形象塑造机制。形象塑造机制是指对个体进行外表、理念、价值观和文化精神等塑造，并将其塑造后的形象有目的、有计划地进行传播，从而使其获得大众的理解、支持与认同。在新时代，形象塑造已经成为社会竞争中取得公众认可的重要战略手段，如品牌代理人、企业形象大使、形象代言人、品牌大使等；有时在重要活动中，为了达到宣传和推广的目的，也会推出自己的形象代表，如城市形象大使、预防艾滋病形象大使、环保形象大使、旅游形象大使、世博会形象大使、公益形象大使等。同样地，理想信念要广泛为大众所接受，形象塑造机制不可少。例如，中央电视台每年评选"感动中国十大人物"活动，通过一个个平凡的英雄人物，透过一个个感动人心的故事，见证人间温暖，传递人间大爱与真善美。

良好的大学生形象不仅对大学生个体意义重大，更对大学生整体产生影响。大学生的形象不仅指其外在的特征，更指他们的心理、精神、名誉等方面，甚至大学生的一言一行都代表着大学生的形象，具体来说包括外表形象、心理形象、行为形象、知识形象、精神形象等。大学生的价值观、理想、道德、信仰等对其心理形象、行为形象、知识形象、精神形象甚至是外表形象都会产生影响。良好的形象对大学生而言本身就代表着一种动力，是一种无声的召唤，具有强大的吸引力和巨大的凝聚力，让大学生向往并自觉地设计自己良好的形象。高校可以开展各种活动，从多个角度以理想信念为中心，塑造良好的大学生形象，并在活动中与广大大学生形成互动，受到他们的喜欢、认同并采取相似的行为。例如，评选"感动××十大人物""微时代十佳人物"；可以以社会主义核心价值观为核心，以各方面成绩和先进事迹为依托，开展大学形象大使、毕业形象大使或优秀毕业生、感动校园十大人物、大学年度人物等评选活动，成功推出良好的大学生形象。

第二，情感传递机制。要加强情感认同，情感传递是关键。情感传播机制就是把情感理念、情感思想、情感取向通过多种途径传递给他人，感动他人，以使他人产生情感上的共鸣。情感是很复杂的心理活动过程，不能靠单方面的强加于人，只能是通过人与人之间交往和互动的体验交流。

情感传播有三种层次：语言上的交流，思想上的交流，心灵上的交流。其中，思想上和心灵上的情感交流更能打动人，更能持久。因此，在情感传播中要实行深层次的情感交流机制。首先是教师的情感教学。古人言"亲其师，信其道"，教师的爱心可以说是教育的基础。教师在教学中饱含深情地施教，把正能量传给学生，言传身教具有很大的感染力，本身就包含了一种价值观的传播。其次是通过党支部、共青团组织、社团组织、志愿者组织等来传播，组织成员之间情感交流层次多样化，理想信念则贯穿在规范的组织及其章程中。很多加入这些组织的申请书中会列出这样的理由："某某的事迹打动了我……""我得到了某某的帮助，所以我希望能像他们那样帮助别人……"再次是通过网络、微博、电视等平台进行关于理想信念的情感交流和传播。例如，凤凰卫视社会观察节目《社会正能量》，讲述一个个感动人心的故事，由各界学者、专家、名人发表意见或精辟见解，传递社会正能量，宣传正确的价值观。网络上的论坛讨论、发帖跟帖回帖，既是语言的交流，同时也可实现思想上、心灵上的情感交流。微博上随时可以进行思想交流和思想争鸣，从中倡廉正、扬正气、树新风、促和谐。最后就是在各种实践活动中以情动人、以行动感化人，帮助大学生树立理想信念自信。

（二）构建文化育人机制

从文化学的视角看，理想信念也是人类特有的一种文化现象。大学生理想信念教育的过程实质是一个文化传递的过程。因此，加强文化建设，构建文化育人机制，有利于大学生在潜移默化中树立理想信念。

一要加强校园文化建设。理想信念教育要注重以校园文化为载体，通过学校的历史文化、校训校歌、校规校纪、建筑雕塑、宣传展板、办学理念等软文化的建设去营造一种对理想信念的认同的氛围，形成与人为善的校风，让学生在良好的文化环境中接受理想信念教育。此外，也要重视对校园环境的"三化"（净化、绿化、美化），整洁优美的自然环境能够发挥强大的感染作用，有利于培养学生与自然生态为善的价值观念。

二要加强网络文化建设。一方面要在技术上对网络存在的各种不良信息进行严格的监控和屏蔽，加强对网络环境的管理，推动网络文化的繁荣发展，有利于正面能量的传播；另一方面要加强网络法律制度的建设和完善，对诽谤诬蔑、散播谣言等不合道德乃至违法的网络现象进行严厉的打击，从根本上规范网络行为和遏制网络不良文化的产生，有助于网络环境的净化和网络文化的健康发展，为大学生理想信念教育创造一个良好的网络文化环境。

（三）构建榜样示范机制

示范引领是一种宣传教育艺术。示范引领机制的构建有利于增强先进典型和道德模范的带动效应，帮助大学生树立践行理想信念的榜样和标杆，激发他们学习和模仿的内在动机，进而产生情感的共鸣，有助于提高他们对理想信念的自信。

一要旗帜鲜明地宣传典型人物和事例。通过大张旗鼓、旗帜鲜明地宣传典型人物和事例，引起大学生足够的重视和调动大学生的学习积极性。大学生对理想信念能否从认知结构的改变发展到内化为稳定的价值观念，很大程度上取决于其效仿典型的行为能否得到肯定和赞许，外界的正面评价能够有效强化他们对理想信念的认同感。大众媒体是宣传典型人物和事例的重要载体，要坚持正确的舆论导向，充分挖掘理想信念的示范资源，深入开展各种形式的理想信念宣传教育活动，让理想信念在更大的范围起到示范引领作用，形成"千树万树梨花开"的效应。

二要常态性地宣传典型人物和事例。示范引领的实质是通过对大学生思想观念的引导，促使其价值观的改变并符合社会发展的要求。大学生理想信念的生成是一项长期的系统工作，需要循序渐进的引导过程，不能急功近利，奢望通过一次宣传教育活动就能让大学生树立理想信念。大学生理想信念教育要通过长效常态的宣教活动，形成一个系统化、层次化、全面化的立体宣传平台，包括常态组织大学生参观典型的事迹展览、观看典型的影像资料，在各类新闻媒体开辟理想信念的专栏、宣扬典型的人物事迹，以及把握重要节庆日和重大活动等契机开展理想信念主题教育等，逐步以理想信念去感化、引导大学生，使其自觉形成正确的理想信念。

三要构建实践活动引导机制。这种机制是以贴近大学生生活、让大学生易于接受并乐于参与的方式，在实践活动中使得大学生接受理想信念并内化于心。课外活动形式多样，如各种典礼、勤工俭学、学生自我管理、学生社团活动、学生青年志愿者活动、学生辩论赛等。在这些活动与人际交往中，大学生的道德品质得以发展，理想信念得以渗透并在不知不觉间内化于心。

（四）构建行为实践机制

大学生理想信念教育的关键就是要强化行为实践机制，注重知与行的统一。

一要鼓励大学生开展和参与各种校园活动，包括党组织活动、社团组织活动以及"日行一善""送爱心、献温暖"等活动。特别要重视各种社团组织活动对大学生价值观尤其是理想信念的培育作用，从不同维度培养他们的集体意识、责任意识和友好意识，使其在实践中体会理想信念的真谛。

二要引导大学生积极参与社会实践，包括学雷锋志愿服务活动、"三下乡"活动、社区便民服务活动等等。通过参与社会实践活动，可以使大学生深刻体会到人与人之间的温情，激发他们对弱势群体的同情心，明白理想信念的价值和意义所在，从而自觉将理想信念作为待人接物的道德规范。值得注意的是，高校应该根据大学生的认知发展规律，安排有利于大学生身心发展的社会实践活动，而不是盲目地鼓动所有大学生参与所有的社会实践活动。例如，低年级大学生才经历了由封闭式的教育模式到开放式的教育模式的转变，心理处于波动期，可以鼓励他们参与关怀弱势群体的青年志愿者活动，领略到帮助他人的快乐和意义，提升他们对理想信念的认同度和践行度；高年级大学生的心理特征相对稳定，对外界事物的接受度高，可以引导他们参与一些难度较大的社会实践活动，包括寒暑假社会调查、"三下乡"活动、扶贫工程等，扩大他们的眼界和丰富他们的社会阅历，使之不容易被错误的思想观念误导，成为理想信念的坚定拥护者。

参考文献

马克思恩格斯选集：第1～4卷［M］. 北京：人民出版社，2012.

马克思恩格斯文集：第1卷［M］. 北京：人民出版社，2009.

马克思恩格斯文集：第2卷［M］. 北京：人民出版社，2009.

列宁选集：第1～4卷［M］. 北京：人民出版社，2012.

刘少奇选集：下卷［M］. 北京：人民出版社，1985.

毛泽东选集：第一～四卷［M］. 北京：人民出版社，1991.

邓小平文选：第二卷［M］. 北京：人民出版社，1994.

邓小平文选：第三卷［M］. 北京：人民出版社，1993.

江泽民文选：第一～三卷［M］. 北京：人民出版社，2006.

胡锦涛文选：第一～三卷［M］. 北京：人民出版社，2016.

习近平谈治国理政：第一卷［M］. 2版. 北京：外文出版社，2018.

习近平谈治国理政：第二卷［M］. 北京：外文出版社，2017.

习近平谈治国理政：第三卷［M］. 北京：外文出版社，2020.

习近平谈治国理政：第四卷［M］. 北京：外文出版社，2022.

习近平. 高举中国特色社会主义伟大旗帜为全面建设社会主义现代化国家而团结奋斗：在中国共产党第二十次全国代表大会上的报告（2022年10月16日）［M］. 北京：人民出版社，2022.

习近平. 论党的思想宣传工作［M］. 北京：中央文献出版社，2020.

习近平. 在同各界优秀青年代表座谈时的讲话［N］. 人民日报，2013-05-05.

习近平. 在颁发"中国人民抗日战争胜利70周年"纪念章仪式上的讲话［N］. 人民日报，2015-09-03.

习近平. 在庆祝中国共产党成立95周年大会上的讲话［N］. 人民日报，2016-07-02.

习近平. 在全国高校思想政治工作会议上的讲话［N］. 人民日报，2016-12-09.

习近平. 铭记光辉历史传承红色基因为把人民军队建设成为世界一流军队而不懈奋斗［N］. 人民日报. 2017-07-22.

习近平. 在党的十九届一中全会上的讲话［J］. 求是，2018（1）.

习近平. 在北京大学师生座谈会上的讲话［N］. 人民日报，2018-05-03.

习近平. 论党的思想宣传工作［M］. 北京：中央文献出版社，2020.

习近平. 思政课是落实立德树人根本任务的关键课程 [J]. 求是, 2020 (17).

中国共产党第十八届中央委员会第六次全体会议公报 [M]. 北京: 人民出版社, 2016.

中共中央关于党的百年奋斗重大成就和历史经验的决议 [M]. 北京: 人民出版社, 2021.

中共中央, 国务院. 新时代公民道德建设实施纲要 [Z]. 2019.

中共中央, 国务院. 新时代爱国主义教育实施纲要 [Z]. 2019.

中共中央党史和文献研究院. 十八大以来重要文献选编: 上 [M]. 北京: 中央文献出版社, 2014.

中共中央党史和文献研究院. 十八大以来重要文献选编: 中 [M]. 北京: 中央文献出版社, 2016.

中共中央党校 (国家行政学院). 习近平新时代中国特色社会主义思想基本问题 [M]. 北京: 人民出版社、中共中央党校出版社, 2020.

中共中央文献研究室. 十四大以来重要文献选编: 上 [M]. 北京: 人民出版社, 1996.

中共中央文献研究室. 习近平关于青少年和共青团工作论述摘编 [M]. 北京: 中央文献出版社, 2017.

中共中央中宣部. 习近平新时代中国特色社会主义思想学习纲要 [M]. 北京: 人民出版社, 2019.

周恩来选集: 下卷 [M]. 北京: 人民出版社, 1984.

艾伦. 知识与文明 [M]. 刘梁剑, 译. 杭州: 浙江大学出版社, 2010.

白显良. 隐性思想政治教育基本理论研究 [M]. 北京: 人民出版社, 2013.

白钰. 新媒体视阈下高校理想信念教育的创新路径 [J]. 教育理论与实践, 2021 (24).

本书编写组. 思想道德与法治 [M]. 北京: 高等教育出版社, 2021.

宾克利. 理想的冲突西方社会中变化着的价值观念 [M]. 马元德, 译. 北京: 商务印书馆, 1983.

布里斯托. 信念的魔力 [M]. 朱国安, 秦裕, 译. 上海: 上海人民出版社, 1989.

陈华. 共同理想信念的培育与国家文化软实力的提升 [J]. 社会主义研究, 2012 (3).

陈进华. 以"中国梦"引领大学生理想信念教育 [J]. 道德与文明, 2016 (6).

陈世润, 熊标. 毛泽东理想信念观及其当代意义 [J]. 毛泽东邓小平理论研究, 2013 (3).

陈潭, 彭东琳. 列宁共产党员理想信念教育思想探微 [J]. 社会科学家, 2011

(11).

陈万柏. 思想政治教育学原理 [M]. 3 版. 北京：高等教育出版社，2015.

陈瑛. 志于道，据于德：理想信念与道德建设 [J]. 道德与文明，2013（4）.

陈勇，王欢. 信仰导航"六个为什么"与大学生理想信念教育研究 [M]. 北京：中国青年出版社，2014.

陈智，叶红云. 哲学世界观在理想信念教育中的重要作用 [J]. 学校党建与思想教育，2020（22）.

邓伯军. 从"党史"主题看历史虚无主义的价值陷阱 [J]. 中共天津市委党校学报，2022（3）.

丁胜. 中华优秀传统文化融入大学生理想信念教育研究 [D]. 哈尔滨：哈尔滨师范大学，2020.

段妍. 中国共产党加强青年理想信念教育的百年历程与现实启示 [J]. 思想教育研究，2021（8）.

冯刚，朱宏强. 以习近平新时代中国特色社会主义思想引领青年理想信念教育 [J]. 思想理论教育导刊，2018（11）.

冯建军. 理想信念教育常态化制度化的实践内涵、理路与策略 [J]. 思想理论教育，2021（12）.

冯秀军. 新时空境遇中的当代大学生理想信念教育 [J]. 教学与研究，2011（4）.

冯友兰. 三松堂全集：第四卷 [M]. 郑州：河南人民出版社，2001.

傅君英. 新时代大学生理想信念教育研究 [M]. 西安：西安电子科技大学出版社，2019.

高占祥，王青青. 信仰力 [M]. 北京：北京大学出版社，2012.

龚自珍. 古史钩沉论二，龚自珍全集 [M]. 上海：上海人民出版社，1975.

韩丽颖. 论理想信念形成的三种形态 [J]. 社会科学战线，2019（12）.

韩桥生. 红色文化与理想信念教育 [M]. 南昌：江西人民出版社，2019.

韩庆祥. 马克思的人学理论 [M]. 郑州：河南人民出版社，2011.

韩瑞清. 坚定理想信念 [M]. 石家庄：河北人民出版社，2015.

韩振峰. 新时代思想政治教育理论与实践问题研究 [M]. 北京：社会科学文献出版社，2019.

韩震. 发挥学科优势拓展大学生理想信念教育的空间 [J]. 新视野，2005（2）.

豪格，阿布拉姆斯. 社会认同过程 [M]. 高明华，译. 北京：中国人民大学出版社，2011.

何菲. 团日活动对大学生理想信念教育的作用探析 [J]. 山东社会科学，2015（S2）.

黑格尔. 历史哲学［M］. 王造时, 译. 北京: 生活·读书·新知三联书店, 1956.

侯卓利. 大学生理想信念教育常态化研究［D］. 太原: 山西大学, 2021.

胡琳, 朱明明. "中国梦"语境下大学生理想信念教育的切入和展开［J］. 社会科学家, 2016 (3).

黄明理. 马克思主义魅力与信仰研究［M］. 北京: 人民出版社, 2016.

黄蓉生. 论国际化背景下大学生理想信念教育［J］. 高校理论战线, 2011 (4).

黄艳芳. 职业教育课程与教学论［M］. 北京: 北京师范大学出版社, 2010.

姜大源. 职业教育学研究新论［M］. 北京: 教育科学出版社, 2007.

姜华. 大学生理想信念教育研究［M］. 重庆: 西南师范大学出版社, 2016.

姜益. 重视和加强理想信念教育——论理想信念是中华民族精神的"钙"［J］. 毛泽东邓小平理论研究, 2014 (12).

蒋蕾, 李艳. 新时代高校党员干部理想信念观构建的五重维度及其培育体系［J］. 东北师大学报（哲学社会科学版）, 2018 (6).

金宏伟. 基于多元文化背景的大学生理想信念教育分层体系构建［J］. 湖北社会科学, 2013 (5).

金群. 习近平新时代青年观视域下大学生理想信念教育研究［D］. 武汉: 武汉纺织大学, 2020.

柯尔伯格. 道德教育的哲学［M］. 魏贤超, 等译. 杭州: 浙江教育出版社, 2000.

孔祥慧, 李新仓. 新时代青年大学生理想信念教育常态化机制研究［J］. 思想教育研究, 2020 (9).

李大健, 谭乐. 论以"共同理想教育"凝聚大学生［J］. 湖南社会科学, 2016 (2).

李丹琪, 李辽宁. 青年理想信念教育常态化制度化的内涵要义与实现路径［J］. 思想教育研究, 2020 (10).

李辉. 中国当代大学生理想信念形成的特点及机制研究［M］. 北京: 中国书籍出版社, 2013.

联合国教科文组织. 学会生存: 教育世界的今天和明天［M］. 华东师范大学比较教育研究所, 译. 北京: 教育科学出版社, 1996.

练庆伟. 大学生信仰教育的复杂性研究［M］. 广州: 广东人民出版社, 2012.

梁爱文. 中国梦与大学生理想信念教育的内在契合阐释［J］. 中国教育学刊, 2015 (S1).

梁琳. 大学生理想信念教育中的红色资源运用研究［D］. 桂林: 广西师范大学, 2022.

廖小琴. 论青年理想信念教育常态化制度化的多维生成［J］. 思想理论教育, 2021（12）.

刘建军. 论中国共产党人的信仰表述［J］. 马克思主义研究, 2021（3）.

刘萍. 新时代加强大学生理想信念教育的有效策略研究［J］. 思想理论教育导刊, 2019（7）.

刘雯. 微时代大学生理想信念教育研究［D］. 石家庄：河北经贸大学, 2021.

龙献忠, 唐征勋. 列宁的青年德育思想"五论"及其当代昭示［J］. 湖南大学学报（社会科学版）, 2018（4）.

卢翠荣. 新时代大学生理想信念教育常态化研究［D］. 石家庄：河北师范大学, 2022.

鲁洁. 道德教育的当代论域［M］. 北京：人民出版社, 2005.

罗玲. 新时代高校德育工作创新研究［M］. 北京：中国农业出版社, 2021.

骆郁廷. 思想政治教育原理与方法［M］. 北京：北京师范大学出版社, 2018.

马尔库塞. 单向度的人：发达工业社会意识形态研究［M］. 张峰, 译. 上海：上海译文出版社, 1989.

彭绪琴. 当代大学生理想信念教育研究［M］. 北京：中共中央党校出版社, 2008.

戚如强. 习近平立德树人思想的理论渊源与精神实质［J］. 马克思主义研究, 2018（7）.

祁志祥. 人学原理［M］. 北京：商务印书馆, 2012.

秦宣. 为什么要坚持中国特色社会主义道路［M］. 北京：中国人民大学出版社, 2013.

邱吉. 信仰告白［M］. 北京：中国青年出版社, 2014.

塞缪尔·斯迈尔斯. 信仰的光芒［M］. 陈豪, 译. 北京：金城出版社, 2011.

尚洪波, 王刚. 新时代推动理想信念教育常态化、制度化的三重逻辑［J］. 南京师大学报（社会科学版）, 2020（4）.

沈壮海, 王培刚, 王迎迎. 中国大学生思想政治教育发展报告2016［M］. 北京：北京师范大学出版社, 2017.

沈壮海, 肖洋. 2016年度大学生思想政治状况调查分析［J］. 思想理论教育导刊, 2017（1）.

石亚玲. 大学生理想信念教育研究［M］. 北京：光明日报出版社, 2020.

宋清华. 重建理想主义信念［M］. 北京：中国社会科学出版社, 2012.

苏振芳. 当代国外思想政治教育比较［M］. 北京：社会科学文献出版社, 2008.

孙庆民. 马克思主义理想信念及其当代价值［J］. 社会科学家, 2015（7）.

孙瑞婷. 新时代大学生理想信念教育研究［M］. 北京：中国社会出版

社，2020.

孙伟平. 价值观的力量——论习近平新时代中国特色社会主义思想的价值表达［J］. 哲学研究，2018（3）.

孙正聿. 理想信念的理论支撑［M］. 长春：吉林人民出版社，2014.

檀传宝. 信仰教育与道德教育［M］. 北京：教育科学出版社，1999.

田永静，颜吾佴. 世界多极化对大学生理想信念的影响及教育引导分析［J］. 湖南社会科学，2016（3）.

田子祎. 社会实践融入大学生理想信念教育研究［D］. 石家庄：河北经贸大学，2021.

佟怡. 新形势下提升大学生理想信念教育有效性探析［J］. 思想理论教育导刊，2017（8）.

涂尔干. 道德教育［M］. 陈光金，沈杰，朱谐汉，译. 上海：上海人民出版社，2006.

汪青松. 恩格斯理想信念观与中国共产党人的中国梦［J］. 当代世界与社会主义，2015（5）.

王德华. 当代青年马克思主义者理想信念的内化路径［J］. 河北学刊，2013（4）.

王军福. 试论共产党员的信念、信仰和理想［J］. 社会科学家，2012（S1）.

王瑞荪. 比较思想政治教育学［M］. 北京：高等教育出版社，2001.

王淑芹. 论社会主义核心价值观建设的原则［J］. 哲学研究，2019（5）.

王树荫. 习近平坚定共产党人理想信念的科学论述［J］. 马克思主义研究，2017（11）.

王向明. 为什么要信仰共产主义［M］. 北京：中国人民大学出版社，2013.

王学俭. 思想政治教育理论与实践问题的研究视角［M］. 北京：中国人民大学出版社，2018.

魏茂峰、陈玙. 学生理想信念的教育［M］. 合肥：安徽人民出版社，2012.

魏荣，吴波. 习近平关于坚定共产主义理想信念的重要论述研究［J］. 中国特色社会主义研究，2016（5）.

吴潜涛. 中国精神教育读本.［M］. 北京：人民出版社，2014.

吴云志，刘根旺. 习近平青年理想信念重要论述研究综述［J］. 思想理论教育导刊，2019（9）.

席勒. 审美教育书简［M］. 张玉能. 译. 南京：凤凰出版传媒集团、译林出版社，2009.

项久雨，范海群. 青年理想信念教育常态化制度化的百年回顾与新时代推进理路［J］. 思想理论教育，2021（7）.

肖丹. 以战略思维全面推进当代青年理想信念教育［J］. 东北师大学报（哲学

社会科学版），2016（5）．

肖前．马克思主义哲学原理［M］．北京：中国人民大学出版社，2006．

肖祥．"中国梦"与大学生理想信念教育研究［M］．广州：暨南大学出版社，2017．

徐礼堂．当代青年精神生活的引导路径分析［J］．思想理论教育导刊，2018（8）．

徐瑞矫，史向军．新时代理想信念知行合一的内生动力研究［J］．毛泽东邓小平理论研究，2018（7）．

徐元慈．新时代大学生理想信念教育研究［D］．济南：山东建筑大学，2020．

薛利锋．社会主义核心价值观引领大学生理想信念教育研究［J］．东北师大学报（哲学社会科学版），2016（2）．

杨德山．中共对理想信念信仰问题认识的历史考察：1978.12—1992.2［J］．教学与研究，2015（12）．

杨海军．思想政治教育情感载体研究［M］．北京：人民出版社，2019．

叶舟．红色文化与新时代高校理想信念教育研究［M］．南昌：江西人民出版社，2020．

衣凤先．新时代大学生理想信念教育问题研究［D］．大连：辽宁师范大学，2021．

尹洁，郭霆．我国当代大学生理想信念的关注点及群体特征——实证分析的视角［J］．毛泽东邓小平理论研究，2014（6）．

余一凡．习近平关于理想信念教育论述的基本思路和观点［J］．思想理论教育导刊，2019（9）．

虞爱华．推动理想信念教育常态化制度化［J］．红旗文稿，2020（10）．

袁贵仁．价值观的理论与实践：价值观若干问题的思考［M］．北京：北京师范大学出版社，2006．

袁祖社．公共价值的信念与美好生活的理想：马克思哲学变革的理论深蕴［J］．中国社会科学，2019（12）．

曾令辉．当代大学生政治理想信念形成规律及对策［J］．高校理论战线，2011（5）．

查少刚，杜孝军．大学生理想信念教育的四重逻辑［J］．思想理论教育导刊，2015（11）．

张清明．理想教育与理想实践［M］．成都：四川大学出版社，2005．

张瑞，赵君，张忠祥．习近平关于青年教育的重要论述研究综述［J］．广西社会科学，2019（10）．

张世英．哲学导论［M］．北京：北京大学出版社，2004．

张同善．马克思主义关于人的学说与教育［M］．北京：教育科学出版社，1992.

张兴海. 高校要成为信仰播种机［J］. 求是，2014（9）.

张雅光. 新时代大学生信仰现状调查研究［J］. 天津农学院学报，2021（4）.

张耀灿，郑永廷，吴潜涛，等. 现代思想政治教育学［M］. 北京：人民出版社，2006.

张翼翔. 思想政治教育方法创新研究［M］. 北京：人民出版社，2018.

张玉漫. 论当代大学生理想信念教育环境的优化［J］. 湖北社会科学，2013（1）.

赵司空. 自由、日常生活与信仰：论东欧新马克思主义的现代性理论［J］. 山东社会科学，2018（8）.

赵希杰. 理想信念之梦［M］. 合肥：安徽大学出版社，2014.

郑敏. 增强大学生理想信念教育有效途径的思考［J］. 思想理论教育导刊，2014（5）.

郑永廷. 中国精神生活发展与规律研究［M］. 广州：中山大学出版社，2012.

周芳，严敏. 中国共产党青年理想信念教育的发展历程与基本经验［J］. 江汉论坛，2021（9）.

周强，黄发友. 社会主义核心价值观背景下大学生理想信念教育路径研究［J］. 思想理论教育导刊，2016（11）.

朱丽霞，喻学林. 论思想政治理论课对培育大学生理想信念的作用［J］. 湖北社会科学，2012（6）.

朱娅娅. 大学生理想信念教育协同育人机制研究［D］. 兰州：西北师范大学，2021.

附录：课例

追求远大理想　坚定崇高信念

一、课例综述

学习党史故事、坚定理想信念，使其融入学校思政课教学各环节，既是推进思想政治教育工作的客观需要，也是坚持立德树人、培养德智体美劳全面发展的社会主义建设者和接班人的必然要求。在校大学生受教育程度高、可塑性强，是未来社会建设的中坚力量。为引导大学生主动传递网络正能量，本教学案例选取《思想道德与法治》第二章"追求远大理想　坚定崇高信念"中第三节"在实现中国梦的实践中放飞青春梦想"的教学内容，设置"学生反思问题链""党史案例问题链"双问题链，引导大学生以"学党史→促反思→悟思想"为逻辑顺序，进行课堂设计，讲好党的历史上的知名人物和相关事件，帮助大学生更加清晰地认识到个体与社会之间的关联，激发大学生将个人命运和时代发展紧密结合，增强主人翁意识，坚定理想信念，做到学史明理、学史增信、学史崇德、学史力行，为实现中国梦注入青春力量。

教学过程分为课前、课中、课后三个阶段，先以课前布置的学生问卷数据介绍入题，激发学生兴趣，再从新民主主义革命时期、社会主义革命和建设时期、改革开放时期、新时代等四个历史阶段中，选取四个代表性的党史教育案例，结合精心设计的双问题链，引导大学生循序渐进地逐步深入思考，从外在表象挖掘问题的本质，从感性认识上升到理性思考。指导学生从纷繁的史料学习中学深悟透、汲取养分，提高政治领悟能力，进一步理解"中国共产党为什么能，中国特色社会主义为什么好，归根到底是因为马克思主义行"，从而坚定理想信仰，成为勇担使命、主动作为的青年一代。评价结果显示，通过案例教学，将理想信念教育与党史案例相结合，激发了学生的参与热情，满足了学生的表达需求；在交流讨论中，通过发现问题、分析问题和解决问题的参与互动，学生获得价值认同和感情共鸣。

二、课例解析

（一）思路与理念

教学理念：以点入题、史论结合，对比反思、感悟内省，激发学生内生动力，知信行相统一。学党史、树担当，凝聚青春力量。

首先，从党史学习的时政热点和大学生的兴趣爱好问卷反馈着手，提升学生好奇心和关注度，知己知彼，知大势、识未来。

其次，设计教学"学生反思问题链""党史案例问题链"双问题链，从新民主主义革命时期、社会主义革命和建设时期、改革开放时期、新时代四个不同阶段选取典型案例，引发学生将自身与共产党人所思所想、所作所为进行对比，促进其反思内省。问题层层深入，由现象深入本质，以具体史实展现信仰追求，让学生在互动—探究式学习中掌握教学重点，从整体上理解党史人物中体现的理想信念。

再次，通过教师对学生发言的点评，注入感情温度、提升理论高度，引导大学生从个体案例的微观视角，转变为民族、国家的宏大视角，达到知信行统一，从而突破教学难点，完成教学目标。

最后，布置课后作业，鼓励学生积极投身社会实践，为中华民族伟大复兴的中国梦贡献一己之力。

（二）设计与实施

本专题教学主要运用情境创设、探究式学习、问题链等教学方法，围绕党史学习融入大学生理想信念教育的课程目标，通过线上（超星学习平台、问卷星）线下（面授）相结合的教学手段，将课程分为课前、课中和课后三个阶段：课前通过问卷调查完成对学生党史学习情况、对理想信念的理解、学习工作的动力等信息的了解，针对问卷呈现的问题准备教学内容；课中通过案例展示、教师提问、学生回答、教师点评提升情感温度和理论高度；课后通过布置学生作业和进行教学评价完成学生对课堂知识的巩固拓展以及教师对授课内容的教学反思。课堂的设计实施能够较好地解决教学重点，突破教学难点，增强课堂的思想性、理论性和亲和力、针对性。

教学方法：情境创设、探究式学习、问题链。

教学手段：多媒体课室、超星学习平台、问卷星。

知识目标：感悟党史故事，掌握中国特色社会主义是我们的共同理想，应胸怀共产主义远大理想，为实现中国梦注入青春力量。

能力目标：掌握基本党史知识，了解初心使命，在日常生活中自觉把个人理想追求融入国家民族发展的大局之中。

素质目标：弘扬榜样力量、促进反思内省，坚定理想信念、践行初心使命。

教学重点：讲述党史知识，中国特色社会主义是我们的共同理想，胸怀共产主义远大理想。

教学难点：树立远大理想，坚定个人信念，展现新时代青年人的担当作为。

学时数：2学时（一次课，共计80分钟）。

（三）教学过程

1. 课前

问卷发布：通过超星学习通网络平台就学生党史教育与理想信念的相关问题发布调查问卷。对回收的问卷结果进行数据分析，有效掌握学生思想动态，进行备课准备。

设计意图：教师通过问卷能够进一步了解和掌握学生学习党史的动力以及革命先辈的精神、理想信念与自己人生追求的关系等问题。问卷设计结合了不同专业学生的专业特点和兴趣关注，做到有的放矢，重点突出。

2. 课中

（1）问卷介绍，导入教学内容（8 分钟）。

通过向学生介绍问卷星中的问卷统计结果，导入教学内容。

问卷主要包括以下内容：学生所学的专业类别？政治面貌？是否有加入中国共产党的意向？入党的原因是什么？对党史的感兴趣程度？了解党史的程度？通过什么途径了解党史？学习党史的意义和动力是什么？学习工作的目的是什么？理想信念对大学生成长成才具有怎样的意义？在理想信念的课堂教育中的感受？学生参与热情高，将理想信念从宏观视角转为微观视角，便于学生掌握。

设计意图：通过问卷的书面交流，教师对学生当前党史学习问题的看法、理想信念现状有所了解，便于在后续授课内容的准备、案例的选取上更有针对性。课堂上介绍问卷统计结果，也可迅速引起学生关注，进入课堂学习状态。教师对数据点评、引导，让学生知己知彼、知大势、识未来。

（2）展示案例，提出"学生反思""党史案例"双问题链，促进学生对比反思内省（共计 60 分钟）。

通过"学生反思问题"，设置问题情境，学生带着问题观看新民主主义革命时期、社会主义革命和建设时期、改革开放时期、新时代四个阶段的党史故事。在案例展示过程中，"党史案例问题链"与"学生反思问题链"并行，促进学生对比反思、内省自察，找到自己与革命先辈、英雄模范之间的差距，激发缩小差距的内生动力，引导大学生确立马克思主义科学信仰，树立共产主义远大理想和中国特色社会主义共同理想。

第一环节

学生反思问题 1：如果有这样一份工作，很辛苦，也许要经常加班、终年无休；很危险，可能会受伤，甚至会失去生命；薪酬不高，甚至有时无法保障温饱。你会做吗？

不需要学生回答，自行思考，观看以下案例。

展示案例 1（新民主主义革命时期）：1927 年 6 月，在白色恐怖笼罩下的上海，担任中共江苏省委书记的陈延年不畏艰险，与敌斗争。6月26日，陈延年遭国民党军警逮捕。尽管敌人用尽酷刑，妄图逼迫他供出上海党的组织，但陈延年坚定信仰、宁死不屈。刑场上，刽子手们喝令陈延年跪下时，他高呼：革命者光明磊落、视死如归，只有站着死，决不跪下！最后，他竟被凶手们按在地上以乱刀残忍地杀害。陈延年牺牲时，年仅29岁。

党史案例问题1：看过了陈延年烈士的光辉事迹，请同学们根据以往知悉的革命榜样事迹，谈谈共产党人在新民主主义革命中做了什么。通过超星学习通"摇一摇"随机抽取几名同学回答。

学生回答要点：有的放弃优渥的生活，背井离乡；有的抛家舍业；有的遭受敌人严刑拷打；有的献出宝贵生命；有的甚至牺牲了自己和妻子、孩子的生命。

教师讲授要点：结合教材内容，讲述一段参观息烽集中营的亲身经历、感受与心得，引发学生触动与共鸣，提高学生感性认识。

第二环节

学生反思问题2：为什么这些共产党人会做这样的工作？

不需要学生回答，自行思考，观看以下案例。

展示案例2（社会主义建设时期）：20世纪50年代，正在苏联访问的中国国防部副部长陈赓问："中央已决定，选一批留学生改行学原子能核动力专业，你愿意改行吗？"彭士禄的回答是："只要祖国需要，我当然愿意！"从此，彭士禄与核动力结下了不解之缘。1951年，彭士禄被选派留学苏联。他先后在莫斯科动力学院等学校就读，均取得优异成绩，为报效祖国的核事业奠定了坚实基础。后来，彭士禄曾在自述中写道：我坚信共产主义必胜无疑，作为共产党员，我将为之奋斗终生！也许因是属"牛"的吧，非常敬仰"孺子牛"的犟劲精神，不做则已，一做到底。

党史案例问题2：共产党人为什么会不计个人得失，投身于革命和建设事业？

学生回答要点：拥有坚定的理想信念，正确的人生追求；实现中国特色社会主义的理想；拥有共产主义理想；坚定的理想信念，是他们积极工作的伟大精神支撑，是强大的毅力支持；心中有信仰，脚下有力量。

教师讲授要点：讲解共产党人为什么要信仰马克思主义，怎样理解共产主义远大理想。（详见教材）

第三环节

学生反思问题3：我们和这些共产党人之间有什么差距？

暂不回答，带着思考看案例。

展示案例3（社会主义现代化建设时期）：黄文秀同志研究生毕业后，放弃大城市的工作机会，毅然回到家乡。2018年驻村工作后，她兢兢业业、任劳任怨。

2019年6月17日凌晨，天降暴雨，为了保护村里群众的生命财产安全，早点回村部署抗洪，她连夜赶回百坭村，却在途经凌云县时遭遇山洪，不幸牺牲。

党史案例问题3（分组讨论）：结合反思问题3，分组讨论：我们和这些共产党人有哪些差距？为实现中华民族伟大复兴，我们可以做出哪些努力去缩小差距？

学生回答要点：第一组：听到不少同学称自己"佛系""丧""躺平"，还看到自由主义、功利主义现象；第二组：一些同学注重物质享受、金钱至上，希望找到的工作是钱多事少离家近；第三组：身边一些人以符合个人发展需求为衡量是否做事的标准，缺少奉献精神和牺牲精神；第四组：一些年轻人的想法、观点容易受他人影响，不会主动思考积极作为，信念不坚定。我们应努力学习专业知识、做好本职工作；去祖国最需要的地方；全心全意服务人民，贡献青春力量；为实现中国梦注入青春力量。

教师讲授要点：心中有信仰，脚下有力量。确立马克思主义的科学信仰，树立共产主义的远大理想和中国特色社会主义共同理想。立志当高远、立志做大事、立志须躬行。（详见教材）

（3）教师点评、思想引导（10分钟）。

身为新时代的大学生，我们应该怎么做，才不辜负"历尽苦难"的所有革命先烈、共产党人的奉献与牺牲？我们应该做到：

· 学习党史，树立正确人生观。部分大学生由于理论知识浅薄，缺乏明辨是非的能力，出现功利化、自由主义、重视个人利益、金钱至上等错误倾向。所以，我们应该加强党史学习，从革命先烈的苦难事迹中，明白今日幸福生活来之不易，懂得感恩时代，选择正确的人生方向，坚定我们的理想信念；面对纷繁复杂的现实世界，能自觉抵御各种错误的思潮。

· 汲取榜样力量，明确使命担当。正如习近平总书记说："每一代人有每一代人的长征路，每一代人都要走好自己的长征路。今天，我们这一代人的长征，就是要实现'两个一百年'奋斗目标、实现中华民族伟大复兴的中国梦。"[①] 在新民主主义革命时期，无数的革命先烈为建立独立自由的新中国而献出自己宝贵的生命；在社会主义革命和建设时期，无数的人民英雄为实现繁荣富强的现代中国而贡献自己的青春力量；在改革开放和新时代，也有无数时代楷模为实现中华民族伟大复兴的中国梦而拼搏奋斗。青年一代有理想有担当，国家、民族才有前途和希望。大学生在学习党史过程中，通过学习党史，要以英雄为榜样，明确新时代青年人的使命担当。

· 到祖国最需要的地方，践行理想信念。大学生应该明白新时代是奋斗者的时代，我们每一个人都是主角，都有一份责任。要向时代楷模黄文秀、杜富国等人学习，在奋斗中释放激情、追逐理想，把自己的个人理想同祖国的前途、把自己的人

---

① 《习近平谈治国理政》第二卷，第48～49页。

生同民族的命运紧密联系在一起,以社会主义建设者和接班人的使命担当,到祖国最需要的地方去,践行理想信念、凝聚青春力量、放飞青春梦想。

（4）课程小结（2分钟）。

信仰信念在任何时候都至关重要。对共产主义的信仰、对中国特色社会主义的信念,是共产党人的政治灵魂,是共产党人经受住任何考验的精神支柱。在新时代,坚定信仰信念,最重要的就是要坚定中国特色社会主义道路自信、理论自信、制度自信、文化自信。在实现中华民族伟大复兴的征程中凝聚、贡献自己的青春力量。

同学们应做到：
- 博学,主动学习党史,了解革命事迹；
- 善思,坚定理想信念,明确人生方向；
- 笃行,做勇担使命、主动作为的青年一代。

3. 课后

（1）学生完成课后作业。

为了促进学生将学到的理论知识转化为实际行动,做到知行合一,给学生布置作业：在日常生活中,如何把理想信念转化为实现人生理想的奋斗动力。请同学们结合自身实际制定具体的行动计划,请老师指导后践行实施。

（2）学生完成对教师的教学评价。

通过超星学习通、问卷星平台发放课堂教学情况调查表,收集学生对课程教学效果和教师授课的评价信息。学生普遍认为本节课做到线上线下相结合,运用大量生动具体的实际案例,通过有效的师生互动,使学生理解和掌握党史知识,坚定理想信念。

三、教学反思

（一）创新之处

1. 围绕教学内容,进行双问题链设计

以问题为导向,围绕大学生理想信念教育内容,设计由易到难、由浅入深、由现象到本质的"学生反思问题链""党史案例问题链"双问题链条,环环相扣、层层递进,引导教学、激活学生、点燃课堂,引发学生将自身与共产党人所思所想、所作所为进行对比,在不断深入的连续追问中深入思考、坚定信仰、践行理想,从而实现立德树人的教育根本任务。

2. 结合教学重点,开展互动—探究式学习

坚持教师主导性与学生主体性相统一,组织学生围绕具体案例开展自主探究和互动讨论,让学生在自主思考和主动探究中逐渐接近和还原事件真相。在教师的引导下,学生善于破除网络时代"信息茧房"的认知局限,不再只是将自己的认识桎

梏于像蚕茧一般的"茧房"之中，学会更加全面、客观地学习党史知识，坚定理想信念。

3. 突破教学难点，达到知信行统一的育人效果

按照学生的认知规律和接受特点，改变以往由教师单向灌输的做法，通过案例呈现、自主探究、互动讨论、教师引导等环节，通过双问题链全员、全程、全方位地拓展教学路径，实现线上、线下和实践课堂的有机统一，形成混合式教学合力。在教师提问与学生自主探究的融合中寻找答案、还原事件真相，做到真学、真信、真用，实现知信行相统一。

（二）下一步改进措施

创新理想信念教育方式方法，更新教育内容，使教育更贴近学生实际需要。

1. 党史学习融入理想信念教育，应该具体形象，贴近学生实际

很多理想信念教育侧重于宏观的、抽象的概念分析、基本理论的讲解，教育目标比较单一、教学内容相对陈旧，并没有考虑到作为网络原住民的新时代大学生所处的时代背景、实际需要，对大学生目前的理想信念现状、为什么会这样、深层逻辑是什么、应如何引导等问题的挖掘不够，教育方式也以说教为主，未能将理论与现实社会相结合。把党史学习融入理想信念的教育过程，应针对新时代大学生的认知特点，在阐释时重点提高内容的亲和力和感染力。例如，可将理想信念的宏观叙事蓝图和理念转变成大学生喜闻乐见的小故事、短视频、寓言、情景剧等微观叙事题材，使教学内容更具体形象化，才能引起学生更多关注。

2. 重视大众话语的构建，更新教育内容，提高教学实效

应根据社会发展需要不断更新理想信念课堂教育内容，将社会热点和难点问题与教育主题相结合来引领价值取向。重视理想信念大众话语的构建，从个体性、个性化、微观化的世界切入，使马克思主义、共产主义、共同理想、远大理想等宏大概念落实为学生可以感知、可以感动、可以学习的身边榜样、平凡力量。例如，党史故事选取人物榜样和生动故事，在讲解中让大学生认识到理想信念并非高不可攀、遥不可及，它就在我们身边，平凡岗位上的每个人都可能蕴含着理想信念光辉照耀下的非凡力量。用大学生能够听得懂、看得明的通俗易懂的方式将理想信念教育表达出来，使其"走下神坛"，融入大学生的日常生活、学习和工作中。

3. 重视第二课堂和网络课堂，创新教育渠道

从书本上接受的理论，最好同党史相融合，同具体实践相结合，经受生活实践的检验。这样确立起来的理想信念才是坚定的、可靠的。在高校思想政治工作领域中，校园文化历来就是不可或缺的重要阵地。通过对大学生社团活动、社会实践、志愿服务的科学设计、组织实施，在他们朋辈交往的活动中及时发现并消除存在于大学生群体中偏差的理想信念、错误的价值观、不良的行为倾向等；通过网络自媒体运营、新媒体互动等，围绕大学生的党史兴趣点打造关于理想信念的形式多样、内容丰富、方式灵活的交流互动平台……多种渠道创新理想信念教育方式方法，帮助大学生在对国情社情民情认识不断深化的过程中坚定科学的理想信念，明确正确的人生方向。通过各类社会实践活动，拓展教育渠道，检验教育成效，促进理想信念教育理论水平的进一步提高，从而继续完善对学生的马克思主义理论教育，使学生学懂弄通、真学真用。

丁西泠教授，广州科技贸易职业学院

点燃理想信念之灯　照亮青春奋斗之路

一、课例综述

全党开展党史学习教育活动，坚持学习党史与学习新中国史、改革开放史、社会主义发展史相贯通，树立纵深而广阔的大历史观，从历史长河、时代大潮、全球风云中分析演变机理、探究历史规律，提出因应的战略策略，做到"学史明理、学史增信、学史崇德、学史力行"。历史知识丰富了思政课的教学内容，思政课教学是历史学习的有效途径，树立大历史观既是思政课教学，也是历史学习教育的目标。

教学内容是《思想道德与法治》第二章"追求远大理想　坚定崇高信念"。教学坚持学思用贯通、知信行统一，引导和帮助新时代大学生坚定对马克思主义、共产主义的信仰，增强对中国特色社会主义的信念和实现中华民族伟大复兴的信心，自觉做共产主义远大理想和中国特色社会主义共同理想的坚定信仰者和忠实实践者。

二、课例解析

（一）思路与理念

本专题对应教材第二章"追求远大理想　坚定崇高信念"，在逻辑结构上，这是对第一章关于人生问题探讨的进一步展开；在教材内容上，设"理想信念的内涵及重要性""坚定信仰信念信心""在实现中国梦的实践中放飞青春梦想"三节。对大学生来说，"理想信念"是"最熟悉的陌生人"，从小接受理想信念教育，但是对理想信念的基本理论问题却是一知半解，在实践中也会遇到困惑，他们用正确的历史观、大局观、发展观分析和解决问题的能力有待提升。

秉持"知行合一，以行为本"的教学理念，设计思路（图1）为：以党史引领，采用"一案到底"和"问题链"教学法相融合，以阐明理想信念基本理论问题为基础，引导大学生牢固确立中国特色社会主义共同理想和共产主义远大理想，在为实现中华民族伟大复兴中国梦的奋斗中书写青春的精彩。

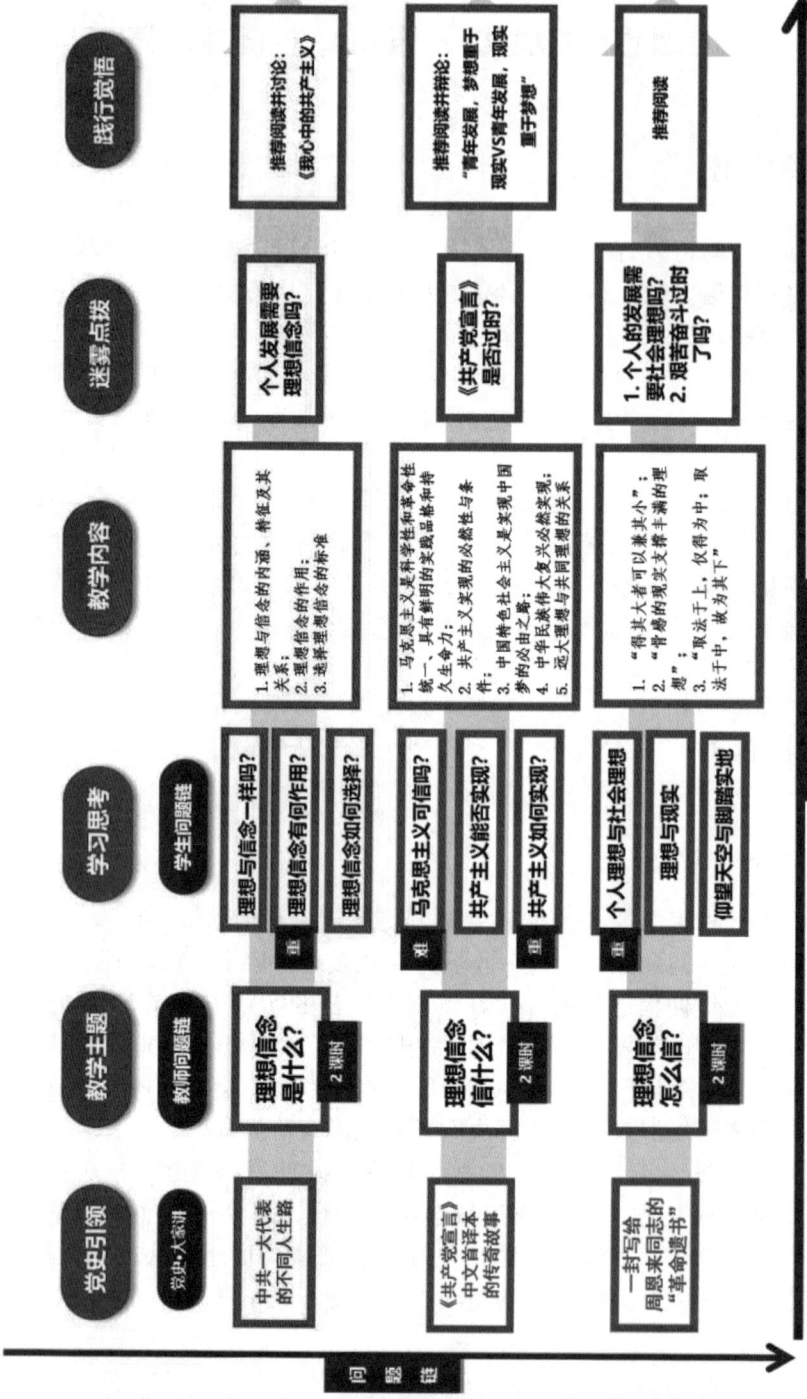

图1 教学思路与设计

（二）设计与实施

1. 教学内容及重难点

教学内容：点燃理想信念之灯　照亮青春奋斗之路。

教学重点：①理想信念的内涵和特征；②增强对中国特色社会主义的信心；③增强对实现中华民族伟大复兴的信心；④为实现中国梦注入青春能量。

教学难点：①理想信念是精神之"钙"；②增强对马克思主义、共产主义的信仰；③科学把握理想与现实的辩证统一；④坚持个人理想与社会理想的有机结合。

2. 学情分析

（1）学习基础。①知识基础。大学生对马克思主义的真理性缺乏了解，对坚定马克思主义信仰存在模糊认识；对共产主义的远大理想认识不足，仅关心共产主义能否实现与何时实现的问题。②能力基础。大学生有较好的动手操作能力、团队合作能力，比较欠缺逻辑思维能力、自主学习能力、语言表达能力、文字表达能力、课堂注意力。在移动化、碎片化的媒介使用场景中，大学生的认知呈现随性化、浅表化，专注能力和探究能力被削弱。倾向于看图片和短视频，对长文或复杂内容缺乏耐心，表现出形象思维能力强、抽象思维水平不理想的特点。

（2）学习特点。①学习内容注重实用性，学生有学习意愿，但在价值取向上趋于务实，学习动机多具有近景性。②学习方式倾向直观性。学生学习基础相对薄弱，对理论性知识学习缺乏积极性，但记忆好，模仿能力强，不擅长用耳朵"理解"，更愿意用眼看、用手"做"，学习倾向于直观性和可操作性，对实践性和情境性内容知识学习产生偏好。学生倾向于情景教学、案例教学等教学方法。③学习行为呈现依从性，学生学习缺乏主动性，学生学习目标指向不明确，"学"什么、如何"学"依赖教师，学习仅限于课堂或实习、实训，很少利用课余时间学习。

3. 教学目标

（1）认知与明理。①明确理想和信念的内涵、特征、相互关系，及其对成长成才的重要意义；②确立马克思主义信仰，把握中国特色社会主义共同理想与共产主义理想远大的关系；③正确处理理想与现实、个人理想与社会理想、仰望星空与脚踏实地的关系。

（2）能力与素质。①提升对未来理想的设计与选择能力；②树立中国特色社会主义共同理想的坚定性；③提升实现理想的素质与能力的自觉意识。

4. 教学方法与策略

本次课采取线上线下混合教学形式，微助教线上平台＋线下课堂教学配合完成。教学过程分课前、课中、课后三阶段，课中主要采取"一案到底"与"问题链"教学法相融合。以历史为引领，突出学史明理、增信、崇德、力行；以问题为导向，"破""立"结合，建立正确的认识。

5. 教学过程与实施

【课前准备】利用资源拓展学生视野，奠定学习基础。

推送资料：在线上平台传送"党史·大家讲"的材料（表1），布置学生提前学习，并准备课堂分享。

表1 党史材料

问　　题	内　　　　容
理想信念是什么？	信仰路上的忠诚与背叛：中共一大代表的不同人生路
	邓恩铭："儿主张既定，决不更改"
	陈公博：唯一被国共两党都开除的叛徒
	董必武：长征中用担当与奉献写传奇
理想信念信什么？	《共产党宣言》中文首译本的传奇故事
	欧文：空想社会主义的尝试
	列宁领导十月革命胜利
理想信念怎么信？	彭湃：一封写给周恩来同志的"革命遗书"
	彭湃：出国求学　立志救国
	彭湃：烧毁田契　投身革命

调整教学：根据学生课前自主学习及反馈数据，调整教学内容。

【课中授课】"一案到底"与"问题链"教学法相融合，启发学生对理想信念进行思考和感悟。

问题一：理想信念是什么？（2课时）

※新课导入

【党史·大家讲】信仰路上的忠诚与背叛：中共一大代表的不同人生路。

中共一大的13位代表，为了信仰，在上海的石库门内围桌而议，但在历经血与火的考验后，却走上了不同的道路。从南湖到遵义，从瑞金到北京，从陕北窑洞的"兴国之光"到中华民族伟大复兴的中国梦，100年来，中国共产党人始终高举信仰的旗帜，引领着中国不断前进。回头看那奋进的路，有希冀，更有坎坷，不仅考验着一个政党的生命力，也考验着每一个共产党员的信仰和信念。

※新课讲授

1. 理想与信念一样吗？（重点）

（1）理想的内涵与特征。理想是人们在实践中形成的、有实现可能性的、对未来社会和自身发展目标的向往与追求，是人们的世界观、人生观和价值观在奋斗目标上的集中体现。梳理"站起来—富起来—强起来"社会理想的发展轨迹，分析理想超越性、实践性和时代性的特征。人们对未来生活的追求和向往，内容丰富多彩，形式多种多样（表2）。

表2　理想分类

划分标准	名　　称
性质	科学理想
	非科学理想
时间	近期理想
	长远理想
对象	社会理想
	个人理想：道德理想、生活理想和职业理想

※**注意**：利用社会理想的发展轨迹说明理想的特征，说明新时代"强起来"是科学和崇高的社会理想；在个人理想中，强调道德理想是灵魂，调控着人们的思想和行为，决定着个人生活理想、职业理想的性质和发展方向。

（2）信念的内涵与特征。信念是人们在一定的认识基础上确立的对某种思想或事物坚信不疑并身体力行的精神状态。通过对比（【党史·大家讲】邓恩铭"儿主张既定，决不更改"与陈公博），说明信念执着性、多样性的特征。不同的人由于社会环境、思想观念、利益需要、人生经历和性格特征等方面的差异，会形成不同的信念；同一个人也会形成不同类型和层次的信念，并由此构成其信念体系。在信念体系中，高层次的信念决定低层次的信念，低层次的信念服从高层次的信念。

（3）理想、信念、理想信念与信仰的关系。阐明理想、信念、理想信念与信仰的关系，它们反映和概括的都是人类精神活动和社会活动中同一个领域的现象。在这一概念序列中，信仰是一个上位概念，它泛指人类一切信仰现象，概括了人类所有与理想、信念、追求、核心价值观等相联系的那一类现象。信仰表达的内容及范围与理想信念相近，理想信念既注重对未来奋斗目标的追求，又注重现实生活中人们应秉持的信念支撑，特指正确的信奉与追求，即对社会主义和共产主义的信奉与追求。理想和信念是同一类精神现象中的两个方面，前者指向未来，后者面向现在；二者相互依存，理想是信念所指的对象，信念则是理想实现的保障。在信仰与信念的关系方面，信仰是信念的最高层次，又是信念构成的体系。

2. 理想信念有何作用？（难点）

【迷雾点拨】个人是否需要理想信念？

"信仰的力量是无穷的"[①]，引用习近平总书记对共产党人的理想信念在革命、建设和改革中重要作用的论述，从党和国家的需要以及社会主义事业需要的角度谈

---

① 张海平等：《生命线在强军兴军伟大征程中闪耀》，《人民日报》2014年11月4日第1版。

论理想信念的重要性。

从个人发展的角度，分析理想信念的重要性：

（1）理想信念是人生的根本需要。理想信念是人生的一种需要，直接关系人生的根基，是一种人生不可缺少的、更为深层的精神需求。虽然理想信念的需要是一种高级需要，但它不是人生的奢侈品，并不只是有教养的人或低层次需要已经得到满足的人才会需要理想信念。不同知识层次的人都需要理想信念，尽管他们满足理想信念需要的方式可能不同。

（2）理想信念的作用。通过案例（【党史·大家讲】董必武：长征中用担当与奉献写传奇）分析，阐释理想信念的作用：

第一，昭示奋斗目标。人生是一个在实践中奋斗的过程，要使生命富有意义，就必须在科学的理想信念指引下，沿着正确的人生道路前进。理想信念是人的思想和行为的定向器。

第二，催生前进动力。精神动力，由于崇高坚定的理想信念，从而具有披荆斩棘、锲而不舍的动力，在极其困难的条件下创造奇迹，最终在平凡的岗位上做出不平凡的业绩。尽管推动人生自觉活动的力量可能来自外部或内部许多方面，但最根本最持久的是来自理想信念，这是人生内部的恒久的动力系统。

第三，提供精神支柱。没有理想信念的支撑，人的精神世界就如同无根之木、无基之塔。理想信念是一种坚定的精神和执着的态度，理想信念使人有一份认定自己的事业和目标的执着力量。理想信念能够在人们遭遇挫折、经受考验的时候，提供一种强大的精神力量，使人不为困难所压倒，顽强奋斗直至战胜艰难险阻。

第四，提高精神境界。理想信念一方面能使人的精神生活的各个方面统一起来，使人的精神世界成为一个健康有序的系统，避免精神空虚和迷茫；另一方面又能引导人们不断地追求更高的人生目标，并在追求和实现理想目标的过程中提升精神境界、塑造高尚人格。在追求理想和实现理想的过程中，人的精神世界从狭隘走向高远、从空虚走向充实、从犹疑走向执着的过程，是一个人沿着自我成长和完善的阶梯不断攀登、逐步提升精神境界的过程。

※注意：从个人角度分析理想信念的作用，破除学生认为"理想信念并不是人们自身的需要，而是社会、国家和党对人们的需要"的疑虑，让学生建立"理想信念首先是个人的事情，是人生现象"的认识，从人生的层面来讨论理想信念问题，让学生感受理想信念的力量。

3. 理想信念如何选择？

理想信念不是抽象的，而是具体的（【视频】觉醒年代：胡适与陈独秀、李大钊政见不同，最终分道扬镳）。理想信念不同，作用也不相同。新时代大学生应该确立的不是别的理想信念，而是正确的理想信念或崇高科学的理想信念。

树立科学理想信念是一个自觉地进行理想信念选择的过程。当代人们对理想信念的需要已经觉醒，对理想信念的寻求日趋明显，提出理想信念选择的标准：第一，是否理智，应该相信那些合理的、科学的理论和思想体系，而不应相信那些非理性、非科学的东西；第二，是现实还是虚幻，理想信念的超越性是以现实性为基础的，而且这种超越并不是为了否定现实，而是为了使现实更美好；第三，是否崇高，作为人类的精神追求，理想信念应该是崇高的；第四，是健全还是偏执，看其是符合正常和健康的社会生活的，还是古怪变态的。

※ 新课小结

【二十大时间】树立科学理想信念是中国式现代化的内在要求，也是个人成长成才的必然要求。党的二十大报告指出："中国式现代化是物质文明和精神文明相协调的现代化。物质富足、精神富有是社会主义现代化的根本要求。物质贫困不是社会主义，精神贫乏也不是社会主义。我们不断厚植现代化的物质基础，不断夯实人民幸福生活的物质条件，同时大力发展社会主义先进文化，加强理想信念教育，传承中华文明，促进物的全面丰富和人的全面发展。"

问题二：理想信念信什么？（2课时）

※ 新课导入

【党史·大家讲】一本《共产党宣言》（以下简称"《宣言》"）中文首译本的传奇故事

《宣言》阐述了马克思主义科学社会主义基本思想和基本理论，承载了共产党人的理想信念和价值观，值得共产党人用鲜血和生命捍卫其中所蕴含的真理，见证着中华民族走向独立富强的苦难辉煌。

※ 新课讲授

1. 马克思主义可信吗？（难点）

（1）马克思主义是科学的理论。马克思恩格斯深刻阐明的唯物史观基本原理，为无产阶级观察社会历史发展提供了科学的世界观和方法论。《宣言》把马克思主义哲学、政治经济学和科学社会主义融为一体，对资本主义产生和发展的历史、资本主义社会的阶级和阶级斗争做出科学分析，提出了关于未来新社会的科学构想。100多年以后，马克思主义的定理、原理、规律、方法论对这个世界仍然有解释力。而这些原理、方法论、规律正体现了马克思主义的科学性和规律性。

（2）马克思主义是人民的理论。《宣言》中强调："共产党人的最近目的是和其他一切无产阶级政党的最近目的是一样的：使无产阶级形成为阶级，推翻资产阶级统治，由无产阶级夺取政权。"又强调指出："共产党人为工人阶级的最近的目的和利益而斗争。"显然,马克思主义是为无产阶级、劳动人民"立言"的。

(3)马克思主义是实践的理论。"哲学家们只是用不同的方式解释世界,而问题在于改变世界。"① 马克思恩格斯在展望未来社会时,只限于指出未来社会发展的方向、原则和基本特征,而把具体情形留给后来的实践去回答。500 年来,社会主义从空想走向科学,从理论走向实践,从一国实践走向多国发展,极大地改变了世界面貌,不可逆转地改变了世界历史进程。马克思主义不仅是科学的理论,更是改变世界的武器。

(4)马克思主义是开放的理论。

首先,以自我批判、自我超越、自我完善的态度对待马克思主义。《宣言》的一般原理和原则是完全正确的,在实际运用时,以当时的历史条件为转移,结合当时的历史条件和具体实际。② 只有遵循唯物辩证法,这种结合才能既使基本原理指导实际,又能丰富和发展基本原理;否则就会走极端,要么走向教条主义,要么走向狭隘的经验主义或主观主义。

其次,中国化的马克思主义与马克思主义是一脉相承的。中国在坚持中发展马克思主义,在发展中坚持马克思主义。毛泽东思想、邓小平理论、"三个代表"重要思想、科学发展观、习近平新时代中国特色社会主义思想,是对《宣言》的坚持和发展,中国特色社会主义理论体系是对《宣言》继承和发展的当代中国马克思主义,与马克思主义一脉相承。这个"脉"就是马克思主义的核心价值追求:造福人民,为绝大多数人谋福利。

尽管我们所处的时代同马克思所处的时代相比发生了巨大而深刻的变化,但从世界社会主义 500 年的大视野来看,我们依然处在马克思主义所指明的历史时代。这是我们对马克思主义保持坚定信心、对社会主义保持必胜信念的科学依据。这为我们科学认识和根本把握当今所处历史时代提供了根本的指引和遵循。

2. 共产主义能否实现?

【案例】欧文:空想社会主义的尝试

(1)共产主义的历史必然性。共产主义社会是基于唯物史观和剩余价值学说两个伟大发现推演而来,具有历史必然性的理想。

---

① 《马克思恩格斯选集》第 1 卷,人民出版社 1995 年版,第 61 页。
② "不管最近 25 年来的情况发生了多大的变化,这个《宣言》中所阐述的一般原理整个说来直到现在还是完全正确的。某些地方本来可以作一些修改。这些原理的实际运用,正如《宣言》中所说的,随时随地都要以当时的历史条件为转移,所以第二章末尾提出的那些革命措施根本没有特别的意义。如果是在今天,这一段在许多方面都会有不同的写法了。"(《共产党宣言》1872 年德文版序言),《马克思恩格斯选集》第 1 卷,第 248~249 页。

以辩证法①作为推演逻辑：对资本主义制度的历史合理性进行充分肯定，在此基础上得出了彻底否定的结论②。"两个必然"③的结论，就在辩证法的科学逻辑中走了出来。

共产主义的远大理想，是物质财富极大丰富，消费资料按需分配、人们精神境界极大提高、实现每个人自由而全面的发展的社会。

（2）实现共产主义是长期的过程。

【迷雾点拨】共产主义离我太遥远了，我信不信，有什么关系呢？

共产主义是现实运动和长远目标相统一的过程。"共产主义对我们来说不是应当确立的状况，不是现实应当与之相适应的理想。我们所称为共产主义的是那种消灭现存状况的现实的运动。"④ "消灭现存状况的现实的运动"，体现了共产主义的实践本性。共产主义的实践本性揭示了共产主义是一个动态的发展过程，共产主义是追求变革现状的现实运动。共产主义永远以现有的人类创造和积累的成果为前提，在实现了对现有前提的超越以后，又将以超越后来的现有前提为起点，共产主义就是一直进行着的永不停息的超越运动。

（3）共产主义实现的艰巨性。从国际共产主义运动的实践来看，随着苏东剧变，国际共产主义运动从高潮进入低潮。对于共产主义运动的前进性和曲折性，列宁曾指出："设想世界历史会一帆风顺、按部就班地向前发展，不会有时出现大幅度的跃退，那是不辩证的，不科学的，在理论上是不正确的。"⑤ 因为旧社会灭亡和新社会产生的"两个决不会"⑥。我们要正确看待共产主义实现的艰巨性，从正反两个方面看待国际共产主义运动的低潮："一些国家出现严重曲折，社会主义好像被削弱了，但人民经受锻炼，从中吸收教训，将促使社会主义向着更加健康的方向发展。"⑦ 共产主义决不是"土豆烧牛肉"那么简单，"实现共产主义是我们共产党人的最高理想，而这个最高理想是需要一代又一代人接力奋斗的。如果大家都觉

---

① "辩证法在对现存事物的肯定的理解中同时包含对现存事物的否定的理解，即对现存事物的必然灭亡的理解；辩证法对每一种既成的形式都是从不断的运动中，因而也是从它的暂时性方面去理解；辩证法不崇拜任何东西，按其本质来说，它是批判的和革命的。"（《马克思恩格斯选集》第 2 卷，人民出版社 1995 年版，第 112 页）

② "资产阶级用来推翻封建制度的武器，现在却对准资产阶级自己了。"（《马克思恩格斯选集》第 1 卷，第 278 页。）"现在，我们眼前又进行着类似的运动。资产阶级的生产关系和交换关系，资产阶级的所有制关系，这个曾经仿佛用法术创造了如此庞大的生产资料和交换手段的现代资产阶级社会，现在像一个魔法师一样不能再支配自己用法术呼唤出来的魔鬼了。"（《马克思恩格斯选集》第 1 卷，第 277 页。）

③ "资产阶级的灭亡和无产阶级的胜利是同样不可避免的。"（《马克思恩格斯选集》第 1 卷，第 284 页）

④ 《马克思恩格斯选集》第 1 卷，第 87 页。

⑤ 《列宁选集》第 2 卷，人民出版社 1993 年版，第 694 页。

⑥ "无论哪一个社会形态，在它所能容纳的全部生产力发挥出来以前，是决不会灭亡的；而新的更高的生产关系，在它的物质存在条件在旧社会的胞胎里成熟以前，是决不会出现的。"（《马克思恩格斯选集》第 2 卷，第 33 页）

⑦ 《邓小平文选》第三卷，人民出版社 1993 年版，第 383 页。

得这是看不见摸不着的东西，没有必要为之奋斗和牺牲，那共产主义就真的永远实现不了了。我们现在坚持和发展中国特色社会主义，就是向着最高理想所进行的实实在在努力"①。我们现在的努力探索以及将来的接力奋斗，都是朝着共产主义而前进的。

中国特色社会主义是适应中国和时代发展进步要求的科学社会主义。中国特色社会主义就是共产主义的现实阶段，建设中国特色社会主义就是建设共产主义。

共产主义离我们并不遥远，它不仅是崇高的社会理想，还是现实运动，共产主义的思想和实践早已存在于我们的现实生活中。胸怀共产主义远大理想，要把对共产主义的理想和信念转化为实践力，使其成为为实现共产主义而奋斗的"现实的运动"。

3. 共产主义如何实现

（1）增强对中国特色社会主义的信念。（重点）

在中国共产党领导下，坚持和发展中国特色社会主义，实现中华民族伟大复兴，必须树立中国特色社会主义共同理想。

首先，中国特色社会主义是科学社会主义。"山穷水尽诸路皆走不通"概括了近代以来无数仁人志士探索救国救民、民族复兴之路的苦涩历程。只有马克思主义、只有走俄国式革命的道路才能救中国。170多年前的《宣言》有效地解释了为什么。②

其次，中国特色社会主义是中国共产党带领人民历经千辛万苦找到的实现中国梦的正确道路。中国特色社会主义是改革开放以来我们党全部理论和实践的主题，是党和人民历经千辛万苦、付出巨大代价取得的宝贵成果。中国特色社会主义道路是一条根植于中国大地、反映人民愿望、顺应时代潮流的正确道路，是实现中华民族伟大复兴中国梦的必由之路。

最后，中国共产党的领导是中国特色社会主义最本质的特征。①从理论维度看，革命需要政党。革命，不仅要有革命的理论来指导，还要有革命的政党来领导。《宣言》阐述了无产阶级政党的学说，表明建立政党的历史必然性和必要性，共产党的阶级性和人民性的一致性、先进性。②从历史维度看，中国共产党是领导中国革命、建设和改革的政党。中国特色社会主义，从开创、坚持到巩固、发展，都离不开中国共产党的领导，中国特色社会主义道路、理论、制度、文化，都是党提出并在党的领导下形成、丰富和拓展的。党的领导与中国特色社会主义的内在统一性、不可分离性是中国道路成功的密码。③从现实维度看，必须坚持中国共产党领导。伟大斗争必须有伟大的党来引领，伟大工程必须有伟大的党来统领，伟大事

---

① 《习近平谈治国理政》第二卷，第142～143页。

② "当代中国的伟大社会变革，不是简单延续我国历史文化的母版，不是简单套用马克思主义经典作家设想的模板，不是其他国家社会主义实践的再版，也不是国外现代化发展的翻版。"（《习近平在纪念马克思诞辰200周年大会上的讲话》，《人民日报》2018年5月5日第1版）

业必须有伟大的党来领导，伟大梦想必须有伟大的党来领航。

（2）增强对实现中华民族伟大复兴的信心。（重点）

首先，实现中华民族伟大复兴，是中华民族近代以来最伟大的梦想。这个梦想，就是要实现国家富强、民族振兴、人民幸福，凝聚了几代中国人的夙愿，体现了中华民族和中国人民的整体利益，是每一个中华儿女的共同期盼。

其次，实现中华民族伟大复兴的中国梦是一项光荣而艰巨的事业。中华民族伟大复兴，绝不是轻轻松松、敲锣打鼓就能实现的，必须付出艰苦的努力。为了实现中华民族伟大复兴，中国共产党团结带领中国人民，浴血奋战、百折不挠，创造了新民主主义革命的伟大成就；自力更生、发愤图强，创造了社会主义革命和建设的伟大成就；解放思想、锐意进取，创造了改革开放和社会主义现代化建设的伟大成就；自信自强、守正创新，统揽伟大斗争、伟大工程、伟大事业、伟大梦想，创造了新时代中国特色社会主义的伟大成就。

中国人民实现中华民族伟大复兴的愿望和信心无比强烈，中华民族伟大复兴的前进步伐势不可挡。

※新课小结

【党的二十大报告金句】"必须坚持自信自立。中国人民和中华民族从近代以后的深重苦难走向伟大复兴的光明前景，从来就没有教科书，更没有现成答案。党的百年奋斗成功道路是党领导人民独立自主探索开辟出来的，马克思主义的中国篇章是中国共产党人依靠自身力量实践出来的，贯穿其中的一个基本点就是中国的问题必须从中国基本国情出发，由中国人自己来解答。我们要坚持对马克思主义的坚定信仰、对中国特色社会主义的坚定信念，坚定道路自信、理论自信、制度自信、文化自信，以更加积极的历史担当和创造精神为发展马克思主义作出新的贡献，既不能刻舟求剑、封闭僵化，也不能照抄照搬、食洋不化。"

问题三：理想信念怎么信（2课时）

※新课导入

【党史·大家讲】一封写给周恩来同志的"革命遗书"

回看中国革命先行者，他们都是面目柔顺的书生，充满浪漫主义的年轻人，为了国家，为了民族，他们舍弃了才华横溢的人生，舍弃了很多小我的实现。

※新课讲授

1. 个人理想与社会理想（难点）
【迷雾点拨】个人发展为什么需要社会理想？

（1）社会理想的作用。从彭湃把个人理想与社会理想相结合（【党史·大家讲】彭湃：出国留学　立志救国）切入，从个人理想实现的角度分析社会理想的作用：第一，有助于树立合适的个人理想，帮助人们找到人生的方向；第二，有助于人们增加面对困难的勇气，在实现个人理想的过程中增加拼搏奋斗的精神动力；第三，有助于让人坚定信念，言行符合社会的期望，增加抵挡诱惑的定力。只有与社会理想结合起来，个人理想才能长远、深刻、有意义，人们在实现个人理想的同时，才能符合社会和历史的期待，更好地实现个人理想和社会理想。

（2）个人理想与社会理想的统一。个人理想与社会理想的关系实质上是个人与社会关系在理想层面的反映。社会理想与个人理想不是彼此孤立的，它们相互联系、相互影响、相互制约。

首先，个人理想以社会理想为指引。一方面，正确的个人理想是由正确的社会理想规定的，而非依个人主观愿望随意确定的。个人理想应该顺势而为，符合历史发展规律、顺应历史发展趋势，不要逆历史潮流而动，这个"势"就是社会理想。另一方面，个人理想以社会理想的实现为前提和基础。在理想体系中，社会理想居于高层次，是最根本、起主导作用的；个人理想居于低层次，从属于社会理想。个人理想只有自觉地顺应社会理想并以此为基本方向进行选择和确立，才可能实现自己的理想目标。

※**注意**：引导学生理解个人理想的确立要以社会理想为指引，个人理想的实现依赖于社会理想的实现。个人理想只有同国家的前途、民族的命运相结合，个人的向往和追求只有同社会的需要和人民的利益相一致，才可能变为现实。

其次，社会理想是对个人理想的凝练和升华。社会是个人的联合体，社会理想与个人理想密不可分。社会理想不是凭空产生的，也不是由外在力量强加的，而是建立在众人的个人理想基础之上。社会理想反映着人们的共同愿望，代表着人们的共同利益，它靠千百万人的实践活动来实现。因此，社会理想不仅不排斥个人理想，而且是个人理想的凝聚和升华。党提出现阶段的共同理想，就集中反映了我国各族人民的共同利益和愿望。由此可见，社会理想并不是虚幻和空洞的，它体现在千百万人的现实生活中。

在处理个人理想与社会理想的关系上，注意把握以下三点：①防止只讲社会理想不讲个人理想，或者把个人理想和个人主义混为一谈；②防止只讲个人理想不讲社会理想；③防止只讲职业理想不讲社会需要。

引用罗援将军《18岁的选择》，号召同学们要用汗水和智慧浇铸辉煌的强国梦，深刻领悟"得其大者可以兼其小"的大智慧，要求学生将个人理想融入社会理想。

2. 理想与现实（难点）

（1）辨证看待理想与现实的矛盾。讲述彭湃投身革命遭遇的困难（【党史·大家讲】彭湃：烧毁田契　投身革命），说明理想与现实的对立统一关系。二者是对立的，属于应然和实然的矛盾，又是统一的。一方面，现实包含理想的因素，孕育着理想的发展；另一方面，理想包含现实，包含现实中必然发展的因素，又包含理想转化为现实的条件，在一定条件下，理想就可以转化为未来的现实。用理想来否定现实和用现实来否定理想都是存在认识偏向的。

（2）实现理想的长期性、艰巨性和曲折性。理想的实现是一个过程。纵观人类社会发展史，任何一种理想的实现都不是轻而易举的，必然会遇到各种各样的困难和波折，充满艰险和坎坷。

（3）艰苦奋斗是实现理想的重要条件。

【迷雾点拨】你如何看待"艰苦奋斗是老一辈的事，当代青年不需要艰苦奋斗"。

艰苦奋斗是人们在认识世界和改造世界的过程中，为实现艰巨目标和理想而在实践中展现出的勤劳节俭、吃苦耐劳、不畏艰苦、顽强拼搏、锐意进取、艰苦创业、甘于奉献的意志品质和积极态度。可见，物质利益不是艰苦奋斗的唯一指向。实践性、继承性和变迁性的特征决定其可以代代相传，而且我国实践证明艰苦奋斗是传家宝，绝不是权宜之计。在新时代的背景下，艰苦奋斗被赋予了时代内涵和实践要求，是永远不会过时的。

处理理想与现实的关系，体会"骨感的现实托起丰满的理想"，更好地实现个人理想。

3. 仰望星空与脚踏实地（重点）

借用"取法于上，仅得为中；取法于中，故为其下"，分析仰望星空与脚踏实地的关系。

分析"上"字，提出立志当高远。志向高大且长远，就是要放开眼界，不满足于现状，也不屈服于一时一地的困难与挫折，更不要斤斤计较个人私利的多少与得失，要树雄心、立壮志；立志做大事，"要立志做大事，不要立志做大官"，希望青年以国家民族的命运为己任，而不要以个人的荣华富贵为人生的理想。新时代中国青年把基层作为最好的课堂，把实践作为最好的老师，将个人奋斗的"小目标"融入党和国家事业的"大蓝图"，将自己对中国梦的追求化作一件件身边实事，在磨砺中长才干、壮筋骨。

※**注意**：在"立志做大事"中，说明"大事"与"小事"的辩证关系，献身于新时代中国特色社会主义伟大事业，无论从事什么具体、平凡的工作，只要是与这一伟大事业相联系、服务于祖国和人民的，多小的事都是大事。

分析"取"字，提出立志要躬行，踏踏实实、循序渐进，与雄心壮志、力争上游并不矛盾。牢记"空谈误国、实干兴邦"，充分展现自己的抱负和激情，用勤劳的双手成就属于自己的人生精彩。

同时把杰出青年实现理想的事迹提供给学生学习（【视频】大国巧匠以工匠名义，展现中国制造青春的力量；先进人物事迹二维码）。

祖国的富强、民族的繁荣、人民的幸福，需要每个社会成员尽其才、奋其志。青春只有在为祖国和人民的真诚奉献中才能更加绚丽多彩，人生只有融入国家和民族的伟大事业才能闪闪发光。

※新课小结

【二十大时间】"青年强，则国家强。当代中国青年生逢其时，施展才干的舞台无比广阔，实现梦想的前景无比光明。""广大青年要坚定不移听党话、跟党走，怀抱梦想又脚踏实地，敢想敢为又善作善成，立志做有理想、敢担当、能吃苦、肯奋斗的新时代好青年，让青春在全面建设社会主义现代化国家的火热实践中绽放绚丽之花。"

总结：回顾本专题的内容，引用习近平给中国农业大学科技小院的同学们的回信，寄语同学们"志存高远、脚踏实地，把课堂学习和乡村实践紧密结合起来"。当代青年要树立与这个时代同心同向的理想信念，勇于担当这个时代赋予的历史责任，励志勤学、刻苦磨炼，在激情奋斗中绽放青春光芒、健康成长进步。

【课后升华】完成感悟、理解和实践。

在线上教学平台布置每个问题对应的课后任务（表3）。

表3　课后升华

问题	形式	内　　容
理想信念是什么？	线上讨论	《我心中的共产主义》
	推荐阅读	[1] 刘建军：《习近平理想信念论述的历史梳理与理论阐释》，《河海大学学报（哲学社会科学版）》2015年第3期，第1～8、89页。 [2] 张晓松、朱基钗：《习近平谈湘江战役：中国革命成功的奥秘就是靠理想信念》，https://www.gov.cn/xinwen/2021-04/26/content_5602232.htm。
理想信念信什么？	线上辩论	"青年发展，梦想重于现实 VS 青年发展，现实重于梦想"
	推荐阅读	[1] 宣言：《中国没有辜负社会主义》，《人民日报》2021年6月8日第1版。 [2] 宣言：《社会主义没有辜负中国》，《人民日报》2021年6月7日第1版。 [3] 刘建军：《论马克思主义信仰体系》，《求索》2020年第4期，第5～13页。 [4] 刘建军：《论马克思主义信仰的基本内容和主要结构》，《思想理论教育》2013年第3期，第36～39页。

续表

问题	形式	内　　容
理想信念怎么信？	推荐阅读	［1］刘建军：《在学思践悟中坚定理想信念》，《学校党建与思想教育》2021年第9期，第4～7页。 ［2］《习近平给复旦大学青年师生党员回信勉励广大党员　在学思践悟中坚定理想信念 在奋发有为中践行初心使命》，《人民日报》2020年6月30日第1版。

（三）实效与经验

1. 案例实效

坚持"政治性和学理性相统一"。贯彻党史学习教育活动和习近平新时代中国特色社会主义思想主题教育，学生能够系统学习理想信念的理论知识，坚定对马克思主义、共产主义的信仰，增强对中国特色社会主义的信念和实现中华民族伟大复兴的信心。引导大学生正确看待理想和现实的矛盾，树立科学的奋斗目标，将个人理想与国家的前途、民族的命运相结合，契合到实现中华民族伟大复兴的中国梦中，志存高远、脚踏实地、艰苦奋斗，在民族复兴的伟大实践中成就自己的精彩人生。

2. 教学经验

（1）找准历史知识与教学单元的契合点。深入挖掘思政课教学内容与中国共产党史的结合点。以问题为导向，介绍马克思主义理论体系，让学生感受理想信念对其成长成才的重要性，感受马克思主义理论的真理性，引导学生坚定对马克思主义、共产主义的信仰，增强对中国特色社会主义的信念和实现中华民族伟大复兴的信心，在为实现中华民族伟大复兴中国梦的奋斗中书写青春的精彩。

（2）"一案到底"实现教材内容到教学内容的转化。以问题贯穿课程，把崇高理想信念的教学内容融入问题的讲授，在解决问题中不断引导学生思考科学崇高的理想信念。第一，介绍理想信念是精神之"钙"，论证大学生要树立崇高的理想信念；第二，介绍马克思主义是科学崇高的理想信念，增强大学生对中国特色社会主义的信念和实现中华民族伟大复兴的信心，论证大学生要追求远大理想，坚定崇高信念；第三，介绍理想实现的条件和要求，论证大学生要为实现中国特色社会主义共同理想而奋斗。

（3）线上线下混合式教学延伸教学时空。采用线上线下混合式教学方法，按照"课前—课中—课后"的教学环节开展教学。课前布置预习任务，为授课内容做知识储备；课中辅助教学，主要实现中班上课小班研讨、实时记录学生上课问题、生生与师生互动等问题；课后完成课后巩固练习，提供授课内容的拓展材料。根据教学内容，充分利用线上教学平台，对课堂教学的6课时实现时间和空间的延伸，发挥网络载体实现思想政治教育的积极功能。

三、教学反思

（一）创新之处

1. 探索"一案到底"教学法的启发性教育功能

"坚持灌输性和启发性相统一"，在教学中注重启发性教育，通过叙事说理，引导学生发现问题、分析问题、思考问题，在不断启发中让学生水到渠成地得出结论。课例设计通过提出问题，讲述理想信念的内容，引导学生分析和思考，最终得出增强对马克思主义、共产主义的信仰，增强对中国特色社会主义的信心，增强对实现中华民族伟大复兴的信心，将个人理想追求融入党和国家事业之中的结论。

2. 探索"一案到底"与"问题链"教学法相结合

课例设计主要采用"一案到底"的教学方法，隐藏教师教学的问题链和学生学习的问题链，形成"一案到底"与"问题链"教学法相结合。以问题为主线，通过教师的讲授启发，学生形成环环相扣的问题链。

（二）下一步改进措施

1. 结合学生专业特点优化教学设计

进一步结合学生的专业背景，根据专业人才培养方案，观照不同专业学生成长成才中的困惑，在教学设计中增加与学生专业学习、职业发展相关的素材，解决学生在生活、学习等成长中的问题，精准施教。

2. "一案到底"与"问题链"教学法的融合

通过教师教学的问题链和学生学习的问题链处理"一案到底"教学法叙事与说理的关系，教师与学生的"问题链"需要进一步根据案例与授课的内容进行融合优化，问题提出、分析和讲解进一步锻炼学生提出问题、分析问题和解决问题的能力。

曹群教授，广州番禺职业技术学院
陈月球副教授，广东佛山职业技术学院

理想信念是精神之"钙"

一、课例综述

本课例的主题是"理想信念是精神之'钙'",选自第二章"追求远大理想 坚定崇高信念"第一节"理想信念的内涵及重要性"。本节课教学内容为1学时(45分钟)。

本课例的目标是把党史教育融合到"理想信念是精神之'钙'"这一主题中,通过党史教育使大学生懂得理想是人生的精神支柱,帮助大学生树立科学的理想信念,确立对共产主义的坚定信仰,对社会主义事业的坚定信念,对中国共产党的坚定信心,达到学史增行的目的。

心有所信,方能行远。学习党史要夯实理想信念,把共产主义远大理想、中国特色社会主义共同理想与我们正在做的事情统一起来,在学史增信中砥砺前行,当好远大理想和共同理想的坚定信仰者和忠实实践者。

二、课例解析

(一)思路与理念

1. 学情分析

学情分析包括大学生知识构成与能力水平、教材知识结构两方面的分析。

(1)大学生知识构成与能力水平分析。

知识构成分析:坚定正确理想信念既是基本理论问题,更是社会现实问题和人生实际问题。要科学引导大学生把理想信念建立在科学理论和客观规律的基础上,就必须从学理上把问题讲清楚,使大学生在深入认识和理解理想、信念的科学含义,正确认识理想与信念辩证关系的基础上,充分认识理想信念的重要意义,尤其是崇高理想信念在个人理想和社会理想中的重要地位。

能力分析:大学生运用辩证法分析问题的能力还不够强,导致对处理好理想与信念的关系认识不够深刻,对理想信念重要性的认识度不够。通过深入剖析理想信念的内涵,使大学生能更加清晰地认识到坚定理想信念对新时代大学生成长成才的重要意义,从而更自觉地树立和坚定正确而崇高的理想信念。

(2)教材知识结构分析。

对于大学生而言,理想信念的重要作用主要表现为如下三个方面:

第一,指引人生的奋斗目标。人生需要有理想信念,需要有奋斗目标。人有了理想信念,就能过一种理性的生活,用理智来驾驭自己的情感和行动,并在困难挫折中充满信心。

第二，提供人生前进的动力。理想信念是激励人们向着既定目标奋斗进取的动力，是人生力量的源泉。一个人有了自觉的理想和信念，就会立场坚定，方向明确，意志坚强，热情高涨。一个人的信念越坚定、越高尚，他在内心焕发出的驱动力就越强大、越持久，也就越可能取得成功。古今中外，无数英雄豪杰之所以能在充满困难的条件下最终成就伟业，一个重要的原因就在于他们胸怀崇高而坚定的理想信念，因而具有锲而不舍、披荆斩棘的动力。

第三，提高人生的精神境界。一个人的理想信念越崇高、越坚定，精神境界和人格也就越高尚。理想信念是人的精神生活的核心内容，是一个人的奋斗方向。它不仅可以维持个体内心世界的健康有序，保持心灵的充实与安宁，避免精神世界出现无序混乱、空虚与迷茫，而且能够引导人们不断追求更高的人生目标，提升精神境界，塑造高尚人格。

2. 设置教学目标和要求

教学目标：阐明确立崇高坚定的理想信念对新时代大学生成长成才的重要意义。

教学要求：一是知识要求。对关涉理想信念的基本理论问题进行透彻的理论分析和理论研究，努力从理论上把理想、信念的含义、特征、类型及其相互关系等问题讲清、讲透。清楚理想信念在人的精神领域的核心地位。明确崇高的个人理想能够解决现实生活中存在的思想问题。二是能力要求。在准确把握理想信念内涵的基础上，明确理想信念能够确定正确的人生方向，能够理解理想信念是在认知矛盾的基础上对社会和人自身发展的期望，从而采用正确改造世界和塑造自我的方式；能够产生对自我人生价值的探寻，在崇高理想信念的指引下规划人生，面对困难、挑战和挫折攻坚克难；最终使人克服空虚、犹疑和狭隘。

3. 设置教学手段与方法

（1）教学手段。

课堂：采用多媒体教学、案例分析、课堂互动等手段。

课外：线上学习《思想道德修养与法律基础》，完成资源获取、互动学习、线上讨论、作业提交等学习过程。

（2）教学方法。采用问题导入和实例教学法。对大学生理想信念现状进行调研，针对调研结果进行分析，将抽象理论具象化。

总体而言，教学思路如图1所示。

4. 教学理念

一是要讲好中国共产党人的革命精神。革命精神深刻反映了中国共产党人的理想信念、优良传统，用好用活革命文化资源，提高思政课建设水平。

二是以具体的党史事件、生动的党史人物和深入的革命理论古今中外纵横比较，论证观点。党史内容就越丰富，思政课就越有深度。

三是要学史增信，讲清楚精神与信仰。百年党史就是一部中国共产党精神谱系

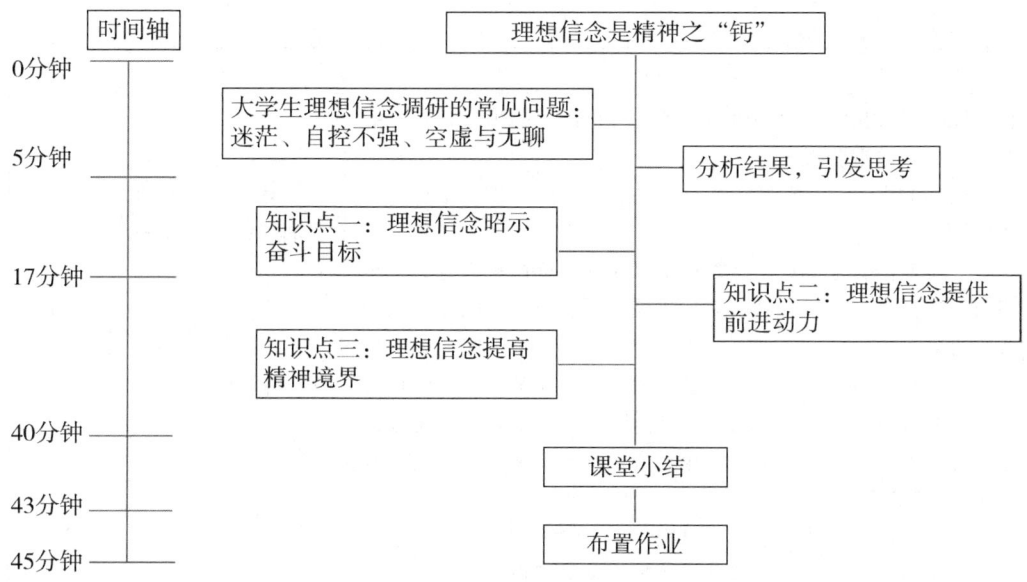

图 1　教学思路

的构建史。中国共产党在革命与建设的淬炼中，铸就了红船精神、井冈山精神、长征精神、西柏坡精神、抗疫精神等。这些精神品质反映了中国共产党人的理想信念、道德品质和精神追求，以精神的重现和感情的重温实现一次跨越时空的心灵重逢，以红色精神滋养学生的理想信念。

（二）设计与实施（表1）

表 1　教学内容与设计

教学内容	教学设计
◆ **课程导入**（5分钟） 　　前不久，习近平总书记在清华大学考察时指出："广大青年要爱国爱民，从党史学习中激发信仰、获得启发、汲取力量，不断坚定'四个自信'，不断增强做中国人的志气、骨气、底气，树立为祖国为人民永久奋斗、赤诚奉献的坚定理想。"那么，什么是理想信念？ 　　党史教育的引入：百年征程波澜壮阔，百年初心历久弥坚，理念信念之光熠熠生辉。在革命、建设、改革各个历史时期，无数优秀共产党人胸怀坚定信念，冲锋在前、担当在前、奉献在前，只为让中国拥有"可赞美的光明前途"，只为"让后代享受人类应有的一切幸福"。他们以生命赴使命，用热血铸忠魂，把青春乃至生命献给祖国和人民，赓续传承着共产党人的精神血脉。胸怀千秋伟业，恰是百年风华。一个百年大党	从党史和现实两个方面提出问题，激发学生思考与学习的兴趣。

续表

教学内容	教学设计
何以能青春常在，永葆生机与活力？理想信念的力量，正是寻找答案的一条重要线索。 问题的引入：在现实中，为什么总有一些大学生呈现出如下问题： 一是迷茫。总感觉自己很迷茫，对什么都没有兴趣，完全没有了以往高中时候的激情。在知乎上，这类问题的浏览人数以十万计。 二是自控不强。很想让自己努力勤奋，在学期初的时候立志，但是最后都没有坚持下来。这就是典型的间歇性踌躇满志，持续性混吃等死。网上的年轻人是这样调侃这类人的——"积极的废人"。 三是空虚与无聊。感觉自己很空虚，越来越变成自己不喜欢的那个自己了，知乎上这种问题的浏览量以百万计。 ◆ 讲述知识点一（12分钟） 1. 理想信念昭示奋斗目标 （1）理想信念指明人生方向。 无论是国家和个人，都无法回避地应该思考几个基本问题：我站在哪儿，我朝向哪儿，我该怎么办？站在哪，说的是方位；朝向哪，说的是方向；而该怎么办，说的是方法。一个人不明白自己站在哪，很可能找不准自己的方向，一个人不明白自己朝向哪里，要到哪里去，所有的方法都会是盲目的。因此，方向性问题是一个至关重要的问题。 在实际生活中，很多同学会问"大学该怎么过"，这个问题当然重要，但是我觉得首要的问题是解决自己的方向问题，这个问题应该是"我想要去哪里。"我们的人生也一样，而理想信念解决的就是这个人生的方向问题。那么，到底怎么样去找到自己的方向和目标呢？ （2）理想信念反映人生期望。 理想信念的内涵表明，理想具有超越性、实践性和时代性，也就是说理想都是立足在特定的时代，在实践中发现了某种矛盾冲突，而为了解决这种矛盾冲突设置的。如果没有理想，说明没有发现时代的矛盾，并不是说矛盾不存在，是没有认真去观察、发现、体验和思考。而基于矛盾设置的理想一旦形成，支撑它并对某种事物或者理论深信不疑并身体力行的信念也会形成，从而形成自己的理想信念。所以，当我们感到没有理想时，不妨问问，你对现在的生活、社会满意吗？有没有能够更好的可能性呢？	对人生的方位、方向和方法的探讨。 引出最近热播剧《觉醒年代》，讲述"南陈北李，相约建党"的故事，引导学生思考二人的理想信念对于他们选择"为人民谋幸福"的人生方向所起到的作用。板书李大钊的一段话："你们临开始运动以前应该定定方向。比如航海远行的人，必先定个目的地。中途的指针总是指着这个方向走，才能达到目的地。若是方向不定，随风飘转，恐怕永无到达的日子。"

续表

教学内容	教学设计
（3）理想信念决定人的存在方式。 有什么样的理想信念，就意味着我们将会以什么样的方式去认识和改造自身和这个世界。只有树立崇高理想信念，才能解答好人生的意义、奋斗的价值以及做什么样的人的重要问题。因为目标信念不一样，所采用的方式完全不一样，如果把这个案例扩大到人生，道理是一样的。 ◆ **讲述知识点二**（12分钟） 2. 理想信念提供前进动力 著名心理学家维克托·弗鲁姆发现了人的动力生成理论，即目标价值乘以期望概率。一个人在学习、生活和工作中的动力来源取决于两个重要因素，一个是目标价值，即所能达到的目标对满足个人性需要的价值，也就是说这个目标对自己的重要程度。另一个是期望概率，即达到目标的把握程度。从这个公式上可以看出，人的动力来源主要是目标对自己的重要性和目标达成的可能性。可以按照这个公式的思路去理解理想信念为什么能够提供前进动力。 （1）理想信念赋予人生价值。 没有理想信念，无法找到自己存在的意义和价值。如果一个人没有崇高的理想信念，就有可能浑浑噩噩、庸庸碌碌、腐化堕落甚至走上邪路。比如袁隆平老先生，他说自己有两个梦想，一个是禾下乘凉梦，一个是杂家水稻覆盖全球梦。他50年如一日，天天忙碌在田间地头。这是为中国人，让大家吃饱饭；也是为中国，让中国把粮食安全牢牢地抓在自己的手里；也是为了人类，杂交水稻覆盖全球，让全世界的人都能吃饱饭。正是因为有了如此崇高的理想，才能让他披荆斩棘，锲而不舍。 （2）理想信念指引人生规划。 回到课前提出的第二个困惑。为什么有些同学总是间歇性踌躇满志、持续性混吃等死。那是因为理想信念模糊，或者是不坚定。由于不坚定和模糊，从而导致期望概率降低，解决办法就是坚定科学清晰的理想信念。 在追求理想这方面有个最好的学习楷模，就是中国共产党。同学们如果以后再遇到自己"间歇性踌躇满志，持续性混吃等死"时，不妨问一下自己，有没有崇高的理想，有没有因为自己崇高的理想来规划自己的每一步人生。	介绍中国共产党"一大"代表不同的人生归途。讲解为什么13个人站在人类历史同一起跑线上，为什么有的人在奔跑中落后了，有的人却跑到岔道去了，有的人没有坚持跑下去，有的人中途倒下。从13个代表迥异的人生历程，感悟历史，指出坚强信念能够引导人们选择正确的存在方式。 以邓稼先为例，讲述"两弹一星"英雄凭借信念成就人生价值的故事。 回答为什么有的学生人生动力不足，"持续性踌躇满志，间接性混吃等死"的问题。引入中非合作论坛上一位非洲国家的高级官员讲的一段话："我们发现中国取得成功的一个秘密，就是他们会定一个长远的目标，每一代领导人都会带领全国人民一起朝着那个目标迈进，不会换一届领导人就换一个目标，为了实现这个目标，他们还制定了中期目标，就是

续表

教学内容	教学设计
（3）理想信念激励攻坚克难。 改革进入深水区后，发现以前好吃的肉都被吃光了，好喝得汤也被喝光了，剩下的只是硬骨头，该怎么办？如何应对这种困难和挑战，考验的就是我们的初心。党不断教育广大党员不忘初心，牢记使命，越是艰险越向前。只有理想信念坚定了，才能有动力攻坚克难。在攻坚克难的过程中，大家或许会发现，越是我们的短板，其实越是我们的潜力板。因此，为了实现初心，一定要在改造客观世界的同时改造我们的主观世界，做到自我革命，做到改革不停顿，开放不止步。 ◆ 讲述知识点三（12分钟） 3. 理想信念提高精神境界 马克思在《1844年经济学哲学手稿》中比较过动物与人的区别，他认为动物不把自己和自己的生命活动区别开来，它就是自己的生命活动。人则使自己的生命活动本身变成自己意志的和自己意识的对象。他具有意识的生命……有意识的生命活动把人同动物的生命活动直接区别开来。 人作为一种超越性存在，是有自己的意志和意识的。如果为了生存而生存，其实和动物没有两样。同样的，中国古代圣贤也认为人和动物没有太多的差别，如孟子说"人之异于禽兽者几希"，最为关键的就是人有精神追求。如果没有意识意志和精神追求，人也就失去了超越性和独特性。 理想信念能帮助我们提高精神，是精神领域当中非常核心的要素。那么，理想信念如何提高人的精神境界呢？ （1）理想信念使人从空虚步入充实。 莎士比亚说："一个人在他的生命盛年，只知道吃吃睡睡，他还算什么东西，简直不过是一头牲畜。"人生的快乐有很多，吃吃睡睡有时候固然可以带来快乐，但是我总认为，越是追求短平快的快感，越容易陷入空虚无聊和绝望，如沉迷于酒色财气或者是手机游戏等，一时的快乐会带来长期的精神上的空虚感。	两个百年的计划，为了实现这两个百年的计划，他们甚至还会把计划切分成几个五年，如'十一五'规划、'十二五'规划、'十三五'规划，马上就到'十四五'规划了。" 简述改革史论证理念信念有攻坚克难的激励功能。

续表

教学内容	教学设计
崇高的理想信念则会使人的精神世界成为一个有序的系统，从而避免空虚和无聊。 （2）理想信念使人从犹疑走向执着。 大家最擅长的事情是什么？这一定是你们花时间最多的事，一定是绵绵用力久久为功的事。这种成功就是执着带来的，而执着就是对抗诱惑、挑战、局限和困难的必要条件，做成任何一件事情，一定会面对挑战和困难，对于达成目标的渴望，为我们提供强大的精神动力，同时，也让我们从犹疑走向执着。坚定的理想信念让我们从犹疑走向执着。 2020年是全面建成小康社会的决胜之年，但是遇上了新冠肺炎疫情，遇上全球经济疲软，是不是可以借口缓一缓？没有，大家仍然可以看到在疫情当中，大量的扶贫干部奔走在一线，从没有一丝犹豫，因为这是我们党对人民作出的庄严承诺，也是我们理想信念中的重要一环。 （3）理想信念使人从狭隘迈向高远。 狭隘是什么？狭隘是心胸、气量和见识不够宏大宽广，如何对抗这种狭隘？需要树立并坚定崇高的理想信念。崇高而坚定的理想信念会把我们的心胸变得宽广，不再纠结于一些鸡毛蒜皮的小事，也会分清生命中的主次，同时因为积极地追去梦想，让我们见多识广。当我们有自己积极追求的崇高目标时，你会惊讶地发现，身边志同道合的人会越来越多，你不会觉得孤独，你们会彼此鼓励和支持。当这样的人多起来时，"君子以文会友，以友辅仁"的良好局面就会形成了。 大学不就应该是这样的吗？你们因为共同的志趣走到了一起，在互相支持鼓励的过程中，形成一种辅仁的氛围。有了这样的氛围，你还会觉得迷茫、空虚、无聊和彷徨吗？ ◆ **小结（3分钟）** 提出并分析习近平总书记在党史学习教育动员大会上的讲话："中国革命历史是最好的营养剂，重温这部伟大历史能够受到党的初心使命、性质宗旨、理想信念的生动教育，必须铭记光辉历史、传承红色基因。" ◆ **布置作业与预习任务（2分钟）** 思考题：习近平总书记指出："我们党作为百年大党，要始终得到人民拥护和支持，书写中华民族千秋伟业，必须始终牢记初心和使命，坚决清除一切弱化党的先进性、损害党的纯洁性的因素，坚决防范一切违背初心和使命动摇党的根基的危险。"请结合本讲内容谈谈坚定崇高理想信念和坚持"自我革命"之间的关系？	提出以中国共产党为学习榜样。 解决空虚、无聊等问题，落脚营造良好学习生活氛围，树立崇高的理想信念。

板书设计如图 2 所示。

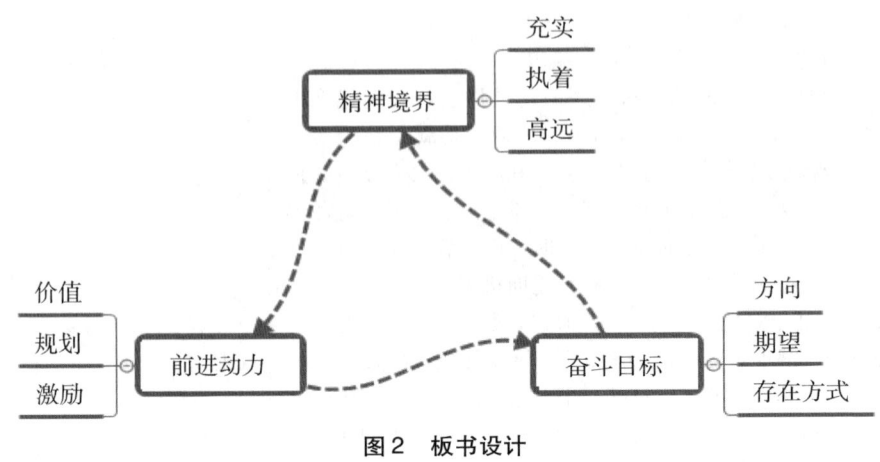

图 2　板书设计

（三）实效与经验

1. 实效

课后主要运用了建构性评价的方式测量教学效果，即从课堂提问、课堂反应和讨论效果等方面，从大学生的表达欲望、分析能力、联想能力等角度，考查大学生对知识点的掌握情况，考查大学生是否做到了从"记忆—重复"阶段走向"反思—升华"阶段。考察结果显示多数大学生深入理解了理想、信念的科学含义，认识到了理想的明确性和现实性决定了信念的积极性和坚定性，能够领悟到坚定理想信念对成长成才的重要意义。尤其是党史学习案例的引入，让大学生更加理解了理想信念是精神支柱、力量之源的观念，认识到了我们党团结带领人民一路走来，之所以能够战胜一个个艰难险阻，创造一个个人间奇迹，靠的就是共同理想信念的凝聚和鼓舞。历史和现实表明，理想信念是中国共产党的显著优势和根本动力。

2. 经验

用党史学习强化理想信念教育，必须分层建构实施。按其教育的层次和功能来看，可以将其分为宏观、中观和微观三个层次。

"理想信念是精神之'钙'"这个命题属于宏观层次，比较抽象。要讲深讲透这些概念、范畴和命题，就必须紧密联系实际，包括中国革命和建设的实际，联系中国共产党的历史来说明问题。历史是最好的教科书，需要用恰当的党史案例来解释和说明为什么理想信念是精神之"钙"。不能用抽象的方式解释抽象的命题，这样一是会丧失说服力，二是难以触到大学生痛处。

理想信念昭示奋斗目标、理想信念提供前进动力、理想信念提高精神境界这三个层面属于中观层次，这需要运用百年党史背后的精神密码，诠释理想信念的当代价值，讲出共产党人的理想信念、道德品质和精神追求，让大学生体悟革命年代前赴后继、出生入死的悲壮，建设年代筚路蓝缕、艰苦奋斗的激情，改革年代勇立潮头、先行先试的胆魄，以精神的重现和感情的重温实现一次跨越时空的心灵重逢，以红色精神滋养大学生的理想信念，增强大学生接力奋斗的责任感和使命感，激发大学生越是艰险越向前的力量和勇气。

理想信念缺失会给人生发展带来哪些影响属于微观层面的问题，具有较强的个体差异性，需要利用沉浸式、体验式的党史学习方式，从打动人的故事讲起，拉近历史与现实、理论与实践的距离，将理论感悟转化为行动动力。

三、教学反思

（一）创新之处

实现党史学习教育与思政课同课异构，协同赋能，以丰富的党史资源，创新的教学方式，多样的内容设计，通过党史学习教育开展理想信念教育。

（1）哪些党史内容可以融入思政课，不能简单处置，必须开展集体备课、专家辅导、专题学习、课程教学研讨，认真选择合适的党史案例，案例必须真实、客观、契合教学内容。本课例所运用党史案例都是经过教研室集体研讨后选择，其中的细节都是认真甄别的。

（2）为了让理想信念教育"有滋有味"，给大学生提供"香味形"俱佳的精神大餐，推进理想信念入耳入脑入心，需要围绕党史上的英雄人物、重大历史事件，以小切口展现大主题，让大学生进行换位思考，深度感同身受，在体验中树信念。

（3）用学术讲政治，深入挖掘课程中蕴含着的红色基因和党史元素，自觉将基础理论与历史脉络融会贯通，以具体的党史事件为载体，以鲜活的党史人物为对象，在专题式的党史教学互动中升华理想信念，大力推广现场体验式教学、全景式教学等新型教学方式，增强教育内容的立体感与教学的温度感。

（二）下一步改进措施

（1）着力于互动参与。充分激发青年大大学生参与研究、宣传、讲述党史故事，在"实景"还原、"气场"营造中感受理想信念，注重体验分享，提升大大学生参与度、接受程度和传播的实际效果。为此，全面整合广东省内教育资源，以编年史形式拍摄《党史一百讲》系列微课，组织实施"中国共产党百年史"虚拟仿真实践教学，将互联网的理念融入党史教育，设计出符合互联网时代思政课教学需要的网上"金"课。

（2）着力于传承带动和耳濡目染。面对面口传身授是把理想信念的精气神传递给下一代的最好形式，组织革命老人"口述历史""回忆录"进课堂，用大大学生听得懂、记得住、传得开的语言讲述党史故事。

魏传光教授，暨南大学马克思主义学院

后　记

本书是2017年度教育部人文社会科学研究专项任务项目（中国特色社会主义理论体系研究）"当代大学生理想信念形成特点及教育研究"（项目批准号17JD710028）的最终成果，以及全国高校思政课建设项目"全国高校思政课名师工作室（广州番禺职业技术学院）"（项目批准号21SZJS4412046）和广州市青年马克思主义理论研究培养基地的共同成果。

本书具体分工情况是：曹群拟订提纲；导论、第一章，葛辉彰、曹群；第二章，江传月、周志鹏；第三章，江传月、葛辉彰；第四章，周志鹏、曹峰；第五章，江传英、郭巍巍；第六章，曹群、江传月；第七章，冯婉玲、彭心怡、袁勇睢；第八章，李艳华、郑康洁；附录，丁西泠、曹群、陈月球、魏传光。曹群、江传月对全书做了统稿。

本书得到了广州番禺职业技术学院马克思主义学院的大力支持，也得到了同行专家和中山大学出版社的帮助。在此一并表示感谢！

本书吸收、借鉴了一些理论工作者的研究成果，在此表示敬意和感谢！由于我们水平有限，书中难免有疏漏和不足之处，敬请各位专家、学者批评指正！

著　者

2023年10月